上海社会科学院重要学术成果丛书·专著

技术与政商：
德日两国电力史

History of Electricity in Germany and Japan

李晨啸 / 著

上海人民出版社

本书出版受到上海社会科学院重要学术成果出版资助项目的资助

编审委员会

主　编　权　衡　王德忠

副主编　姚建龙　干春晖　吴雪明

委　员　（按姓氏笔画顺序）

丁波涛　王　健　叶　斌　成素梅　刘　杰

杜文俊　李宏利　李　骏　李　健　佘　凌

沈开艳　沈桂龙　张雪魁　周冯琦　周海旺

郑崇选　赵蓓文　黄凯锋

总　序

当今世界，百年变局和世纪疫情交织叠加，新一轮科技革命和产业变革正以前所未有的速度、强度和深度重塑全球格局，更新人类的思想观念和知识系统。当下，我们正经历着中国历史上最为广泛而深刻的社会变革，也正在进行着人类历史上最为宏大而独特的实践创新。历史表明，社会大变革时代一定是哲学社会科学大发展的时代。

上海社会科学院作为首批国家高端智库建设试点单位，始终坚持以习近平新时代中国特色社会主义思想为指导，围绕服务国家和上海发展、服务构建中国特色哲学社会科学，顺应大势，守正创新，大力推进学科发展与智库建设深度融合。在庆祝中国共产党百年华诞之际，上海社科院实施重要学术成果出版资助计划，推出"上海社会科学院重要学术成果丛书"，旨在促进成果转化，提升研究质量，扩大学术影响，更好回馈社会、服务社会。

"上海社会科学院重要学术成果丛书"包括学术专著、译著、研究报告、论文集等多个系列，涉及哲学社会科学的经典学科、新兴学科和"冷门绝学"。著作中既有基础理论的深化探索，也有应用实践的系统探究；既有全球发展的战略研判，也有中国改革开放的经验总结，还有地方创新的深度解析。作者中有成果颇丰的学术带头人，也不乏崭露头角的后起之秀。寄望丛书能从一个侧面反映上海社科院的学术追求，体现中国特色、时代特征、上海特点，坚持人民性、科学性、实践性，致力于出思想、出成果、出人才。

学术无止境,创新不停息。上海社科院要成为哲学社会科学创新的重要基地、具有国内外重要影响力的高端智库,必须深入学习、深刻领会习近平总书记关于哲学社会科学的重要论述,树立正确的政治方向、价值取向和学术导向,聚焦重大问题,不断加强前瞻性、战略性、储备性研究,为全面建设社会主义现代化国家,为把上海建设成为具有世界影响力的社会主义现代化国际大都市,提供更高质量、更大力度的智力支持。建好"理论库"、当好"智囊团"任重道远,惟有持续努力,不懈奋斗。

上海社科院院长、国家高端智库首席专家

目　录

第一章
引 论

第一节 德日两国可比性

2014年,习近平总书记在联合国教科文组织总部演讲时指出:"人类在漫长的历史长河中,创造和发展了多姿多彩的文明。从茹毛饮血到田园农耕,从工业革命到信息社会,构成了波澜壮阔的文明图谱,书写了激荡人心的文明华章。"①世界上没有一成不变的工业化路径。立足中国,放眼世界,探索世界各国工业化历程的多样性,是历史学家和区域国别学者的使命。曾任美国历史学会主席的德格勒(Carl N. Degler)认为,比较史研究可以帮助我们发现一些被忽略的因素并促使我们寻求解释。②本书借鉴技术史研究框架和比较史手法探讨德国日本两国电力工业史的异同。

本书先分析德日两国电力工业的可比性。这可以从电力工业开始时期、电气化发展程度、人均发电量、企业化程度、融资国际化程度、电网构建、政商关系等方面来思考。

---

① 习近平:《在联合国教科文组织总部的演讲》,见 http://www.gov.cn/xinwen/2014-03/28/content 2648480.htm, 2014-3-27。

② Carl N. Degler, "In Pursuit of an American History," *The American Historical Review*, Volume 92, Issue 1, 1987, p.7.

在近代世界史上，德日两国相对于英国、美国来说，同属当时的发展中国家。德意志第二帝国统一于 1873 年，日本明治维新发生于 1868 年，这两个历史节点相去不远。德国日本两国最初的电力系统均诞生于 19 世纪 80 年代。换言之，两国电力工业处于同一起跑线上。

到 1930 年左右，德日两国已属于主要工业国中电气化率最高的国家之列，甚至高于欧美发达国家。1935 年，德国和日本的家庭电气化率分别为 89% 和 85%，均高于英国的 44% 和美国的 68%。[1]从工厂电气化率来看，1930 年日本的工厂平均电气化率高达 89%，而德国在 1933 年也不过 72%。[2]从人均发电量来看，1931 年德国为人均 472 千瓦时，英国为 370 千瓦时，相较之下，欧洲中等发达国家如西班牙仅 90 千瓦时，意大利则 260 千瓦时。日本在 1936 年人均发电量为 393 千瓦时。[3]日本作为新兴工业国，在电力工业发展上比起欧美毫不逊色。

从电力工业的资金规模来看，到 1930 年左右，大型电力公司都属于德日两国资本规模最大的企业。1936 年，日本的电力公司和电气铁道公司资本规模占日本上市公司资本规模 12%。[4]1929 年，电力、瓦斯、自来水公司的资本规模占到德国股份公司总规模 9%。[5]可见，德日两国电力工业均在企业化、资本化上获得长足发展。

第一次世界大战后，德日两国电力企业都在国际金融市场上大规模融资。从 1924 年到 1930 年，德国在纽约所发行的公债和公司债总额达到

---

① Wolfgang Zängl, *Deutschlands Strom: die Politik der Elektrifizierung von 1866 bis heute*, Frankfurt am Main: Campus, 1989, p.76；電気学会：《本邦に於ける輓近の電気工学》，電気学会 1939 年版，第 496 页。

② 小桜義明：《高知県における工業誘致政策の形成と県営電気事業》，《経済論叢》1973 年 112 卷，第 105 页；Wolfgang Zängl, *Deutschlands Strom: die Politik der Elektrifizierung von 1866 bis heute*, Frankfurt am Main: Campus, 1989, p.76。

③ 栗原東洋：《電力》，现代日本産業発達史研究会 1964 年版，第 180 页。

④ 東京電燈：《東京電燈株式會社開業五十年史》，東京電燈 1936 年，第 221 页。

⑤ Robert Liefmann, *Beteiligungs- und Finanzierungsgesellschaften*, Jena: Fischer, 1931, p.48.

14.6亿美元,其中电力债占了20.4％。[1]仅就德国在纽约发行的公司债总额而言,电力债占比在四分之一左右。日本的大型电力公司也开始在以纽约为中心的国际金融市场上积极发行公司债。从1923年到1929年,电力债占到日本政府和企业在纽约所发行债券总额的39.6％,并占到日本企业在纽约所发行债券的77.5％。[2]可见,德日两国电力企业均获得以美国为中心的国际金融市场认可。

从送电系统来看,德日两国都走在世界前列。美国学者豪斯曼(William Hausman)等在《全球电气化》中整理了1914年除美国以外世界上的高压送电系统。[3]其中,从日本东北地区的猪苗代湖通往东京长达144英里的115千伏送电线路,在亘长上位居世界第四,在电压上位居当时世界首位。德国劳赫哈默矿山和里萨市之间的35英里(1英里约等于1.6公里)115千伏送电线路则在电压上和墨西哥、西班牙、智利、加拿大的电网并列世界第二。日本在高压送电技术上相比西方并不逊色。

综上可见,德日两国电力工业在19世纪80年代起步于同时,到20世纪30年代前后,电气化发展程度都在世界上位居前列,电力工业的企业化程度、融资国际化程度都取得长足进展。两国高压电网发展也都处于领先地位。从这些相似性来看两国电力工业史具有可比性。

上面说了相同性,但是德日两国电力工业也有值得思考的不同之处。主要体现在政商关系和全国性电网构建上。

首先,政商关系可以从政府监管和所有制两方面来看。

就监管构造而言,日本政府在1891年国会议事堂火灾后,决定把电力

---

[1] Robert René Kuczynski, *Wall Street und die deutschen Anleihen*：*Bankierprofite und Publikumsverluste*, Leipzig：Buske, 1933.

[2] 栗原東洋:《電力》,現代日本産業発達史研究会1964年版,第160页。

[3] William Hausman, Peter Hertner and Mira Wilkins, *Global Electrification*：*Multinational Enterprise and International Finance in the History of Light and Power*, 1878—2007, New York：Cambridge University Press, 2008, pp.20—21.

事业纳入属于中央政府阁僚部门的递信省管辖范围,结束了电力工业的无监管状态。递信省建制于 1885 年,负责公共基础设施如铁道、电信、灯台、邮政、海运等领域。1896 年,递信省制定了《电气事业取缔规则》,正式为中央政府监管电力拉开序幕。然而,德国中央政府对电力工业的监管开始于 1935 年的《能源经济法》,相比日本可谓姗姗来迟。可见,中央政府监管介入时点的早晚,是德日两国电力工业史的一个不同点。原因何在?

就所有制而言,德国电力企业在 1890 年 81% 为民营,19% 为政府公营。可见,德国电力工业起步阶段以民营资本为主。但是这个构建到 1930 年左右发生逆转,变为 12% 为民营,88% 为公营。相比之下,日本电力工业自 1910 年有统计以来到 1930 年为止,民营资本一直占到 80% 以上,并未发生类似德国的逆转。[①]可见,电力工业的所有权构造,是德日两国电力工业史的又一个不同点。原因何在?

其次,虽然两国在高压送电网构建上都进展迅速,但是德国约在 1900 年左右就把发电机正弦交流电频率标准统一为 50 赫兹,而日本时至今日仍然保留 50 赫兹和 60 赫兹两种频率标准。日本学者曾在 20 世纪 90 年代指出,世界上除了日本以外没有其他国家仍然保留两种交流电频率标准。[②]不同频率标准的电力无法实现直接互联,必须经由造价昂贵的频率转换器。德国在 20 世纪 20 年代,就利用欧洲大陆 50 赫兹标准的优势,实现跨区域乃至跨国电网互联。日本却一直两套标准,以至于 2011 年大地震导致东京停电时无法获得足够的跨区域供电。二战后日本崛起为经济大国、科技强国,却在电网互联上落后于世界。原因何在?

---

① Gert Bruche, *Elektrizitätsversorgung und Staatsfunktion:das Regulierungssystem der öffentlichen Elektrizitätsversorgung in der Bundesrepublik Deutschland*,Frankfurt am Main:Campus-Verlag,1977,p.44;橘川武郎:《日本電力業発展のダイナミズム》,名古屋大学出版会 2004 年版,第 107 页。

② 門井龍太郎:《電気の周波数と電圧(日本・世界)》,《電気学会雑誌》1991 年 111 卷 12 号,第 1011—1014 页。

可见,虽然近代日本和德国在电力工业上有许多类似性,但是也有监管构建、所有权、电力标准和由此衍生的电力互联等领域的重大差异。这些差异说明德日两国电力工业史同中有异,异中有同,具有可比性。用美国技术史学家休斯(Thomas Hughes)的术语来说,这些差异是"技术风格"(technological style)所在,是值得思考的课题。

第二节 概念框架与研究思路

本书试图对德国和日本两国电力工业发展轨迹作历史描述,并从政商关系角度比较两国发展轨迹异同。研究框架主要参考美国技术史学家托马斯·休斯"技术风格"概念。休斯主攻西方电力工业史,在其代表作《电网》中比较了美国、德国、英国三国电力工业史。基于比较研究,他提炼出一批概念用于解释科技与社会,在欧美技术史学界颇具影响。[①]其中,"技术风格"概念借鉴自艺术史,指技术在不同时间和空间的不同特征。休斯说:"描画美神维纳斯没有唯一、最佳的办法。同理,建造发电机也没有唯一、最佳的办法。技术要适应时间与空间。风格这个概念有助撰写比较史。历史学家可以探索某一特定技术在不同地方的不同特征。这就把我们带到一个有趣的问题:为什么电力系统在不同的时期、不同的区域,乃至不同的国家有不同的特征?"[②]

"技术风格"所包含的内容并不仅限于技术本身。在《电网》中,休斯还

[①] Thomas P. Hughes, "The Evolution of Large Technological Systems," in Wiebe E. Bijker ed., *The Social Construction of Technological Systems : New Directions in the Sociology and History of Technology*, Cambridge: Cambridge University Press, 2012, pp.45—73; Thomas P. Hughes, "The Seamless Web: Technology, Science, Etcetera, Etcetera", *Social Studies of Science*, vol.16, No.2, 1986, pp.281—292.

[②] Thomas P. Hughes, *Networks of Power : Electrification in Western Society*, 1880—1930, Baltimore: Johns Hopkins University Press, 1983, pp.352—353, pp.404—405, p.454, p.462.

提出"大技术系统(large technical system)"框架。休斯把技术分为有形部分和无形部分。有形部分表现为肉眼可见的发电机、变压器、电线、电线杆、发电厂。无形部分则包括企业管理、企业融资、政府监管、所有制、电网设计、工程教育等。无形部分和技术在社会中的应用与演化密切相关。在思考技术时不妨把它们视作整体。也就是说,不是就技术论技术,而是把技术作为和人类社会中有形无形因素紧密关联、彼此互动的系统来思考。"技术风格"指代的不仅是技术本身的不同特征,也包括上述无形部分如企业管理、政府监管等不同特征。这里不打算探讨技术史的定义和范围,但是休斯所理解的技术史,不是技术本身的历史,而是社会史、经济史、企业史、工业史的整体。

从19世纪80年代以来,世界各地的工程师和技术人员通过专利共享、学术期刊、人才跨国移动、国际电机贸易共享着全球性的电力技术交流平台。①他们在不同国家和地区所构建的电力系统拥有共同的技术基盘。那么问题就来了,为什么基于共同技术基盘的电力技术,在德国和日本表现出"技术风格"差异?

本书借鉴休斯"大技术系统"概念,把电力技术放在政治经济背景下进行历史研究。这里所说的历史研究,指的是将研究对象范围作时空限定。空间限定在德国和日本,时间限定在电力工业从起步到成熟,即电力在社会中得到广泛普及的时段。②具体而言为19世纪80年代到20世纪40年代第二次世界大战为止。

本书在研究思路上,不是就技术论技术,而是通过电力在企业、金融、产业组织、电网设计等方面的经济外观,电力在政府监管、所有制等方面的政

---

① Thomas P. Hughes, "The Evolution of Large Technological Systems," in Wiebe E. Bijker ed., *The Social Construction of Technological Systems: New Directions in the Sociology and History of Technology*, Cambridge: Cambridge University Press, 2012, p.62.

② Thomas P. Hughes, *Networks of Power: Electrification in Western Society*, 1880—1930, Baltimore: Johns Hopkins University Press, 1983, p.401.

治外观,以及电力作为电网系统的物理外观,来讨论技术的有形部分和无形部分之间的相互塑造。而在"大技术系统"中,本书把重点放在电力技术所衍生的经济和政治之间的互动,即政商关系上。①原因有下:

第一,从上文对于德日两国可比性的讨论中可以看出,政府监管、所有制是两国差异所在,值得思索。无论政府监管还是所有制,都属于政商关系。此外,从交流电频率标准来说,政府干预往往能促进工业标准的订立。例如,中国交流电频率标准为50赫兹,即源于1930年由当时南京国民政府制定的《电气事业电压周律标准规则》。②虽然最近有研究认为该规则在当时收效甚微③,但是政府干预和交流电频率标准之间的关系是值得考虑的一条思路。这也归结于政商关系。

第二,在电力史研究中,政商关系历来为学者所重视,是一条或隐或现的主线。休斯在《电网》中专列三章分别讨论柏林、芝加哥、伦敦的都市电网构建。④休斯的历史叙述,主线是政府对电力企业的塑造,三地"技术风格"特征归结为柏林技术与政治的合作、芝加哥技术的主导,以及伦敦政治的主导。豪斯曼等在《全球电气化》中从跨国公司角度探讨电力史,但是在研究框架中也把政府行为如监管、产业政策、国有化视为重要分析对象之一。⑤换言之,该书重视跨国政商关系。美国学者巴克(Gretchen Bakke)在译名

① 关于政商关系史研究框架,参见 Robert Millward, "Buisness and the State", In Geoffrey Jones and Jonathan Zeitlin eds. *Oxford Handbook of Business History*, Oxford: Oxford University Press, 2008; Robert Millward, "Business and government in electricity network integration in Western Europe, c.1900—1950", *Business History* vol.48, No.4, 2006, pp.479—500.

② 雷银照:《我国供电频率50 Hz 的起源》,《电工技术学报》2010年第25卷第3期。

③ Ying Jia Tan, *Recharging China in War and Revolution*, *1882—1955*, Ithaca: Cornell University Press, 2021, pp.48—53.

④ Thomas P. Hughes, *Networks of Power: Electrification in Western Society*, *1880—1930*, Baltimore: Johns Hopkins University Press, 1983, Chapter 7—9.

⑤ William Hausman, Peter Hertner and Mira Wilkins: *Global Electrification: Multinational Enterprise and International Finance in the History of Light and Power*, *1878—2007*, New York: Cambridge University Press, 2008, pp.23—24, pp.67—71.

也为《电网》(*The Grid*)的近著中把电网视为包括电力企业和政府监管的生态系统。① 科恩(Julie Cohn)在《电网》(*The Grid*)中的研究框架则把电网视为民营企业、公共管理、政府监管之间的互动。②

在历史上，政府和电力系统之间有密不可分的互动；在电力史研究中，无论休斯还是其后的其他研究者，都有重视政商关系的传统。这一方面由于电力作为基础设施、自然垄断行业的产业特性所决定的，另一方面也是电力史学科范式的要求。因此本书在应用"大技术系统"框架时侧重政商关系有其合理性。

本书探讨的是到 20 世纪中叶为止的电气化、工业化进程，对于现在的情况不能提供直接政策启示。依据过去的案例对未来指手画脚，不知世殊事异，必然是刻舟求剑、纸上文章。就这点而言，正规学术期刊审稿周期漫长，其最终刊载的论文纵使有政策建议，虽指天画地、慷慨陈词，也难免滞后现实。本书与之相比，不能直接用于资政参考，则五十步与百步之差而已。儒家思想认为，六经皆史。在此基础上，清代学者章学诚提炼出"史学所以经世"的理念，和训诂考据派分道扬镳。诚然，阅读历史、思考历史、俯仰天地、思索古今，开拓的是纵览人类史的视野，培养的是鉴古知今的观察力，锻炼的是化有为无、从无再到有，知古而不束缚于古，融入决策直觉的判断力。司马迁与班固没有在《史记》《汉书》中留下直接的政策建议，但是不妨碍它们成为辉映千载的政治教材。不过对于纯学术爱好者来说，《史记》、《汉书》可以衍生出连篇累牍的章句考证。归根结底，取决于怎么读。笔者不是训诂考据派，但也希望本书能给读者了解过去、创造未来提供参考。

---

① Gretchen Bakke, *The Grid：The Fraying Wires between Americans and Our Energy Future*, New York：Bloomsbury, 2017.

② Julie A. Cohn, *The Grid：Biography of an American Technology*, Cambridge, MA：The MIT Press, 2017.

第三节 文献综述

一、英语、日语、德语、汉语文献概览

第一，以英语写作的电力史研究具有方法多样、视野广阔的特征。较多学者采用了比较史手法。除了休斯的《电网》外，有荷兰学者拉根迪克（Vincent Lagendijik）的《欧洲电网史》以及英国学者米尔瓦德（Robert Millard）的《欧洲电力监管史》。[①]豪斯曼等合著的《全球电气化》以博大的世界史视野探讨跨国资本对电力产业的塑造。[②]通过英语作为世界通用语的优势，英语文献里的区域国别史往往突破英美国界，包罗甚广。关于英美电力史，有麦克劳（Thomas McCraw）、汉那（Leslie Hannah）等人的研究。[③]还有科恩和巴克。[④]英语区域国别电力史，则包括对于中国、德国、芬兰、印度、俄罗

[①] Thomas P. Hughes, *Networks of Power: Electrification in Western Society, 1880—1930*, Baltimore: Johns Hopkins University Press, 1983; William Hausman, Peter Hertner and Mira Wilkins: *Global Electrification: Multinational Enterprise and International Finance in the History of Light and Power, 1878—2007*, New York: Cambridge University Press, 2008; Vincent Lagendijk, *Electrifying Europe: The Power of Europe in the Construction of Electricity Networks*, Amsterdam: Amsterdam University Press, 2008; Robert Millward, *Private and Public Enterprise in Europe: Energy, Telecommunications and Transport, 1830—1990*, Cambridge: Cambridge University Press, 2005.

[②] William Hausman, Peter Hertner and Mira Wilkins: *Global Electrification: Multinational Enterprise and International Finance in the History of Light and Power, 1878—2007*, New York: Cambridge University Press, 2008.

[③] Leslie Hannah, *Electricity before Nationalisation: A Study of the Development of the Electricity Supply Industry in Britain to 1948*, London: Palgrave, 1979; David E. Nye, *Electrifying America: Social Meanings of a New Technology, 1880—1940*, Cambridge: Cambridge University Press, 1992; John L. Neufeld, *Selling Power: Economics, Policy, and Electric Utilities Before 1940*, Chicago: Chicago University Press, 2016; Thomas McCraw, *TVA and the Power Fight, 1933—1939*, New York: Lippincott, 1971.

[④] Gretchen Bakke, *The Grid: The Fraying Wires between Americans and Our Energy Future*, New York: Bloomsbury, 2017; Julie A. Cohn, *The Grid: Biography of an American Technology*, Cambridge, MA: The MIT Press, 2017.

斯、越南的研究。①最近，也有学者跳出国别视角，讨论国际组织如世界能源会议的历史，以及作为新技术的电力对于 20 世纪经济政策整体的影响。②值得一提的是，主攻电力史的经济史学者如豪斯曼、麦克劳、汉那三人都曾担任美国企业史学会会长，可见电力史方向人才辈出。休斯则横跨技术史学界和企业史学界，在学科融合上起桥梁作用。③里贝尔曼（Jennifer L. Lieberman）由麻省理工学院出版社出版的《电线》则以文化史角度探讨作为新技术的电力在 19 世纪末以来美国文学中的反映。④可见，对于英语学术界来说，技术史不是技术本身的历史，电力史也绝不是电力本身那么简单。

相对英语文献，日语电力史文献在研究方法上集中于区域国别史，全球史、比较史视点较少见。但日本学者往往能就特定国家和地区深入剖析，对象范围明确，且囊括的地理范围广、不局限于日本本国。老一辈学者如橘川、渡、中濑倾向于从企业史、企业家史角度作微观分析，梅本则联系日本资本主义史作宏观叙事。⑤新生代学者中，朝仓和北浦从企业金融、会计角度

① Ying Jia Tan, *Recharging China in War and Revolution，1882—1955*，Ithaca：Cornell University Press，2021；Edmund Todd, *Technology and Interest Group Politics：Electrification of the Ruhr，1886—1930*，Ithaca：Cornell University Press，1984；Timo Myllyntaus, *Electrifying Finland：The Transfer of a New Technology into a Late Industrialising Economy*，Hampshire：MacMillan，1991；Sunila S. Kale, *Electrifying India：Regional Political Economies of Development*，Stanford：Stanford University Press，2014；Jonathan Coopersmith, *The Electrification of Russia，1880—1926*，Ithaca：Cornell University Press，1992；Kirsten W. Endres, "City of Lights，City of Pylons：Infrastructures of Illumination in Colonial Hanoi，1880s—1920s"，*Modern Asian Studies* 57，No.6，2023，pp.1772—1797.

② Daniela Russ, "Speaking for the 'World Power Economy'：Electricity，Energo-Materialist Economics，and the World Energy Council(1924—1978)"，*Journal of Global History* 15，No.2，2020，pp.311—329.

③ Thomas P.，Hughes, "From Firm to Networked Systems"，*Business History Review* 79，2005，pp.587—593；Thomas P.，Hughes, "Managerial Capitalism beyond the Firm"，*Business History Review* 64，1990，pp.689—703.

④ Jennifer L. Lieberman, *Power Lines：Electricity in American Life and Letters，1882—1952*，Cambridge，Massachusetts：MIT Press，2017.

⑤ 橘川武郎：《日本電力業発展のダイナミズム》，名古屋大学出版会 2004 年版；橘川武郎：《日本電力業の発展と松永安左エ門》，名古屋大学出版会 1995 年版；渡哲郎：《戦前期のわが国電力独占体》，晃洋書房 1996 年版；中瀬哲史：《日本電気事業経営史》，日本経済評論社 2005 年版；梅本哲世：《戦前日本資本主義と電力》，八朔社 2000 年版。

出发延续微观视角,而花木则从政商关系出发,探讨地方政府大阪市对电力产业的影响。①除了本国电力史以外,日本学者在美国、英国、德国电力史领域也有专著。②其中关于德国,有田野关于鲁尔区的研究以及森关于法兰克福市都市电网的研究。③值得一提的是,森精通德文,把著作自译为德语并在德国出版。④总体而言,欧美史学界新方法层见叠出,但是日本学者稳扎稳打,死守实证主义阵地,学风朴素。

　　德语文献对于电力史研究著作颇多,而研究方法新颖是一大特征。日本学者至今仍倾向于用实证主义方法考证史实,但是德国学者较早就采用文化史手法,重视探讨技术通过象征、符号、文字等表象在社会中的作用。这方面以瑞士学者古哥里(David Gugerli)、其弟子库普珥(Patrick Kupper)、德国学者宾得(Beate Binder)为代表。⑤古哥里的文化史手法侧重于人们在历史上对于电力的理解、解释、阐述、争论而不是电力技术本身。换言之,古哥里的研究对象是电力技术所衍生的话语领域而不是电力技术或产业本身,但是从这些话语上又可以折射电力本身在社会中的发展轨迹。这是对求真求实、探求史实的实证主义手法的背离、反叛、创新。难怪德国学者施罗德评价古哥里为过于激进。⑥而

---

① 北浦貴士:《企業統治と会計行動:電力会社における利害調整メカニズムの歴史的展開》,東京大学出版会 2014 年版;朝岡大輔:《企業成長と制度進化:戦前電力産業の形成》,NTT 2012 年版;花木完爾:《昭和初期大阪における電気事業の展開》,大阪市立大学博士論文 2017 年版。

② 藤原純一郎:《十九世紀米国における電気規制の展開》,慶応義塾大学法学研究会 1989 年版;坂本倬志:《イギリス電力産業の生成発展と電気事業法の変遷》,長崎大学東南アジア研究所 1983 年版。

③ 田野慶子:《ドイツ資本主義とエネルギー産業:工業化過程における石炭業・電力業》,東京大学出版会 2003 年版;森宜人:《ドイツ近代都市経済史》,日本経済評論社 2009 年版。

④ Takahito Mori, *Elektrifizierung als Urbanisierungsprozess: Frankfurt am Main 1886—1933*, Darmstadt: Hessisches Wirtschaftsarchiv, 2014.

⑤ David Gugerli, *Redeströme: Zur Elektrifizierung der Schweiz 1880—1914*, Zurich: Chrome, 1996; Patrick Kupper, *Atomenergie und gespaltene Gesellschaft*, Zurich: Chrome, 2003; Beate Binder, *Elektrifizierung Als Vision: Zur Symbolgeschichte einer Technik im Alltag*, Tübingen: Tübinger Vereinigung für Volkskunde, 1999.

⑥ Harm Schröter, "Business History in German-Speaking States at the End of the Century: Achievements and Gaps", In *Business History around the World*, Franco Amartori and Geoffrey Jones eds., Cambridge: Cambridge University Press, 2003.

古哥里能以此书为代表作成为苏黎世联邦理工学院技术史讲座教授，足见德语圈技术史学界对新思想之包容。古哥里方法最近还被德国学者威廉（Daniel Wilhelm）所借鉴，用于其对德国南部施瓦本地区电气化的历史研究。[1]此外，史提尔（Bernhard Stier）的德国近代电力工业史侧重政商关系，但是也吸收了文化史手法。[2]最近，王安轶等中国学者在引介德国学者在技术史领域学术成果时强调了作为新视角的消费史。[3]在电力史领域，消费史手法见于迪特（Karl Ditt）对英国德国的比较研究。[4]最近，古哥里的弟子、瑞士学者佛瑞（Felix Frey）对于俄国北极地区电力系统的研究，则又回到传统的实证主义手法。[5]总体而言，德语圈学者的研究以德国、瑞士等德语国家为主，但是也有对于俄国、英国的世界史视野，在这点上和日本学者类似。

　　汉语学界对于电力史的研究成果卓著。在区域电力史研究方面，中国学者成就突出。代表作有梁善明对于广西的研究，陈碧舟和杨琰关于上海的研究，以及陈悦等关于南京的研究。[6]黄晞《中国近现代电力技术发展

① Daniel Wilhelm, *Die Kommunikation infrastruktureller Großprojekte：die Elektrifizierung Oberschwabens durch die OEW in der ersten Hälfte des 20. Jahrhunderts*, Stuttgart：Franz Steiner Verlag, 2014.

② Bernhard Stier, *Staat und Strom：die politische Steuerung des Elektrizitätssystems in Deutschland 1890—1950*, Mannheim：Verlag Regionalkultur, 1999.

③ ［德］沃尔夫冈·科尼希，Jess Nierenberg，王安轶：《德国的技术史研究》，《自然辩证法通讯》2022年44卷4号，第44—55页。

④ Karl Ditt, *Zweite Industrialisierung und Konsum：Energieversorgung，Haushaltstechnik und Massenkultur am Beispiel nordenglischer und westfälischer Städte 1880—1939*, Paderborn：Schöningh, 2011.

⑤ Felix Frey, *Arktischer Heizraum：Das Energiesystem Kola zwischen regionaler Autarkie und gesamtstaatlicher Verflechtung 1928—1974*, Köln：Böhlau Verlag, 2019.

⑥ 梁善明：《民国广西电力工业之演化研究（1915—1949）》，陕西师范大学博士学位论文，2021年；杨琰：《工部局与近代上海电力照明产业研究，1882—1929年》，复旦大学博士学位论文，2013年；陈碧舟：《美商上海电力公司经营策略研究（1929—1941）》上海社会科学院博士学位论文，2018年；陈悦：《民国时期大型官营都市工厂的技术发展——以南京首都电厂为例》，《山西大同大学学报（自然科学版）》2019年35卷3号，第98—103页；范晓娟，聂馥玲：《南京民族电力工业的肇始：金陵电灯官厂的筹建》，《自然科学史研究》2022年41卷4号，第429—443页。

史》、中国电力企业联合会编《中国电力工业史》和美国华裔学者谭颖佳的新作则以全国为研究视野。①不过,中国科技史学者对于休斯的国际比较研究范式和豪斯曼的全球史范式引介较晚。②例如,休斯《电网》出版于 1983 年,1996 年就有日译本,而中国却至今没有中译本。此外,中国的科技史研究属于理学一级学科,不少学者在学术范式、话语权体系中倾向于就技术论技术,把技术史理解为技术本身的历史,把技术的经济、政治、文化外延视为科技史以外的领域,此疆彼界。近来,越来越多的学者开始关注国别科技史。在中科院、中国科协的推动下,一批外国科技史译作以及中国学者所撰写的国别科技史陆续出版。③随着中国作为发展中大国的国际地位不断提升,在未来数年中,科技史学界必将迎来飞速发展。

二、对代表性先行研究的一些批判

对德国学者的意见上文已有表述,下面主要对休斯和日本学者的研究发表意见。

1. 对休斯的批判和借鉴

首先,就休斯而言,其代表作《电网》之所以可谓经典,不仅是因为他开创了电力史中的比较史范式,也因为基于电力提炼出诸如"技术风格""大技术系统""动能(momentum)"等能应用于其他技术史领域的概念。④万事开

---

① 黄晞:《中国近现代电力技术发展史》,山东教育出版社 2006 年版;中国电力企业联合会:《中国电力工业史:综合卷》,中国电力出版社 2021 年版;Ying Jia Tan, *Recharging China in War and Revolution*, 1882—1955, Ithaca: Cornell University Press, 2021。

② 杨海红、邱惠丽、李正风:《托马斯·休斯"技术—社会系统"思想探微》,《自然辩证法研究》2020 年 36 卷 8 号,第 26—30 页;尹文娟:《托马斯·休斯系统方法新探》,《科学技术哲学研究》2012 年 29 卷 3 号,第 72—76 页;郑雨:《休斯的技术系统观评析》,《自然辩证法研究》2008 年 24 卷 9 号,第 28—32 页。

③ 例如[德]约阿希姆·拉德考著,廖峻、饶以苹、陈莹超、方在庆译:《德国技术史:从 18 世纪至今》,中国科学技术出版社 2022 年版。

④ Thomas P. Hughes, *Networks of Power: Electrification in Western Society*, 1880—1930, Baltimore: Johns Hopkins University Press, 1983.

头难，休斯既不立足一国，也不就电力论电力，更不就技术论技术，为后辈学人提供了学习范本和思考材料。休斯的视野和影响跨越国界。德国学者科尼希在《技术史导论》教材中详细介绍休斯的"大技术系统"框架。①而法国学术期刊《电力史年鉴》（*Annales historiques de l'électricité*）在 2004 年用专刊形式庆祝《电网》出版三十周年。

但是，休斯的方法也有值得商榷之处。其一是"大技术系统"框架包含的对象驳杂，系统的有形部分易于确定，但是无形部分几乎包罗万象，能和电力扯上边的都可以囊括，给人以缺乏主轴、中心的印象。休斯出身理工科，但其历史叙事，读起来和"究天人之际，通古今之变"的通史有异曲同工之妙。休斯多次强调，解释"技术风格"要探究文化因素（cultural factors），而文化因素则包含地理、经济、组织、法律、企业家、历史巧合等，这些要作为整体、作为系统来探讨。如此一来，研究框架如果拿捏不稳，难免不着边际，大而无当。有鉴于此，本书虽然采用"大技术系统"框架，但是把侧重放在政商关系上，既便于历史叙事，也便于读者理解。

根据姚大志的观点，休斯的"大技术系统"框架有不能胜任长时段、大尺度历史分析的缺点，在外延上不如法国学者贝特兰·吉尔（Bertrand Gille）在 20 世纪 70 年代于法语著作《技术史》中提出的技术系统理论。②这一理论早于休斯数年，但是在英语学界几乎无人问津。姚大志认为，吉尔是英语世界学术壁垒的受害者。法语学界和英语学界的隔阂由来已久。笔者不能阅读法文，难以置评。但是徒善不足以为政，徒法不能以自行，学术也不是靠学术本身传世。史学或章句训诂，或经世致用，唯在所择。优秀学术作品应

---

① Wolfgang König, *Technikgeschichte：Eine Einführung in ihre Konzepte und Forschungsergebnisse*, Stuttgart：Franz Steiner Verlag, 2009, pp.64—66. 科尼希教材介绍了大量分析框架，有利于开拓视野。但是，该教材一些概念的介绍难免浮光掠影，语焉不详，阅读时需要注意。中科大出版的中文版对于和技术本身看似关系不大的内容有不少删节，建议有条件的读者阅读原版。

② 姚大志：《行走在边缘的法国思想家——与〈技术与时间〉有关的几位学者》，《中国图书评论》2013 年 1 号，第 22—28 页。

当在适当的时机翻译为能拥有更多读者的语言并且寻人推介。获取读者、扩大影响，本来就是学术话语权系统的一部分。休斯和吉尔之争虽小，可以见大。

休斯横跨技术史学界、企业史学界，他和哈佛商学院的企业史学家钱德勒曾经就企业史研究范式中的问题展开讨论。[1]钱德勒主攻工业资本主义史，以《战略与结构》《看得见的手》《规模与范围》三部曲知名于世，是企业史领域现代大企业研究范式的开创者，对管理学、历史学影响巨大。钱德勒也重视比较研究，留下名言"历史研究想有所作为，必须是比较研究"[2]。休斯认为，钱德勒的范式集中于企业（firm），却忽视了超越企业的网络（network）和系统（system），而钱德勒对于工业的研究重视高速、大规模、持续、高密度的制造业生产体系，却忽略了同样具有这些特征的电力系统。休斯这些意见根植于他对于电力系统运营的直接观察，对打开思路有启发性。有鉴于两位大师的讨论，本书在第二章讨论电力企业的兴起时，既借鉴钱德勒的现代大企业范式、分析大企业个案，也重视企业和企业之间的联系。

2. 对其他学者的批判和借鉴

政商关系是日本学者电力史研究的一条主线。一直以来，学界（这里也包括日本国外）认为日本自从明治维新以来，政府在推动经济发展中起到了很大作用。而第二次世界大战前的财阀和政府关系密切。但是橘川却认为日本电力工业的发展动力不在政府或财阀，而在于民营企业的"自主性"。[3]具体来说，自主性指的是追求盈利和追求公益的平衡。橘川认为，在日本电力工业史上，政府监管越是克制，电力工业发展就越是顺利。例如 1907 年

---

① Thomas P., Hughes, "From Firm to Networked Systems", *Business History Review* 79, 2005, pp.587—593; Thomas P., Hughes, "Managerial Capitalism beyond the Firm", *Business History Review* 64, 1990, pp.689—703; Alfred D. Chandler, "Commercializing High-Tech Industries," *Business History Review* 79, Autumn, 2005, pp.595—604.

② Alfred D. Chandler, *Scale and Scope: the Dynamics of Industrial Capitalism*, Cambridge, Mass.: Harvard University Press, 1990, p.10.

③ 橘川武郎:《日本電力業発展のダイナミズム》，名古屋大学出版会 2004 年版，第 4—8 页。

到 1931 年之间，就可以说是民营企业"自主性"得到充分发挥，而使得发展动力得以奔流的时期。①第二次世界大战期间则因政府强化电力工业管理而导致动力停滞。财阀资本对于电力资本的控制也仅限于贷款，并未扩展到电力企业管理。

为了深入研究"自主性"，橘川的研究手法主要是从企业史入手。该手法借鉴美国学者钱德勒，通过分析主要企业个案，积少成多，对产业整体形成总览。因为电力工业资本集中度高，往往少数大电力企业就占到全国发电量、装机容量大半，因此企业史对于理清电力工业发展脉络手法非常有用。这是橘川的长处。但是视野过于聚焦企业，对政府的作用关注不足，对于比较史、外国电力史也缺乏关心。

与此相比，重视研究政府的学者往往揭示出"自主性"之外的政治因素，尤其是政治构造对电力工业的塑造。政治构造指的是中央政府和地方政府之间的权力制衡关系。梅本对日本电力工业史的分期着眼于电力系统从都市小电网演化为区域大电网的进程，依次探讨了这个进程中都市行政、县级（相当于省级）行政、和中央政府对电力工业施加的影响。②白木泽通过北海道函馆市的案例，探讨了中央政府和地方政府之间的利益冲突。③白木泽认为日本电力工业中民营企业主导地位的形成，有中央政府权力大于地方政府而中央政府反对地方政府参入电力的因素。梅本和白木泽异曲同工，从政治角度理解日本电力工业，和橘川"自主性"范式形成对比。

比较史和外国电力史，往往能揭示出一国电力工业的特征。藤原的美国电力史研究集中于美国政府监管，但是零星地提到几个值得思考的史实。例如，美国虽然从资本规模、发电量、装机容量角度来看民营企业占主导地

① 橘川武郎：《日本電力業発展のダイナミズム》，名古屋大学出版会 2004 年版，第 120—121 页。
② 梅本哲世：《戦前日本資本主義と電力》，八朔社 2000 年版，第 1—75，98—120，121—163 页。
③ 白木澤涼子：《戦前期における地方自治体と電気事業》，《日本歴史》2010 年版 732 卷，第 74—90 页。

位,但是和日本相比,在绝对数量上公有制的电力企业仍然占多数。而美国从电力工业诞生之初就存在的许可证(franchise)监管模式,在同时期日本并不存在。[1]以此思考橘川"自主性",就不难怀疑是否日本监管构建、监管传统中有实质上有助于民营企业的因素,换言之"自主性"角度似乎并不能完全理解日本电力工业。

讨论日本学者研究得失可以发现,在探讨政商关系时,不可过于强调民营企业的"自主性",而是要综合地看待中央政府和地方政府之间的权力构建、监管传统、监管语境对于电力企业的塑造。有鉴于此,本书第四章着重探讨政治构造对德日两国电力工业"技术风格"的影响。

---

① 藤原純一郎:《十九世紀米国における電気規制の展開》,慶応義塾大学法学研究会 1989 年版,第 1—16 页。

第二章
电力与企业

第一节 导 言

上一章在讨论德日两国电力工业可比性时,曾指出德国从 1890 年到 1930 年,电力企业的所有制构造发生了从民营为主向公营为主的结构逆转。日本则一直以民营为主,类似现象并未发生。这个"技术风格"差异就引出一些问题。德日两国电力企业的发展战略,是否有不同的路径? 所有制构造是否对企业管理有影响? 公营企业的成长战略、组织构造是否和私营企业有所不同? 本章试图回答这些问题。

本章在休斯"大技术系统"之外,还借鉴了钱德勒的企业史范式。休斯《电网》第十四章比较了美国宾夕法尼亚电力电灯公司(Pennsylvania Power & Light Company,缩写 PP&L)、德国莱茵威斯特法伦电力公司(Rheinisch-Westfalisches Elektrizitatswerk,缩写 RWE)、英国纽卡斯尔供电公司(Newcastle upon Tyne Electric Supply Company,缩写 NESCO)三家电力企业发展史,可谓"大技术系统"框架下融合技术史与企业史的典范。钱德勒在《规模与范围》等著作中,着重选择高资本集中度的产业中规模最大、市场占有率最高的企业,通过探究它们的发展战略来理清产业史轨迹。休斯认为钱德勒忽视了电力产业以及企业间的网络关系。本章尝试沿着两位大师的学术路径,探究德日电力企业史。

本章历史研究的案例来自德日两国资本规模最大的十家电力企业(见表 1 至表 8)。它们大致分为 1896 年、1914 年、1930 年三期,三者各隔约十五年,分别代表了 19 世纪末、第一次世界大战前、第二次世界大战前两国电力企业概况。笔者不否认除了资本规模以外还有其他有意义的案例选择标准,如发电量、装机容量、供给区域大小等。但是一般来说,按照这些标准编排的企业排名和按照资本规模编排的大致一致。这些相关数据也会在历史叙述中提及。这里就权且采用资本规模标准。

第二节　概念界定

历史叙述开始之前,有必要界定一些概念,以便于描述和分析电力企业发展脉络。这些概念乍看抽象,但是会在本章中具象化。对于有经济学、管理学基础的读者以及来自电力行业的读者来说,本节可以直接跳过。

第一,电力企业大致分为垂直整合型(英文可以翻译为 vertically integrated firm)和非垂直整合型(英文可以翻译为 disintegrated firm)。这是按照电力从发电站到最终消费者之间发电、送电、配电三大工程的整合程度所划分的。这也是按照电力企业的职能划分的。如果某企业既经营发电业务,也负责送配电业务,这家企业就属于垂直整合型。如果某企业只是经营发电、送电、配电之中的一种或两种业务,它就属于非垂直整合型。

在企业组织上,垂直整合型企业同时包括负责发电、送电、配电的职能部门,非垂直整合型企业只是包括和其主营业务相关的职能部门。在商品特性上,电力难以大量储存、必须即时消费。垂直整合型企业提供的电力,从发电到配电都由一家企业一元化管理。而非垂直整合型企业提供的电力,往往需要借助其他企业。比如专营发送电的企业需要把电力先批发给有配电系统的企业，再由后者来零售电力。专营送配电的企业则需要向发电厂买电。相对于垂直整合型企业的一元化管理，非垂直整合型在管理上是跨企业的、企业网式的。可以将之想象为建立在电力系统有形联结上的企业和企业的无形网络，这点休斯在和钱德勒的讨论中皆有提及。①

对于电力企业来说，自我定位垂直整合型还是非垂直整合型，是企业管理上重大的战略抉择。这也是本章所探讨的主要内容之一。这里沿用钱德勒的定义，"战略"指"企业的长期期望与目标，以及企业为了实现这些期望所实施的行为、所进行的必要资源配置"②。

第二，从供给区域的地理范围来看，电力系统可分为都市系统和区域系统。电力系统指代物理外观，电力企业指代经济外观，它们都是电力技术在社会中的表现，本书遵循"大技术系统"框架，同时关注电力的有形外观和无形外观。都市系统从发电到配电的流程就地理范围而言局限于某都市，换言之，该都市是其供给区域。区域系统的供给区域则包含许多都市。这里之所以强调都市，是因为人口与工业的集中使得都市成为重要电力消费中心，在电气工程学上也叫负荷中心（load center）。在地图上看，区域系统的送电线路往往联结各大负荷中心，蔚为壮观。

对电力系统来说，构建区域系统抑或满足于都市系统，也是重要战略抉择之一。这同样是本章所探讨的主要内容之一。

---

① Thomas P., Hughes, "From Firm to Networked Systems." *Business History Review* 79, 2005, pp.587—593; Thomas P., Hughes, "Managerial Capitalism beyond the Firm." *Business History Review* 64, 1990, pp.689—703; Alfred D. Chandler, "Commercializing High-Tech Industries," *Business History Review* 79, Autumn, 2005, pp.595—604.

② Alfred D. Chandler, *Strategy and Structure: Chapters in the History of the Indusatrial Enterprise*, Cambridge, Mass.: Harvard University Press, 1962, p.12.德国学者柯克霍夫（Stephanie van de Kerkhof）对于战略概念的发展史有过详细梳理，参见 Stephanie van de Kerkhof, *Von der Friedens- zur Kriegswirtschaft: Unternehmensstrategien der deutschen Eisen-und stahlindustrie vom Kaiserreich bis zum Ende des Ersten Weltkrieges*, Essen: Klartext, 2006, pp.43—65.

第三，康采恩(Konzern)指一种以控股公司为顶点的企业集团。①控股公司通过持股，直接或间接参与子公司管理决策，大量这类子公司和持股公司一起形成金字塔形或者伞形构造的企业集团。在法律上它们互相独立，但是在经营管理上又有千丝万缕的联系。就电力工业而言，电力企业本身可以成为控股公司，伞下可以有其他电力企业或者其他行业的企业。控股公司本身也可以是纯金融性企业或者是来自其他行业的资本，伞下子公司则是电力企业。需要强调的是，控股公司本身是企业和企业的集团，是企业和企业的无形网络。就非垂直整合型企业而言，发电、送电、配电业务往往可以分别由企业专营，而这些企业都位于控股公司构造中。康采恩是德国电力工业一种主要组织形式，本章会多次提及。本书在指企业集团整体的时候，用康采恩一词；在指其顶点的控股公司的时候，用控股公司一词。

第三节　电力企业的兴起和资本集中

在具体探讨德日电力企业史之前，本节先借助上面提及的概念，对两国电力企业发展脉络作一个概览。这里所采用的手法借鉴自钱德勒的大企业史手法，着重分析资本规模最大的 10 家电力企业的历史排名、发展战略、企业构造变迁。

一、日本电力企业发展脉络

通过表 1 可见，在 1896 年，日本电力企业均为都市系统和垂直整合型企业。供给区域集中于人口多的都市如东京、大阪、神户、横滨、名古屋、京

---

① 关于控股公司的详细分类参见 Robert Liefmann, *Cartels, Concerns and Trusts*, London and New York: E. P. Dutton & Company, 1932, pp.225—232。

都、广岛、仙台等。在技术上,点对点直流发电仍为主流,不同用途的电力消费(照明、运输、工业动力)需要不同类型的发电机,这也在物理前提下妨碍了规模经济,并且要求垂直整合型电力供给。社会上电灯、电动力尚未普及,电力尚和蒸汽机、瓦斯灯竞争,市场有待拓展。

到了第一次世界大战前后,日本的电气化取得长足进步,以都市住宅电气化率为例,六大都市(东京、大阪、京都、神户、名古屋、横滨)平均住宅电气化率在 1917 年已经达到 84%,接近户户通电、家家用电。[①]在技术上,直流电和交流电的"系统之战(battle of systems)"逐渐归结于交流电的优势和普及。一家发电所的电力可以供给不同类型的电力消费者(电灯、电动力、电气铁道),规模经济得以发挥。集中发电、远距离高压送电模式开始展开。这使得专营发送电的非垂直整合型企业得以出现。通过表 2 可见,新兴 3 家企业如宇治川电气公司、鬼怒川水电公司、猪苗代水电公司都属于利用大规模集中发电、高压送电等新技术开发日本丰富水力资源,是专营发送电的区域系统和非垂直整合型企业。此外 7 家垂直整合型企业,则依旧是都市系统。

到了 1929 年,日本电力企业最大的变化是电力系统的地理扩张(表3)。表中除了东京市营电气事业和大阪市营电气事业两家公营企业以外,都是区域系统。后起之秀、非垂直整合型企业如大同电力公司和日本电力公司,构建了横跨本州岛中心地区的送电系统。此外,6 家垂直整合型区域系统都发展出更大规模的装机容量、更广的供给范围、更长的送电距离。东京市营电气事业和大阪市营电气事业虽然保留自家发电厂以补充高峰负荷,但是开始向规模经济巨大的非垂直整合型企业大量批发电力。

在 20 世纪 20 年代,日本资本规模最大的电力企业大都在纽约金融市场发行了数额巨大的公司债。具体下章还要提及。

① 逓信省電気局:《電気事業要覧》1917 年版。

表 1　日本资本规模最大的 10 家电力企业(1896 年)

排名	企　业	资本金(单位:千日元)	供给范围	统合程度
1	东京电灯	1 295	都市系统	垂直整合型
2	大阪电灯	760	都市系统	垂直整合型
3	神户电灯	255	都市系统	垂直整合型
4	横浜共同电灯	252	都市系统	垂直整合型
5	名古屋电灯	249	都市系统	垂直整合型
6	京都电灯	210	都市系统	垂直整合型
7	品川电灯	124	都市系统	垂直整合型
8	广岛电灯	90	都市系统	垂直整合型
8	仙台电灯	90	都市系统	垂直整合型
10	深川电灯	80	都市系统	垂直整合型

资料来源:经营史学会:《日本経営史の基礎知識》,有斐閣 2004 年版。
注:供给范围和统合程度为笔者所加。

表 2　日本资本规模最大的 10 家电力企业(1914 年)

排名	企　业	资本金(单位:千日元)	供给范围	统合程度
1	东京市营电气事业	84 288	都市系统	垂直整合型
2	东京电灯	54 418	都市系统	垂直整合型
3	宇治川电气	19 868	区域系统	发送电型
4	鬼怒川水力电气	19 826	区域系统	发送电型
5	大阪电灯	19 064	都市系统	垂直整合型
6	名古屋电灯	15 636	都市系统	垂直整合型
7	神户电气	15 239	都市系统	垂直整合型
8	猪苗代水力电气	11 361	区域系统	发送电型
9	京都电灯	11 129	都市系统	垂直整合型
10	横浜电气	9 268	都市系统	垂直整合型

资料来源:经营史学会:《日本経営史の基礎知識》,有斐閣 2004 年版。
注:供给范围和统合程度为笔者所加。

表3 日本资本规模最大的10家电力企业(1929年)

排名	企 业	资本金(单位:千日元)	供给范围	统合程度
1	东京电灯	843 293	区域系统	垂直整合型
2	东邦电力	285 855	区域系统	垂直整合型
3	大同电力	268 178	区域系统	发送电型
4	日本电力	227 140	区域系统	发送电型
5	东京市营电气事业	206 989	都市系统	配电为主
6	宇治川电气	205 056	区域系统	垂直整合型
7	大阪市营电气事业	202 701	都市系统	配电为主
8	京都电灯	102 660	区域系统	垂直整合型
9	九州水力电气	100 739	区域系统	垂直整合型
10	广岛电气	91 076	区域系统	垂直整合型

资料来源:经营史学会:《日本経営史の基礎知識》,有斐閣2004年版。
注:供给范围和统合程度为笔者所加。

总之,日本电力企业的演化趋势归纳为两条。第一,都市系统演化为区域系统。第二,专营发送电非垂直整合型企业持续成长。

二、德国电力企业发展脉络

德国电力企业的发展脉络,总的来说表现出和日本相同的趋势。都市系统向区域系统的演化,以及专营发送电非垂直整合型企业的崛起,都可以观察到(表5、表6、表7)。德国电力企业也同样在纽约发行了规模巨大的公司债。这些趋势和特征归纳于表中。但是,德国和日本的不同之处在于控股公司这种组织形态在日本电力企业中并不明显。这点值得注意,有必要作一番讨论。

德国电力工业中最早的控股公司是电机制造商如德国通用电气公司(Allgemeine Elektricitäts Gesellschaft)和西门子公司(Siemens)。在电力技术商用化起步阶段,电机制造商自己制造相关机械、管理电力系统、为其

提供融资、为其提供技术咨询服务。①这个模式下一章还会详细叙述。在
19世纪90年代，德国电力企业近半数可以被视为几大电机制造商和它们
伞下的电力系统的总和。大约在世纪之交，德国总装机容量的48%来自控
股公司构造下的电力企业。②

这个控股公司模式大约在1910年开始发生质变。质变的主要表现是
政府对于电力系统的收购，即公营化。公营化的目的主要在于限制民间资
本垄断和增加政府财政收入。③这些具体政商关系细节在第四章还要详细
讨论。到了1930年左右，德国大电力企业几乎都是所有制的公营企业。需
要注意的是康采恩模式本身依旧持续，只不过金字塔顶端的控股公司从民
营资本变成了公营资本，具体地说国有控股公司或者州所有制的控股公司。

控股公司模式在日本电力工业并不发达。日本的电力企业主要由地方
上的旧武士阶级、贵族阶级出资建立，日本在电机方面依赖于从欧美寡头美
国通用电气、德国通用电气、西门子等进口。部分日本企业奋发图强，如东
京电灯公司就自己设立了名为白热舍的电机厂，是后来闻名于世的东芝的
前身。但是就当初而言，日本薄弱的电机制造业不足以支撑类似德国的模
式。而明治政府直到1899年实质上仍禁止外资，以至于德国美国的电机制
造商也难以在日本跨国投资电厂。④当时欧美资本在世界各地投资电力，但
是日本是个例外。在20世纪20年代日本也出现了电力金融机构，但是和
德国康采恩相比还是有本质区别。

---

① William Hausman, Peter Hertner and Mira Wilkins, *Global Electrification: Multinational Enterprise and International Finance in the History of Light and Power*, *1878—2007*, New York: Cambridge University Press, 2008, pp.52—55.

② Friedrich Fasolt, *Die sieben grösiten deutschen Elektrizitätsgesellschaften: ihre Entwicklung und Unternehmertätigkeit*, Dresden: O.V. Böhmert, 1904, p.104.

③ Gert Bruche, *Elektrizitätsversorgung und Staatsfunktion: das Regulierungssystem der öffentlichen Elektrizitätsversorgung in der Bundesrepublik Deutschland*, Frankfurt am Main: Campus-Verlag, 1977, pp.61—74.

④ 竹中亨:《ジーメンスと明治日本》,東海大学出版会1996年版,第159页。

表 4　纽约金融市场上公开发行与私募日本电力债(1929 年)

1)

	发行者	数额 (1 000 美元)	发行年	发行价	利率	到期	承销商
上市债券	大同电力	15 000	1924	91.5	7%	1944	Dillon Read Co.
	宇治川电气	14 000	1925	91	7%	1945	Lee Higginson & Co. Boston
	东邦电力	15 000	1925	90.5	7%	1955	Guaranty Trust Co. New York
	东京电灯	24 000	1925	98	6%	1928	Guaranty Trust Co. New York

2)

私募债券	大同电力	13 500	1925	86	6.5%	1950	Dillon Read Co.

3) 穆迪评级排名

评级	Aaa	Aa	A	Baa	Ba	B	Caa
数量	0	1	5	14	2	0	0

资料来源:横浜正金銀行調査課:《米国に於ける外債市場と日本公社債に就て》,横濱正金銀行調査課 1928 年版。

表 5　德国资本规模最大的 10 家电力企业(1899 年)

排名	企　　业	企业资本金 (百万马克)	分类,括号内为母公司
1	Kontinentale Gesellschaft für Elektrische Unternehmungen	32	控股公司(Schuckert)
2	Gesellschaft für Elektrische Unternehmungen	30	控股公司(Union)
3	Elektrische Licht- und Kraftanlage AG	30	控股公司(Siemens & Halske)
4	Berliner Elektrizitätswerke	25	垂直整合型,都市系统(AEG)

排名	企　业	企业资本金 (百万马克)	分类,括号内为母公司
5	AG für Elektrizitätsanlagen	16	控股公司(Helio)
6	Deutsche Gesellschaft für Elektrische Unternehmungen	15	控股公司(Lahmeyer)
7	Hamburgische Elektricitätswerke	15	垂直整合型,都市系统(Schuckert)
8	Elektra AG	6	控股公司(Schuckert)
9	Elektrizitäts-Lieferungs-Gesellschaft	5	控股公司(AEG)
10	Kraftübertragungswerke Rheinfelden	4	发送电型,区域系统(AEG)

资料来源：*Handbuch der deutschen Aktien-Gesellschaften；Ausgabe 1899—1900*。

注：为避免译名引起混乱,表中用了德文企业名。分类中括号内是母公司。

表 6　德国资本规模最大的 10 家电力企业(1914 年)

排名	企　业	企业资本金 (百万马克)	分类,括号内为母公司
1	Berliner Elektrizitätswerke	64	垂直整合型,都市系统(AEG)
2	Gesellschaft für Elektrische Unternehmungen	60	控股公司(AEG)
3	Rheinisch-Westfälisches Elektrizitätswerk AG	50	垂直整合型,区域系统
4	Continental Gesellschaft für Elektrische Unternehmungen	32	控股公司(Siemens)
5	Elektrische Licht- und Kraftanlage AG	30	控股公司(Siemens)
6	Elektrizitäts AG vorm Lahmeyer	30	控股公司(AEG)
7	Elektrizitäts Lieferungs Gesellschaft	30	控股公司(AEG)
8	Hamburgische Elektricitätswerke	22	垂直整合型,都市系统(Siemens)
9	Siemens Elektrische Betribe AG	17	控股公司(Siemens)
10	Märkisches Elektrizitätswerk AG	12	垂直整合型,区域系统(AEG)

续　表

排名	企　　业	企业资本金 （百万马克）	分类，括号内为母公司
10	Elektrizitätswerk Südwest AG	12	控股公司（AEG）
10	Kraftübertragungswerke Rheinfelden	12	发送电型，区域系统（AEG）

资料来源：*Handbuch der deutschen Aktien-Gesellschaften：Ausgabe 1913—1914*。
注：为避免译名引起混乱，表中用了德文企业名。分类中括号内是母公司。

表 7　德国资本规模最大的 10 家电力企业（1932 年）

排名	企　　业	企业资本金 （百万马克）	分类
1	Rheinisch-Westfälisches Elektrizitätswerk AG	246	垂直整合型，区域系统
2	Berliner Kraft- und Licht AG	240	垂直整合型，都市系统
3	Preussische Elektrizitäts AG	155	发送电型，区域系统
4	Vereignite Elektrizitätswerk Westfalen AG	120	垂直整合型，区域系统
5	Elektrowerke AG	110	发送电型，区域系统
6	AG Sächsische Werke	100	发送电型，区域系统
7	Hamburgische Elektricitätswerke	89	垂直整合型，都市系统
8	Gesellschaft für Elektrische Unternehmungen	80	控股公司
9	Deutsche Continental-Gas-Gesellschaft	75	控股公司
10	Dresdner Gas-, Wasser- und Elektrizitätswerke AG	70	控股公司

资料来源：*Handbuch der deutschen Aktien-Gesellschaften：Ausgabe 1932—1933*。
注：为避免译名引起混乱，表中用了德文企业名。分类中括号内是母公司。

　　以上是德日两国电力企业发展脉络的大概。两国企业在从都市系统向区域系统的演化，以及专营发送电非垂直整合型的崛起上有很多相同之处，但是在组织形态上有重要差别。接下来两节分别聚焦于垂直整合型企业和专营发送电非垂直整合型企业，通过典型案例具体探讨其战略选择和成长路径。专营发送电非垂直整合型企业简称为发送电型企业。

表 8　纽约金融市场上公开发行与私募德国电力债(1929 年)

1)

	发行者	数额 (1 000 美元)	发行年	发行价	利率	到期	承销商
上市 债券	Consolidated Hydro Electric Works of Upper Wurttemberg	4 000	1926	93	7%	1956	W. A. Harriman & Co.
	Electric Power Corporation Germany	7 500	1925	87	6.50%	1950	Harris Forbes & Co. New York or Chicago
	Rhine-Westphalia Electric Power Corporation	10 000	1925	94	7%	1950	National City Bank
	Silesia Electric Corporation	4 000	1926	87	6.5%	1946	Harris Forbes & Co. New York or Chicago
	Westphalia United Electric Power Corporation	7 500	1925	87.5	6.5%	1950	Speyer & Co. New York, Harris Forbes & Co. New York or Chicago

2)

私募 债券	Berlin City Electric Corporation	20 000	1926	n/a	6.5%	1951	n/a
	Berlin City Electric Corporation	3 000	1929	n/a	6.5%	n/a	n/a
	Hamburg Electric Corporation	6 500	1925	n/a	6.5%	1935	n/a
	Leipzig Overland Power Corporation	2 963	1926	n/a	6.5%	1946	n/a
	Manheim & Palatine Electric Corporation	3 000	1926	n/a	7%	1941	n/a
	Oberpfalz Electric Power Coporation	1 235	1926	n/a	7%	1946	n/a
	Stettin Public Utilities Corporation	3 000	1926	n/a	7%	1946	n/a
	Unterelbe Power & Light Corporation	6 000	n/a	n/a	7%	1941	n/a
	Sachsen Anhalt Electric	1 000	1926	n/a	6.5%	1928	n/a

3) 穆迪评级排名

评级	Aaa	Aa	A	Baa	Ba	B	Caa
数量	0	0	20	14	2	0	0

资料来源:横浜正金銀行調査課:《米国に於ける外債市場と日本公社債に就て》,横濱正金銀行調査課 1928 年。

第四节　垂直整合型企业

一、都市系统:柏林、汉堡、东京、大阪

本节通过案例研究,详细考察德日两国垂直整合型企业的发展轨迹。这里的历史叙事集中于企业战略变迁,而不是各个企业的创业过程。一些关于企业创设、金融方面的内容会在第三章详细提到。

先从比较史角度指出值得注意的现象。在德国,汉堡和柏林的市营电气事业到第一次世界大战前为止一直属于德国规模最大的电力企业,但是它们维持都市系统发展模式,没有作扩张成为区域系统的战略选择。相反,起步于小型都市系统的企业却大胆地选择扩张,从而进化为区域系统。例如,威斯特法伦联合电力公司(Vereignite Elektrizitätswerke Westfalen,缩写 VEW)起步于多特蒙德(Dortmund)和波鸿(Bochum)的市营电气事业。

在日本,东京电灯公司(本书在行文中,除了第一次出现公司名以外,一般省略公司二字)和东邦电力公司分别起步于 19 世纪晚期东京和名古屋的都市系统,但是积极扩张,在 20 世纪前期成为巨大的区域系统。但是同样起步于都市系统的东京市营电气事业和大阪市营电气事业(前身是民营大阪电灯公司)却维持都市系统。

可见,自我定位为都市系统,抑或扩张成为区域系统,是决定电力企业成长演化的一个具有关键意义的战略选择。因此本节在历史叙述时着重探

讨企业对于都市系统和区域系统之间的战略选择。

　　首先看柏林和汉堡的案例。①两地都市电网颇具类似性。第一,它们都有巨大的资本规模和装机容量。第二,它们都选择维持自我定位为都市系统。第三,它们在发电能力上选择维持自给自足,而不是依存于从外部批发购买电力。无论基本负荷(base load)还是高峰负荷(peak load),它们都倾向于通过自己的发电设备来供给。

　　在第一次世界大战结束后,德国国家电力公司(Elektrowerke AG,缩写EAG)曾一度供给柏林约 50％的电力负荷。②战争所导致的煤炭紧缺状况得到缓解后,柏林市决定回到自给自足,以更好地完成市政府的社会福利政策以及财政目标。一般来说,从外部企业买电需要缔结长期合同,电价受到限制,妨碍了市政府降低价格、普及电力。③柏林市在扩充自家发电能力时贯彻规模经济原则。在总发电量上,柏林市营电气事业(Berliner Elektrizitäts Werke)曾在 1926 年位居德国第三,仅次于 EAG 和 RWE。④在 1931 年,柏林市营电气事业 60％的装机容量集中于新建的克林根伯格发电厂(Kraftwerk Klingenber)和西部发电厂(Kraftwerk West)。⑤同年,柏林市营电气

①　关于柏林的电力史主要有 Thorsten Dame, *Elektropolis Berlin：Die Energie Der Großstadt*, Berlin：Mann, 2011; Thomas P. Hughes, *Networks of Power：Electrification in Western Society, 1880—1930*, Baltimore：Johns Hopkins University Press, 1983, pp.175—200. 关于汉堡的电力史,可以参考 Kurt Bussmann, *Rechtsstellung der gemischtwirtschaftlichen Unternehmungen unter besonderer Berücksichtigung der Groß-Hamburger Elektrizitätswirtschaft*, Berlin：J. Bensheimer Verl., 1922; Hamburgische Electricitäts-Werke, *Hamburgische Electricitäts Werke 1894—1954*, Hamburg：Wandsbeck, 1954; Rainer Schubach, *Die Entwicklung der öffentlichen Elektrizitätsversorgung in Hamburg*, Hamburg：Verein für Hamburgische Geschichte, 1982.
②　Gerhard Dehne, *Deutschlands Großkraftversorgung*, Berlin：Springer, 1928, pp.18—21.
③　Thorsten Dame, *Elektropolis Berlin：Die Energie der Großstadt*, Berlin：Mann, 2011, pp.239—260.
④　Gert Bruche, *Elektrizitätsversorgung und Staatsfunktion：das Regulierungssystem der öffentlichen Elektrizitätsversorgung in der Bundesrepublik Deutschland*, Frankfurt am Main：Campus-Verlag, 1977, p.46.
⑤　Unterausschuß III Ausschuss zur Untersuchung der Erzeugungs- und Absatzbedingungen der deutschen Wirtschaft, *Die deutsche Elektrizitätswirtschaft*, Berlin：Mittler, 1930, p.132.

事业供给了柏林市区 70％的电力负荷。①由此可见，柏林虽然维持都市系统和垂直整合战略，但是重视利用规模经济。

汉堡市营电气事业（Hamburgische Electrizitäts-Werke，缩写 HEW）一直到 1940 年左右的二战期间依旧拒绝从外部购买电力，以至于汉堡的都市系统在当时的德国电网地图上看起来像一座孤岛。②

柏林和汉堡对于垂直整合的执着与东京和大阪形成鲜明对比。东京和大阪的都市系统在发展过程中逐渐削减自家发电，成为主营配电业务的电力零售企业。③1911 年，东京市政府不满东京电灯公司的高电价，因此收购了一家民营电气铁道公司，在此基础上成立了东京市营电气事业。在 1914 年的统计中（表 2），东京市营电气事业因其在日本首都、人口最大的都市东京有庞大、密集的电力系统而在资本规模上位居榜首。但是此后，东京市营电气事业为了避免恶性价格竞争，和东京电灯协议分割了供给区域，以至于实质上市营电气事业的供给区域减半。为了维持低价格政策，东京市营电气事业开始向那些大规模开发山区水力资源、向东京高压送电的企业批量购买廉价电力。其供给商包括鬼怒川水电公司、桂川水电公司、东京电灯、日本电力公司等。在 20 世纪 20 年代初期，除非因气候干旱导致水力发电商难以提供足够电力以补充冬季高峰负荷，东京市营电气事业的自家发电厂曾一度处于停工状态。市政府也一度曾经打算增加自家发电能力，但是没有顺利地从日本中央政府那里取得水力开发权。换言之，东京市营电气

---

① Hans Witte, *Die Konzentration in der deutschen Elektrizitätswirtschaft*, Berlin: Springer, 1932, p.20.

② Georg Boll, *Entstehung und Entwicklung des Verbundbetriebs*, Frankfurt am Main: Verl.- und Wirtschaftsges. der Elektrizitätswerke, 1969, p.41.

③ 关于东京市营电气事业，可以参考東京市電気局：《電気事業三十年史》，東京市 1941 年版；東京市電気局：《創業二十年史》，東京市 1931 年版；東京市電気局：《東京市電気局十年略史》，東京市 1921 年版。关于大阪市营电气事业，可以参考大阪市電気局：《大阪電気事業史》，大阪市 1942 年版；花木完爾：《昭和初期大阪における電気事業の展開》，大阪市立大学博士論文，2017 年。

事业对于发送电企业的依存状态里面有日本中央政府的因素,这点在第四章还会详细说明。在 1929 年,东京市营电气事业 48% 的供给能力来自从外部买电。[①]

大阪市在 1923 年收购了民营企业大阪电灯公司,成立大阪市营电气事业。当时,大阪电灯 45% 的供给能力就已经来自从外部买电。[②]20 世纪 20 年代末,大阪市营电气事业外部买电规模上升到其供给能力的 70%。[③]

二、区域系统:RWE 和 VEW

和上面提到的例子比起来,德国波鸿、多特蒙德、埃森三个都市系统的发展体现了都市系统的另一种可能性。和东京与大阪比起来,它们也都最终演变为主营配电业务的企业。但是不同之处在于,它们开辟了一条都市和都市之间协力合作,共同构建区域系统的路子,演化出两家拥有区域系统的大企业:莱茵威斯特法伦电力公司(RWE)和威斯特法伦联合电力公司(VEW)。

RWE 成立于 1898 年,一开始是埃森市的都市系统。[④]在发展过程中,RWE 主动邀请周边都市政府参与其公司股份。作为交换,RWE 获得这些都市电力系统管理权。[⑤]通过这个模式,RWE 逐渐在德国重要工业中心鲁

---

① 逓信省電気局:《電気事業要覧》1930 年版。
② 萩原古壽:《大阪電燈株式会社沿革史》,萩原古壽 1923 年版,第 255—336 页。
③ 逓信省電気局:《電気事業要覧》1925 年版。
④ 关于 RWE 的研究著作,主要有 Edmund Todd, *Technology and Interest Group Politics: Electrification of the Ruhr, 1886—1930*, Ithaca: Cornell University Press, 1984; Hans Pohl, *Vom Stadtwerk zum Elektrizitätsgrossunternehmen: Gründung, Aufbau und Ausbau der Rheinisch-Westfälischen Elektrizitätswerk AG*, Stuttgart: Steiner, 1992; Helmut Maier, *Elektrizitätswirtschaft zwischen Umwelt, Technik und Politik: Aspekte aus 100 Jahren RWE-Geschichte 1898—1998*, Freiberg: TU Bergakad, 1999. RWE 出版的官方企业史有 Theo Horstmann, *Strom für Europa: 75 Jahre RWE-Hauptschaltleitung Brauweiler 1928—2003*, Essen: Klartext, 2003; Dieter Schweer, Wolf Thieme, *RWE: der gläserne Riese*, Essen: RWE, 1998。
⑤ Hans Pohl, *Vom Stadtwerk zum Elektrizitätsgrossunternehmen: Gründung, Aufbau und Ausbau der Rheinisch-Westfälischen Elektrizitätswerk AG*, Stuttgart: Steiner, 1992, pp.21—37.

尔区建立了一个垂直整合型区域系统。第一次世界大战期间，RWE 建设了当时欧洲装机容量最大的戈尔登贝格电厂（Goldenbergwerk）。[1]战后，RWE 建设了德国第一条 220 千伏高压送电系统，成功连接了阿尔卑斯山区的水力发电区域和鲁尔区的火力发电区域，形成跨区域电网互联。这条 220 千伏系统给德国国家规模的电网构建打下坚实基础，这点在第五章还会详细描述。20 世纪 30 年代初，RWE 已经是当之无愧的德国第一大电力公司，拥有最大的装机容量和最长的高压送电线路。

VEW 从都市系统到区域系统的成长路径和 RWE 颇为类似。[2]它们都源于公营都市系统，掌握管理权的都市政府都选择了和其他都市协力合作构建区域系统的发展道路。

20 世纪初，多特蒙德市营电气事业（Städisches Elektrizitätswerk Dortmund）开始决定向周边都市扩张其电力系统。这个战略是对 RWE 向多特蒙德周边区域扩张的一个回应。在经历了和多特蒙德市营电气事业的价格竞争之后，RWE 最终在 1908 年同意把自己一部分股权让渡给多特蒙德市。多特蒙德市把这些股权所控制的小型电力系统整合为一家新企业，名为威斯特法伦协会电力公司（AG Westfalisches Verbands Elektrizitätswerk）。多特蒙德市掌握着该企业控制权。[3]

和多特蒙德异曲同工，波鸿市在 1906 年也出于和 RWE 的供给区域竞争，带头联合周边都市黑尔讷（Herne）、威腾（Witten）、哈廷根（Hattigen）把各自都市系统整合为一家股份公司，名为威斯特法伦电力公司（Elektrizitätswerke Westfalen AG）。为了开发规模经济，威斯特法伦电力公司建设了哈廷根发

---

[1] Hans Witte, *Die Konzentration in der deutschen Elektrizitätswirtschaft*, Berlin: Spriner, 1932, pp.14—15.

[2] 关于 VEW 可以参考 Theo Horstmann, *Elektrifizierung in Westfalen: Fotodokumente aus dem Archiv der VEW*, Hagen: Linnepe, 1990。

[3] Vereignite Elektrizitätswerke Westfalen AG: *25 Jahre VEW: 1925—1950*, Dortmund: VEW, 1950, pp.11—15.

电厂(Kraftwerk Hattigen)和戈斯滕发电厂(Gerstenwerk)。一战后,为了缓解煤炭不足,威斯特法伦电力公司在1920年另行建立了一家名为威斯特法伦莱茵社区电厂协会(Kommunale Elektrizitätswerksverband Westfalen Rheinland)的组织,专门负责共同采购煤炭、互通电力有无、共同设计发电厂。

1923年,多特蒙德市营电气事业、威斯特法伦协会电力公司、威斯特法伦电力公司三家企业合并为一家新企业,名为威斯特法伦联合电力公司(VEW)。VEW的股份由各个地方都市政府所共同持有,是一家纯粹的公营企业。这点和公私混合持股的RWE有所不同。VEW成立后,迅速建设了一条100千伏系统贯通其供给区域。VEW充分利用了规模经济,集中80%以上的装机容量于哈廷根发电厂和戈斯滕发电厂。

图1　RWE的褐煤发电厂

资料来源:Georg Boll, *Entstehung und Entwicklung des Verbundbetriebs*, Frankfurt am Main: Verl.- und Wirtschaftsges. der Elektrizitätswerke, 1969, p.43。

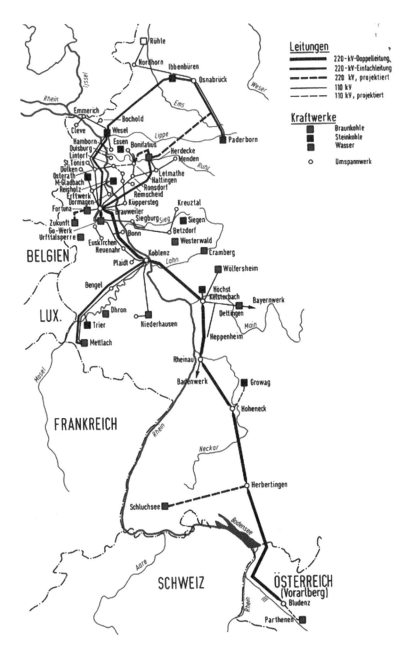

图 2　RWE 的 200 千伏系统(1928 年)

资料来源:Georg Boll, *Entstehung und Entwicklung des Verbundbetriebs*, Frankfurt am Main: Verl.- und Wirtschaftsges. der Elektrizitätswerke, 1969, p.45。

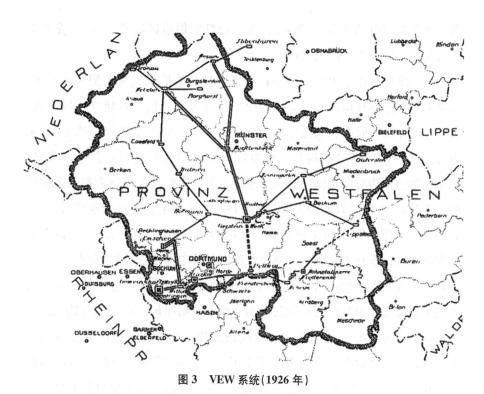

图 3　VEW 系统(1926 年)

资料来源：Vereignite Elektrizitätswerke Westfalen GmbH；*Die Vereignite Elektrizitätswerk Westfalen GmbH und ihre Entwicklungsgeschichte*，Dortmund；VEW，1926。

三、区域系统：东京电灯和东邦电力

视线回到日本，东京电灯和东邦电力的发展路径在 1910 年之前，基本和柏林、汉堡相同，都是都市系统。但是在接下来的二十年里，东京电灯和东邦电力实现了大范围供给范围扩张，演化为区域系统。

东京电灯的成长可以分为两个阶段。[①]第一阶段从 19 世纪 80 年代到 1910 年前后。这期间东京电灯是东京市区的都市系统，且不断面临来自同样在东京市区供电的其他电力企业如品川电灯公司、深川电灯公司、东京市

---

① 关于东京电灯，可以参考東京電燈：《東京電燈株式會社開業五十年史》，東京電燈 1936 年版；
東京電力：《関東の電気事業と東京電力》，東京電力 2002 年版。

营电气事业的市场竞争。①换言之,东京电灯的供给区域并不稳定,充其量不过是一个资本规模巨大的都市系统。

第二阶段开始于1910年左右,东京电灯开始扩张成为大型区域系统。东京电灯一方面在市区和东京市营电气事业分割供给区域建立区域垄断,另一方面斥巨资收购和它竞争的企业。在20年代,东京电灯收购了15家电力企业。②包括横向并购和东京电灯业务相同的企业如横滨电灯公司。但是主要的并购对象是纵向并购发送电企业。这些纵向并购大都是防御性的。当时,日本中央政府倾向于在同一区域给复数电力企业营业许可,促使它们开展市场竞争。③对于日本第一大电力消费地、负荷中心东京,许多企业虎视眈眈。东京电灯既积极地收购新兴的发送电企业,以避免卷入竞争,也热衷于收购既有的周边都市系统,以扩张其供给区域。这些基于企业收购的扩张在东京电灯电力系统的地图上留下鲜明印记。东京电灯的系统呈现出以东京为中心的放射状。许多线路互相平行。它们是市场竞争的产物。也因为这些收购的企业多半诞生于无序竞争,东京电灯的发电能力相比RWE和VEW较少呈现出规模经济。④30年代初,东京电灯拥有日本电力企业中最大的装机容量、最长的高压送电系统。

东邦电力和东京电灯一样开始于都市系统,演变为区域系统。⑤但是东邦电力的扩张战略更有主动性。在1910年前后,名古屋电灯公司在市区拥有一个稳定的、垄断型的供给区域。这里有名古屋电力市场规模小,觊觎者不如东京之多的因素。1922年,名古屋电灯和九州岛的九州电灯电铁公司

---

① 東京電燈:《東京電燈株式會社開業五十年史》,東京電燈1936年版,第46—53,77—78,102—105,114—120页。
② 東京電燈:《東京電燈株式會社開業五十年史》,東京電燈1936年版,第126—136页。
③ 关于日本政府推行的电力竞争政策,可以参看橘川武郎:《通商産業政策史:資源エネルギー政策》,経済産業調査会2011年版,第257—288页。
④ 关于东京电灯对竞争对手的合并收购,可以参看加藤健太:《東京電灯の企業合併と広域電気供給網の形成》,《経営史学》2006年41巻1号,第3—27页。
⑤ 关于东邦电力,可以参看東邦電力:《東邦電力技術史》,東邦電力株式会社1942年版;東邦電力史編纂会:《東邦電力史》,東邦電力史刊行会1962年版。

合并,改名为东邦电力,此后踏上扩张之路。在 20 年代,在企业家松永安左卫门(1875—1971)的带领下,东邦电力收购了 16 家电力企业。这些并购既有横向也有纵向。而东邦电力新建的高压送电系统是日本最早有规划、有前瞻性的建立跨区域电力系统的尝试。这点在第五章还要详细讨论。在 30 年代初,东邦电力 50％以上的发电能力集中于两家大型发电厂,充分利用了规模经济。相比之下,东京电灯的扩张有防御性、被动性、市场竞争下仓促应战的特点,而东邦电力从都市系统到区域系统的成长更为理性、更富于计划性。

图 4　尚为都市系统的东京电灯系统图(1895 年)

资料来源:藤冈市助:《東京市内電灯拡張工事》,《電気学会雑誌》1895 年 95 号。

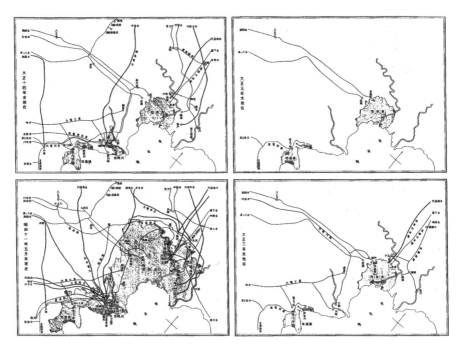

图 5　东京电灯的系统扩张（1911 年至 1936 年）

资料来源：東京電燈：《東京電燈株式會社開業五十年史》，東京電燈 1936 年版。

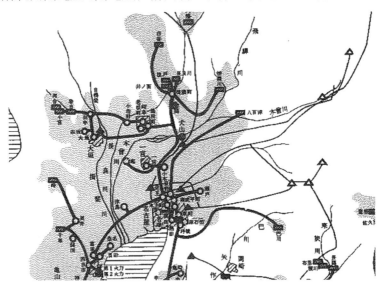

图 6　东邦电力系统（名古屋地区，1926 年）

资料来源：東邦電力：《東邦電力技術史》，東邦電力株式会社 1942 年版。

表9 德国五大电力系统概况(1930年前后)

企业名	RWE	VEW	PREAG	EAG	ASW
系统发电能力/年份	1 060 MW/ 1931	245 MW/ 1928	149 MW/ 1928	735 MW/ 1931	317 MW/ 1928
最大的发电设施(系统百分比)	Goldenberg-werk (500 MW) (47%) Pumpspeich-erwerk Herd-ecke (140 MW) (13%)1931	Gemein-schaftswerk Hattingen (100 MW) (41%) Gersteinwerk (98 MW) (40%)1928	Kraftwerk Ahlem (49 MW) (33%) Kraftwerk Borken (43 MW) (29%)1928	Kraftwerk Golpa-Zshornewitz (440 MW) (60%) Kraftwerk Tattendorf (160 MW) (22%) 1931	Kraftwerk Bohlen (167 MW) (53%) Kraftwerk Hirschfelde (105 MW) (33%) 1928
高压送电线路亘长(年份)	4 139 (km/1933)	506 (km/1933)	400 (km/1931)	2 438 (km/1931)	578 (km/1928)
所有制	公私混合	公营	公营	公营(国营)	公营

资料来源:Unterausschuß III Ausschuss zur Untersuchung der Erzeugungs- und Absatzbedingungen der deutschen Wirtschaft, *Die deutsche Elektrizitätswirtschaft*, Berlin: Mittler, 1930; Das Spezial-Archiv der deutschen Wirtschaft, *Die Elektrizitätswirtschaft im Deutschen Reich*, Berlin: R. & H. Hoppenstedt, 1933.

表10 日本五大电力系统概况(1930年前后)

企业名	东京电灯	日本电力	大同电力	东邦电力	宇治川电气
系统发电能力/年份	581 MW 1933	223 MW 1933	313 MW 1933	119 MW 1933	111 MW 1932
最大的发电设施(系统百分比)	猪苗代 (96 MW) (17%) 中津川 (57 MW) (10%) 1933	尼埼 (140 MW) (63%) 柳河原 (50 MW) (23%) 1933	大阪 (96 MW) (31%) 庄川 (47 MW) (15%) 1933	名古屋 (52 MW) (43%) 上麻生 (23 MW) (19%) 1933	福崎 (40 MW) (36%) 宇治 (32 MW) (29%) 1932
高压送电线路亘长(年份)	1387 (km/1933)	764 (km/1933)	989 (km/1933)	198 (km/1933)	N/A
所有制	民营	民营	民营	民营	民营

资料来源:通信省电气局《電気事業要覧》1934年版。

第五节　发送电型企业

一、德国经验：系统扩张与控股公司

发送电型企业从一开始就是区域系统。它的存在意义是大规模地开发电源，大规模地把电力输送到负荷中心。电力在生产和流通过程中的规模经济，是发送电型企业形成的原动力。这点是德日两国所共通的。但是，两国一大区别在于发送电型企业和配电企业之间的企业间组织关系。德国发展出独特的控股公司模式，日本没有这种模式。德日两国发送电型企业选择了相似的区域扩张战略，却选择了不同的组织型态。本节从德日两国各选三家发送电型企业作案例研究。

1. 德国国家电力公司（EAG）

德国国家电力公司（EAG）成立于 1915 年，最初是德国通用电气（AEG）的子公司。因为第一次世界大战，煤炭短缺，价格飙升。EAG 的首要任务是建造并运营乔纳维茨发电厂（Kraftwerk Zschornewitz），以开发褐煤发电资源。乔纳维茨发电厂落成当初，装机容量 128 兆瓦，是世界上最大的褐煤发电厂。[①]对电力工业来说，煤炭和褐煤的区别，在于煤炭燃烧效率高，适合采掘后运送到发电厂以备高峰负荷等不时之需，而褐煤燃烧效率低，适合在炭坑采掘现场立即用于发电以供基本负荷。1917 年，德意志第二帝国政府因为和 AEG 就电价难以达成一致，一举收购了 EAG。当时第二帝国政府直属军工厂是 EAG 唯一客户。

国有化后，EAG 开始积极扩张战略。此时战争还在持续。第二帝国政

---

① 关于 EAG，可以参看 Thomas P. Hughes, *Networks of Power: Electrification in Western Society, 1880—1930*, Baltimore: Johns Hopkins University Press, 1983, pp.288—289; Manfred Pohl, *VIAG-Aktiengesellschaft 1923—1998*, München: Piper, 1998。

府建设了一条从乔纳维茨发电厂通向柏林市区铝业加工产业集群的 100 千伏线路。[1]同时,德国最大的都市系统柏林市营电气事业也因煤炭短缺而转向 EAG 买电。EAG 的大客户还包括位于比特菲尔德(Bitterfeld)的帝国政府直属化工厂。可见,EAG 的主要供电对象是大规模用电的企业客户。战后初期,EAG 的装机容量几乎得到满负荷运转。[2]

一战结束后,EAG 持续扩张。到了 20 年代末,EAG 属于德国发电能力最大和供给区域最广的企业之一。EAG 超过 80% 的发电能力集中在乔纳维茨发电厂和特拉腾多尔夫发电厂(Kraftwerk Trattendorf)。亘长 2 438 公里的 100 千伏系统联结乔纳维茨发电厂、特拉腾多尔夫发电厂和柏林市区。对于 EAG 来说,规模经济不仅体现在发送电阶段,也体现在电力消费阶段。EAG 所供给的电力 50% 以上由中德氮气厂(Mitteldeutsche Stickstoffwerke)和联合铝业厂(Vereinigte Alumiumwerke)两家魏玛政府(德意志第二帝国政府于 1918 年下台,1919 年后魏玛政府成为德国中央政府)直属工厂所消费。此外则另有 20% 的供电能力专供柏林市营电气事业以及萨克森安哈特州营电气事业(Elektrizitätswerke Sachsen-Anhalt)。

值得注意的是作为发送电企业的 EAG 和作为电力消费者的客户之间的关系。1923 年,魏玛政府成立了一家国有控股公司,名为联合工业公司(Vereinigte Industriunternehmungen AG,缩写 VIAG)。VIAG 伞下包括 EAG 以及上述中德氮气厂、联合铝业厂等。自此 EAG 成为德国政府控制的康采恩的一员,和它的客户并居控股公司构造之中。

另一方面,EAG 自身也成为控股公司。EAG 收购了其所供电区域的配电企业的部分股份。这些企业包括萨克森安哈特州营电气事业、柏林电力电灯公司(Berliner Kraft- und Licht AG)等。其中,柏林电力电灯公司是 1931 年柏林市营电气事业股份制改革后改名的结果。当时,德国公营电力企业为了

---

[1] Richard Hamburger, *Elektrowerke AG*, Berlin: Elektrowerke AG, 1928, pp.48—52.

[2] Gerhard Dehne, *Deutschlands Großkraftversorgung*, Berlin: Springer, 1928, p.73.

更方便地获得融资,纷纷在维持政府控股前提下改制为股份制公司(Aktieng-esellschaft)。前面提到过的 VEW 也是在 20 年代末改制为股份公司。

可见,从企业间构造看来,EAG 既身居德国政府的康采恩之中,本身也是一家控股公司。这是一个重层康采恩结构。

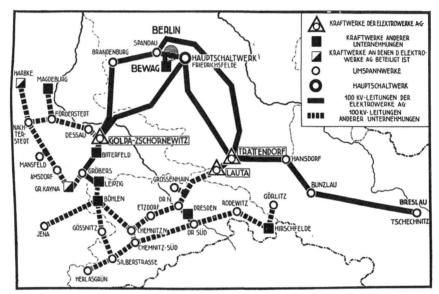

图 7　EAG 系统(1928 年)

资料来源:Hamburger, *Elektrowerke AG*。

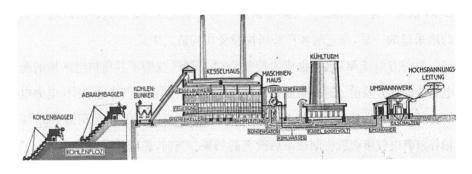

图 8　EAG 褐煤发电站平面图

资料来源:Hamburger, *Elektrowerke AG*。

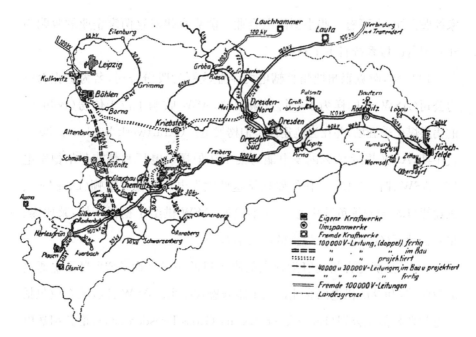

图 9 ASW 系统(1924 年)

资料来源:Dehne, *Deutschlands Großkraftversorgung*, 1928。

2. 萨克森电力公司(ASW)

康采恩构造也见于萨克森电力公司(AG Sächsische Werke,缩写 ASW)。
萨克森州的一些市级政府在 20 世纪初就曾计划建立州营电力系统。就这
点而言它们和上面提到的多特蒙德市、波鸿市出发点并无不同。但是迫
于各地政府的地域主义,计划迟迟不能落实。有鉴于此,萨克森州政府决定
掌握主导权来推动区域电力系统构建。[1]

第一次世界大战期间,萨克森州收购了 AEG 伞下的赫施菲尔德发电厂
(Kraftwerk Hirschfelde)和西门子伞下的伊莱克特拉公司(Elektra AG)。
前者有 25 兆瓦装机容量,是当时萨克森州规模最大的发电厂。后者则是一

---

[1] Thilo Dahne, *Die Elektrizitätswirtschaft in Sachsen*, Dresden: Akademische Buchhandlung
Focken & Oltmanns, 1934, pp.7—54.

家控股公司,伞下有一些小型配电企业。萨克森州对这两家企业的收购为建立州营区域系统打下了基础。

1923 年,萨克森州把州直辖电力企业改制为股份公司,名为萨克森电力公司(ASW)。同样为了缓解煤炭短缺,ASW 收购了位于伯楞(Böhlen)的褐煤煤矿采掘场,并在当地建设了伯楞发电厂(Kraftwerk Böhlen)。20 年代中期,ASW 将近 90% 的发电能力集中在伯楞发电厂和赫施菲尔德发电厂。ASW 建设了 100 千伏线路连结这两大发电厂和德累斯顿(Dresden)、莱比锡(Leipzig)等负荷中心。20 年代末,ASW 供给了德累斯顿、莱比锡、格罗拔地区(Gröba)60% 以上的电力消费。[1]

ASW 是萨克森州政府为顶点的康采恩的一员。而 ASW 自己也通过股权收购,和其所供电的企业建立了康采恩式联系。ASW 持股的企业包括大德累斯顿能源公司(Energieversorgung Gross-Dresden AG)、格劳绍送电公司(Überlandwerk Glauschau),以及前面提到过的伊莱克特拉公司。[2]伊莱克特拉公司本身就是一家小型控股公司。如此一来,萨克森州政府、ASW、伊莱克特拉公司、伊莱克特拉公司伞下的配电企业形成了一个具有重层构造的康采恩结构。总而言之,在扩张区域系统、追求规模经济、构建康采恩上,EAG 和 ASW 并无本质不同。

3. 普鲁士电力公司(PREAG)

德国发送电企业的区域扩张、规模经济、控股公司特征也见于普鲁士电力公司(Preussischer Elektrizitäts AG,缩写 PREAG)。[3]

---

[1] Gerhard Dehne, *Deutschlands Großkraftversorgung*, Berlin: Springer, 1928, pp.82—83.

[2] Thilo Dahne, *Die Elektrizitätswirtschaft in Sachsen*, Dresden: Akademische Buchhandlung Focken & Oltmanns, 1934, pp.108—122.

[3] 关于 PREAG,可以参考 Richard Zipfel, *Die preußischen Staatl. Elektrizitätswerke im Weser-Maingebiet*, PhD Dissertation Heidelberg University, 1930; Preussenelektra, *Preussische Elektrizitäts- Aktiengesellschaft: Entwicklung und Ziele*, Hamburg: Preussenelektra, 1954; VEBA, *Vereinigte Elektrizitatsund Bergwerks Aktiengesellschaft: 1929—1954*, Hamburg: VEBA, 1954.

　　1923 年,莱茵普鲁士州(也称莱茵省)政府设立了装机容量 26 兆瓦的汉诺威大电厂公司(Grosskraftwerk Hannover AG)以开发阿勒姆(Ahlem)地区的煤炭发电资源。同年,州政府在威悉河(Weser)设立了一家水力发电厂。此外,为了互联负荷中心法兰克福周围的发电设施,州政府还专门成立了一家公司。

　　1927 年,莱茵普鲁士州政府把上述三家企业合并为普鲁士电力公司(PREAG)。PREAG 超过 60％发电能力集中在阿勒姆发电厂和泊尔肯发电厂(Kraftwerk Borken)。PREAG 建设了 100 千伏线路,连结各大电厂和法兰克福、不来梅、汉诺威等负荷中心。

图 10　PREAG 的子公司图示

资料来源:Preussenelektra, *Preussische Elektrizitäts- Aktiengesellschaft: Entwicklung und Ziele*, Hamburg:Preussenelektra, 1954。

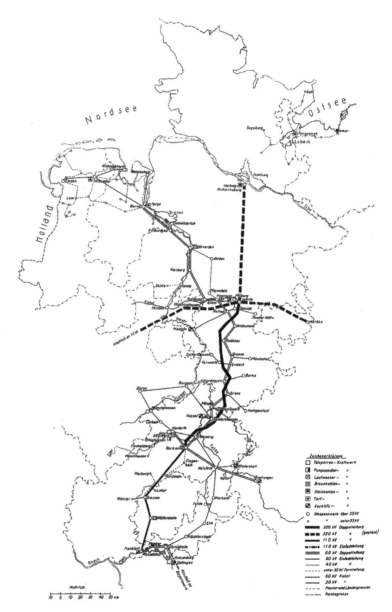

Leitungsnetz der Preußenelektra im Jahre 1930.

图 11　PREAG 系统(1930 年)

资料来源：Preussenelektra, *Preussische Elektrizitäts- Aktiengesellschaft：Entwicklung und Ziele*, Hamburg：Preussenelektra, 1954。

PREAG同样身处重层控股公司构造中。莱茵普鲁士州在设立PREAG同时,向西门子公司收购了西门子电力事业公司(Siemens Elektrische Betribe AG),将之重组为西北德电力公司(Nordwestdeutsche Kraftwerke AG),是PREAG供电的最大的配电企业。莱茵普鲁士州于1929年设立名为联合电力矿业公司(Vereinigte Elektrizitats-und Bergwerks AG,缩写VEBA)的控股公司,来管理包括PREAG、西北德电力公司在内的州直属企业。PREAG本身也参股了不少小规模电力公司,和供给区域内的电力企业建立康采恩式联系。

二、日本经验:系统扩张与垂直整合

1. 宇治川电气

相比德国,日本发送电企业在追求系统扩张、规模经济上和德国并无不同。主要不同在于企业间组织构造。简单地说,日本发送电企业以非垂直整合型出现,却在发展过程中呈现出追求垂直整合的趋势,并且并未演化出控股公司构造。这点可以从宇治川电气公司、日本电力公司、大同电力公司的案例说明之。

宇治川电气是日本发送电企业起步于非垂直整合型,却在发展过程中转型为垂直整合型企业的典型案例。[①]1908年,以大阪和京都为中心的一些企业家为了开发宇治川的水力资源,成立了宇治川电气。一开始,宇治川电气90%以上的发电能力通过长期合同供给大阪和京都地区的工厂和电力企业。[②]第一次世界大战期间,电力需求猛增,导致电力市场竞争加剧。在竞争对手可以更廉价地提供同质电力的局面下,长期合同也不再具有安定

---

① 关于宇治川电气,可以参考林安繁:《宇治電の回顧》,宇治電ビルディング1942年版;宇治市歷史資料館:《宇治電:水力の時代へ》,宇治市歷史資料館2013年版。
② 関西電力:《関西地方電気事業百年史》,関西地方電気事業百年史編纂委員会1987年版,第122頁。

性,甚至有时说撕毁就撕毁。在这个背景下,宇治川电气开始追求垂直整合。其战略抉择的背景,可以说和同时期东京电灯追求并购其他电力企业的背景并无不同。

20年代,宇治川电气收购了附近滋贺、奈良、和歌山地区3家垂直整合型电力企业和两家电气铁道企业。和同时期其他资本规模较大的日本电力企业比起来,宇治川电气并无电压超过100千伏的送电系统。主要原因是其供给区域集中在宇治川周边,没有远距离送电的必要。宇治川电气在发电上追求规模经济,集中60％发电能力于宇治发电所和福崎发电所。

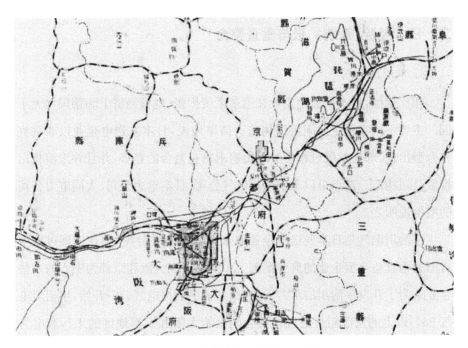

图12 宇治川电气系统(1931年)

资料来源:宇治川電気株式会社:《事業案内》,宇治川電気1931年版。

2.日本电力

日本电力成立于1925年。当初是宇治川电力的子公司,专营馬單川流域的电源开发。但是负责构建日本电力的项目组和宇治川电力对关于大阪地区的供给合同无法达成一致,而宇治川电力也发现山区水电开发耗资巨大。结果日本电力从宇治川电力独立出去了。①

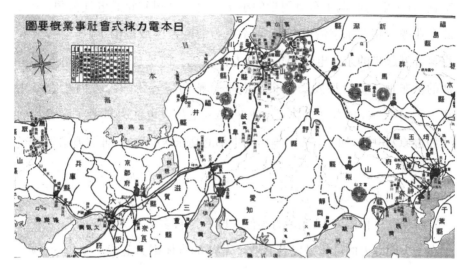

图 13　日本电力系统(1929 年)

资料来源:日本電力:《日本電力株式会社十年史》,日本電力 1929 年版。

　　独立当初,日本电力已经建设了当时日本最高电压标准 154 千伏的线路,亘长 415 公里,连结本州岛中部山区和大阪负荷中心。独立后,日本电力持续追求区域扩张和规模经济。为了满足号称"东洋曼彻斯特"的工业中心大阪地区高峰负荷和冬季储备发电能力,日本电力在尼崎建设了当时日本规模最大的火力发电厂,装机容量 10 兆瓦。不过,此后在建设了装机容量 50 兆瓦的柳原水力发电所后,日本电力敏锐地发现大阪地区电力市场已经处于饱和,短期内无法消费更多电力。于是日本电力开始把战略目标转向东京的电力市场。

　　日本电力向东京展开了规模雄大的系统扩张。1927 年,日本电力建成

① 関西電力:《関西地方電気事業百年史》,関西地方電気事業百年史編纂委員会 1987 年版,第 258—261 页。

了长达 349 公里的 154 千伏东京主干线。但是,来自东京电灯和大同电力的激烈竞争使得日本电力难以在东京确立长期供电合同。为了不让设备空置,日本电力收购了东京附近的小田原电铁公司和相武电气公司,参入配电业务。相对于宇治川电气,日本电力的配电区域范围小,遑论和从垂直整合型起步的东京电灯和东邦电力作比较。但是这个和宇治川电气相似的从非垂直整合型发送电企业向垂直整合型转化的趋势仍然值得注意。20 年代末,日本电力这家企业 80％以上的发电能力集中在尼崎发电所和柳原发电所,加上其纵贯本州岛中部的高压送电系统,可谓追求规模经济的典范。

3. 大同电力

就创立过程而言,大同电力类似 VEW,源自多家电力企业的合并。[①]区别在于大同电力的母体是民营企业,VEW 的母体则为公营企业。一开始,名古屋电灯设立木曽电力兴业公司以开发木曽川的水电资源。不久,名古屋电灯发现名古屋的电力市场不足以消化木曽川的发电能力。于是木曽电力联合京阪电铁公司新设立大阪送电公司,计划转而向大阪供电。大约同时,大阪电灯和京都电灯联合设立名为日本水力的公司以开发福井县和富山县的水电资源。这三家新公司在 1919 年合并为大同电力。诚如其名,大同电力是在开发水电资源这个共同目标下设立的。

大同电力成立后积极地开展扩张战略。1923 年,大同电力的 154 千伏大阪主干线完工,亘长 235 公里。在 20 年代,大同电力也建设了通往东京的高压送电系统。和宇治川电气、日本电力相比,大同电力也有一定的垂直整合尝试。1923 年,因为大阪市收购大阪电灯而市政府不打算让自己供电范围超出大阪市行政疆界,大同电力收购了大阪电灯在大阪市行政疆界以外的电力系统。这些系统的供电容量和大同电力总体发电能力相比规模非

---

① 关于大同电力,可参考大同電力:《大同電力株式会社沿革史》,大同電力 1942 年版。

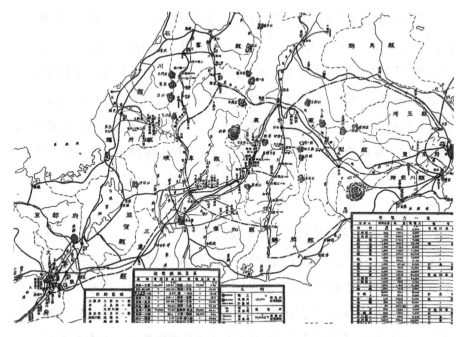

图 14　大同电力系统（1930 年）

资料来源：大同電力：《大同電力株式会社沿革史》，大同電力 1942 年版。

常小，并且这个收购契机于大阪市公营化大阪电灯的巧合，不是出于大同电力的发展战略。大同电力可以说也有了小规模的垂直整合。但是总的来说，大同电力的供电客户是和它没有资本关系的工厂以及配电企业。从这点上说，大同电力相比宇治川电气、日本电力是个例外。

第六节　本章小结

回到本章开头提出的关于所有制是否对企业成长路径、组织构造等战略选择有影响的问题，结合以上关于德国日本主要电力企业发展轨迹的历史叙述，可以得到以下几点结论。

第一,垂直整合型都市系统的四个案例表明,虽然柏林、汉堡、东京、大阪的市营电气事业同为公有制并且都维持自我定位为都市系统,但是在主营业务范围上,德国日本企业作出了相反的选择。柏林和汉堡坚持垂直整合型,重视自家自给自足的发电能力,减少对外依赖。在这点上,汉堡尤为强硬。柏林有迫于煤炭短缺等时局一度大量从外部买电的经历,但是状况缓解后即恢复自给自足方针。相比之下,东京和大阪的市营电气事业有逐渐增大从外部买电的趋势。东京曾一度计划扩充自家发电能力,但是未能实现。

第二,从都市系统成长为区域系统的 RWE、VEW、东京电灯、东邦电力的案例表明,公营企业和民营企业可以作出相似的战略决策并实现企业成长。德国的两家企业是公营企业,日本的两家则是民营。四家企业都起步于小型都市系统,都通过合并其他电力企业而成长,都积极地构筑区域电力系统。由此看来,公营还是私营,对于企业成长战略似乎并无太大影响。

第三,德日两国起步于区域系统的企业,无论所有制,在追求区域扩张、规模经济上并无不同,但是它们在企业组织构造上,有较大战略差异。德国的 EAG、ASW、PREAG 都是公营企业,都处于重层控股公司构造中。通过控股,发送电企业往往把主要购电客户纳入伞下,使之成为自己的子公司,而不是追求垂直整合,将之与自己合并。日本的宇治川电气、日本电力、大同电力都是民营企业,都有追求垂直整合的倾向。这个倾向在宇治川电气的案例中表现得最为明显。在日本电力、大同电力的案例中表现得不那么明显,但是可以观察到趋势。相比德国的控股公司构造,日本发送电企业和主要购电客户的关系以长期合同为主,但是在激烈的电力市场竞争下长期合同并不稳定。在此背景下,日本发送电企业向下游追求垂直整合有其合理性。可见,在公营企业之间易于组成控股公司构造,而私营企业则倾向于市场竞争,导致追求垂直整合的趋势。

以上三点结论根植于对德日两国电力企业成长轨迹的历史研究。显

然,电力工业因其技术基盘的相同性,在世界各地共享一些一般发展规律,
而随着国情不同又表现出不同的"技术风格"。但是,这些从电力企业管理
角度观察到的"技术风格"似乎暗示着一些电力企业角度之外的因素。

　　首先,东京市一度试图开发水电资源提升自家发电能力,但是未获日本
中央政府许可。如此看来,是否应该跳出电力企业自身所有制构造视野,更
宏观地考察政府监管、中央和地方政府权力构造等因素对电力企业成长战
略的影响?

　　其次,德日两国电力市场都有市场竞争,如 VEW 的诞生就是基于一些
电力企业对于 RWE 扩张战略的回应,而东京电灯、宇治川电气、日本电力
的成长背后都有日本激烈的市场竞争的因素。问题在于,为什么德国的电
力企业能倾向于如 VEW 的企业间协力合作或者如控股公司构造的稳定企
业间关系,而日本的电力企业却倾向于价格竞争甚至撕毁长期合同? 这背
后是否有国家政策方面的因素?

　　再者,为什么德国无论地方政府如多特蒙德市,还是州政府如莱茵省、
萨克森州,抑或中央政府如魏玛政府,都积极地以公营企业形式参入电力市
场,推动电力工业发展,而日本的大电力企业成长史中,值得一提的公营企
业仅限于东京大阪两市,未见日本中央政府、县级(相当于德国州或省)政府
参入? 而且就算东京大阪两市,战略也颇为保守被动。是什么因素导致了
德国政府总体上对于设立公营企业参入电力市场的积极性和日本总体上的
消极性?

　　本章的首要目的在探讨德日电力企业的成长轨迹。上面提到的几点因
素,要求对政治结构、国家政策、政府监管作深入分析,超出本章范围。这些
分析对于理解电力企业的战略选择无疑不可或缺。本书将在第四章对此作
详细讨论。

　　日本学者橘川在关于日本电力史的著作中曾试图回答为什么日本的公
营电力企业无法在电力工业发展中起到主导作用。橘川的主要观点是公营

企业因其供给区域狭小,无法实现规模经济和垂直整合带来的竞争优势。①
就日本一国视野而言,这个观点是正确的。但是从比较史角度看来,橘川没
有考虑为什么日本公营企业供给区域狭小的问题。RWE 和 VEW 同样起
步于小型都市公营企业,却能够成长为大型区域系统并充分利用规模经济
和垂直整合。就德日两国比较而言,不难看出,公营还是私营本身,并不是
决定电力企业成长战略的关键因素。

---

① 橘川武郎:《日本電力業発展のダイナミズム》,名古屋大学出版会 2004 年版,第 154 页。

第三章
电力与金融

第一节　导　言

随着电力系统的成长,电力企业的资本规模也不断增大。显然,电力技术的商用化以庞大的资本投资为前提。那么在电力工业的发展进程中,电力企业是通过哪些途径汇集到巨大的资金的? 电力企业是如何从投资家那里取得融资的? 融资模式对于电力工业的发展轨迹有哪些影响?

金融是"大技术系统"的构成部分,也是电力技术的一个经济外观。休斯在《电网》中,就探讨了在美国电力工业发展史上,金融控股公司所发挥的作用。1928 年,控股公司所控制的发电能力达到美国发电能力总量的80%。[①]休斯分析了美国电力债券与股份公司(Electric Bond and Share Co.)的案例,发现控股公司的职能不仅限于提供融资,它还向电力企业提供工程、管理等方面的综合咨询服务。在德国和日本,是否也有类似的情况?

本章比较德国和日本电力金融的发展轨迹,探讨主要的融资类型。德国的融资模式可分为电机制造商型、电力银行型、都市政府型、国家与州政府型四种,日本的融资模式可分为自有资金型、外部资金型、电力银行型。

---

① Thomas P. Hughes, *Networks of Power*: *Electrification in Western Society*, *1880—1930*, Baltimore: Johns Hopkins University Press, 1983, p.392.

本章也讨论纽约金融市场所提供的国际电力债。

第二节　德国电力金融

一、电机制造商

1884 年,德国第一家电力企业柏林都市电力公司(Berliner Städtische Elektrizitäts-Werke,缩写 STEW)由电机制造商德国通用电气公司(AEG)的前身德国爱迪生公司(Deutsche Edison Gesellschaft)所创立。设立当初,STEW 有法定资本 300 万马克。从一开始,STEW 就在柏林证券交易所上市融资,其股票的承销商包括雅各布·朗道银行(Bankhause Jacob Landau)、德国国家银行(Nationalbank für Deutschland)、古根海姆银行(Guggenheimer & Co.)等颇具影响力的金融机构。[①]

1887 年,STEW 改名为柏林电力公司(Berliner Elektricitäts-Werke,缩写 BEW)。当时,电力技术是新兴产业,前途未知。公众投资者犹豫不决,导致募资不足,结果 AEG 自己出资成为其最大股东。此后直到 1915 年被柏林市收购为公营为止,AEG 都实质上控制着柏林电力。可见从一开始,德国电力工业就和电机制造商密不可分。

在金融上,BEW 和 AEG 之间有协议:如 BEW 发新股增资,AEG 有义务购买一半新股。这个协议确保了 BEW 不会陷入资金困难。从 1884 年到 1914 年,BEW 的股本从 300 万马克增加到 6 400 万马克。对成长中的 BEW 来说,AEG 作为自有资金提供者的重要性不亚于柏林证券交易所。不仅于此,在关键时刻 AEG 还提供借款。1887 年,BEW 再度难以找到投资者,出现 900 万马克资金缺口,多亏 AEG 提供了大部分资金助其渡过难关。

---

① Conrad Matschoss, *50 Jahre Berliner Elektrizitäts Werke*, *1884—1934*, Berlin: VDI, 1934, p.69.

　　在发电机等电力系统装备上，BEW 和 AEG 之间也有协议：BEW 的装备必须全部从 AEG 采购。对于 AEG 来说，BEW 的采购确保了一条稳定的客户渠道。而 BEW 也给 AEG 提供了试用电气工程上新技术、新发明的平台。BEW 的机械大部分由通用电气提供，出了故障也由通用电气负责修理。电机厂和电厂安定的伙伴关系给了双方尝试新机器、试错新技术、交流一线经验的舞台。BEW 作为德国首都、国际大都市柏林唯一的电力企业，也是一个向世界展示电力技术可行性的机会。AEG 对 BEW 非常重视。当时 AEG 派遣到柏林电力的工程师人才济济。奥斯卡·冯米勒（Oskar von Miller，1855—1934）、埃米尔·拉特瑙（Emil Rathenau，1838—1915）等德国电气革命的先驱者都是 BEW 的董事。可见，电机制造商不仅为电力工业提供机械设备，还承担工程师、融资者的角色。

　　AEG 对 BEW 的投资回报丰盛。到 1915 年柏林市政府收购 BEW 为止，AEG 从 BEW 获得的纯利润约有 7 000 万马克，大约占到 AEG 总利润三分之一。而最后柏林市支付的收购金额达到 1.3 亿马克。此后电力成功地在社会中普及，电力企业随之身价百倍。但是在起步阶段，投资大、回报周期长的电力风险巨大，不少投资家望而却步。AEG 自己承担风险，从机械、管理、技术、资金多方位地培育了 BEW。

　　电力企业和电机制造商之间的多方位关系，在电气化早期的德国是个常见模式。当时人们称这个模式为"创业生意"（Unternehmersgeschäft）。这个模式不仅是因为电力投资大、回报周期长，也是因为德国的监管构造。19 世纪以来，德国都市有将路灯、上下水道、路面电车等公共事业交由市政府公营的监管传统。电力也不例外。民间电气企业从政府拿到营业许可时，往往许可证里有关于在一定条件下政府可以收购电力企业的条款。换言之，电气化是以未来某个时点的公营化为前提展开的。电力刚开始产业化时，在技术、管理、融资上尚不成熟，公众投资者看来尚且风险巨大，何况政府。政府让民间企业承担风险开始早期投资。民间企业虽然承担不小的风险，但是将来把电网卖给政府之际，会拿到一笔收购金额。这是个巨大动力，促使民间企业多方位地培育电力产业。1901 年，16.3％的德国电厂是在"创业生意"模式下设立的，这些电厂的装机容量总额占到德国的 48.5％。①

"创业生意"模式是德国电力工业中康采恩构造的来源之一。第一次世界大战前，德国电力工业的企业间构造可以被看作一个个金字塔形结构，以 AEG、西门子等寡头垄断型电机制造商为顶点。它们既是电机制造商也是控股公司。金字塔最下层是大大小小的电力系统。金字塔中层则是一些电力银行。这里就有必要探讨一下电力银行的作用与由来。

二、电力金融机构

电力系统具有固定资产投资大的特征。大量资本必须被固定在发电机、电缆、交流变压器、电线杆等设施中。随着电气化在德国各地展开，电机制造商旗下的电力系统渐渐增多。如果始终沿用以 BEW 为典型的电机制造商直接参股模式，那么电机制造商所持有的固定资产将会越来越多。一方面，巨大、长期、固定的投资会降低资产流动性，带来风险。另一方面，电力毕竟还是属于新技术，其商业前景仍然具有未知性。也正是由于这些原因，德意志银行（Deutsche Bank）等兼营银行业务和证券业务的德国大银行虽然积极地在包括电机制造业在内的产业界投资，但是往往选择避开和电力企业建立直接资本联系。这也是电机制造商建立自己的控股公司的一个原因。

从 19 世纪 90 年代起，为了分散风险，也为了给电力企业提供更加专业的金融服务，电机制造商开始探索设立专门的电力金融机构。1895 年，AEG 在金融中心苏黎世成立了名为电力企业银行（Bank für Elektrische Unternehmungen）的子公司。之所以立地瑞士，是因为在瑞士商法下，融资

---

① Friedrich Fasolt, *Die sieben grösten deutschen Elektrizitätsgesellschaften：ihre Entwicklung und Unternehmertätigkeit*, Dresden：O.V. Böhmert, 1904, p.24.

比在德国更容易。不过，1897 年，AEG 也在柏林设立了名为电力服务公司（Elektrizitäts Liferungs Gesellschaft）的金融机构。

基于类似考量，AEG 的主要竞争对手舒克特公司（Schuckert & Co.）（后来和西门子公司合并）和西门子公司也设立了一些金融子公司。其中有莱茵舒克特电力工业公司（Rheinsche Schuckertgesellschaft fur elektrische Industrie）、伊莱克特拉公司（Elektra AG）、大陆电力公司（Continentale Gesellschaft für Elektrische Unternehmungen）等。其中，伊莱克特拉公司是上一章提到过的 ASW 的前身之一，而大陆电力公司在汉堡所运营的都市系统后来被汉堡市政府收购成为汉堡市营电气事业。西门子公司（Siemens & Halske）旗下则设立了电灯电力设备公司（Elektrische Licht- und Kraftanlage AG）等金融机构。

这些电机制造商的金融子公司继承了大部分"创业生意"的职能，是综合性金融机构。有的名为"银行"，但是也兼营证券。电机制造商把持有的电力企业股份、债券移交给这些金融机构管理。银行的代表就根据控股，坐进电力企业董事会，进而也向之提供技术、管理咨询。电机制造商新设立电厂时，就由它们负责融资等金融业务。有时候新兴电力企业从大银行那里贷不到款，电机制造商的金融子公司就成为这些电力企业的私家银行。电力系统卖给政府时，也由电力银行和政府公关交涉。

通过电力金融机构模式，以电机制造商为顶点的控股公司构造也进一步复杂化，呈现出上面提到过的电机制造商、电力金融机构、电力企业重层结构。

三、地方融资平台

第一次世界大战前后，德国电力工业的所有制构造发生官民逆转。[1]

---

[1] Gert Bruche, *Elektrizitätsversorgung und Staatsfunktion: das Regulierungssystem der öffentlichen Elektrizitätsversorgung in der Bundesrepublik Deutschland*, Frankfurt am Main: Campus-Verlag, 1977, pp.61—74.

20 世纪初，德国电力工业日益集中于 AEG 和西门子。1899 年，仅 AEG 就控制了德国近一半电厂；1911 年，AEG 和西门子仍然掌握德国 38％发电量。但是，1910 年以后，大电机公司控制的电厂比例逐渐减少。政府所有的电厂从 1900 年的 37％上升到 1913 年的 60％，进而在 1927 年达到 73％。换言之，大概在一战前后，德国政府开始加大对电力工业的直接投资。20 世纪 20 年代末期，德国规模最大的电力企业如 EAG、PREAG、VEW 都是政府所有，或者如 RWE 是以政府持股为主的混合所有。而 RWE 在广义上也可以算作政府公营。随着大型公营电力企业的登场，出现了以地方政府为主导的融资模式。其典型为 RWE 和 VEW。

1898 年，RWE 成立当初，是由电机制造商拉迈尔电力公司(Elektrizitäts AG vorm. Lahmeyer & Co)和它旗下电力金融机构德国电力企业公司(Deutsche Gesellschaft für Elektrische Unternehmungen)所设立的以埃森市区为供给区域的系统。RWE 于 1902 年被企业家胡戈·施廷内斯(Hugo Stinnes，1870—1924)收购。

施廷内斯颇有主见，不满电机制造商控制电力工业。在他领导下，RWE 主动邀请鲁尔区的地方政府参股，逐渐排除电机商和金融机构的影响。作为交换，地方政府代表们坐进 RWE 董事会，而 RWE 代理地方政府管理都市电网。[①]在这个过程中，RWE 的供电系统也从埃森市逐步扩展到周边城市，从都市系统成长为区域系统。施廷内斯所采用的以股权交换供电许可权的模式可以说是 RWE 得以迅速扩张的关键。这个模式一方面减少了 RWE 和政府交涉获取供电许可的公关成本，另一方面，地方政府的投资给 RWE 提供了融资渠道。第一次世界大战前后，政府控股大约占到 RWE 总股本的 40％。其比例在 1923 年上升到 60％。无论股权构造中政府的百分比如何，RWE 的控制权始终牢牢掌握在政府的手中。RWE 的资

---

① Hans Pohl, *Vom Stadtwerk zum Elektrizitätsgrossunternehmen: Gründung, Aufbau und Ausbau der Rheinisch-Westfälischen Elektrizitätswerk AG*, Stuttgart: Steiner, 1992, pp.21—37.

本金从 1905 年的 1 千万马克增长到 1920 年的 6 千万马克。但是一直到
1922 年,RWE 都没有在柏林证券交易所上市。[①]可见,在融资理念上,RWE
和从一开始就上市的 BEW 有本质不同。而上市与否,不是电力系统扩张、
电力企业成长的必要条件。

在金融方面,兼任 RWE 股东的地方政府联合起来开发了一个信用周
转池制度给其融资。周转池的资金,大部分由地方政府提供。1918 年,周
转池资金总额达到近 5 千万马克,几乎和 RWE 的资本金持平。[②]地方政府
开发这个制度的一大原因是不想因为增资而稀释股权、削弱控制。1929 年
大萧条给地方政府带来一定财政困难,于是,它们立了一个地方性金融机
构,把持有的 RWE 股份卖给它变现,但是依旧通过这个金融机构保持对
RWE 的控制权。

在德国电力工业史上,RWE 的地位举足轻重。一战前,RWE 就在工业
中心鲁尔区建设了广域电网,给德国工业化提供了新动力。一战期间,
RWE 建设了当时欧洲最大的发电厂戈尔登贝格电厂。战后,RWE 架设了
德国最初的 200 千伏高压送电线,在阿尔卑斯山的大规模水力发电系统和
鲁尔区的大规模火力发电系统之间联网。20 世纪 30 年代初,RWE 有德国
最大的装机容量和最长的送电系统。

RWE 的成长过程中,值得注目的是两个模式。其一是股权换许可
权。其二是以地方政府自有资金为主导的融资模式。本书称之为"地方
融资平台"模式。这个模式另辟蹊径,撇开了电机制造商、电力金融机构
的影响。这个模式也证明在一定条件下,政府可以作为主导者来推进技

[①] Camillo J. Asriel, *Das R.W.E.: Rheinisch-Westfälisches Elektrizitätswerk A.G. Essen a.d.
Ruhr: ein Beitrag zur Erforschung der modernen Elektrizitätswirtschaft*, Zürich: Girsberger,
1932, p.122.

[②] Johannes Kingma, *Kapitalbedarf und Kapitalbeschaffung in der deutschen Elektrizitätswirtschaft
seit dem Kriege*, Borna-Leipzig: Robert Noske, 1936, pp.115—116.

术革新。

　　类似的经验也见于 VEW 的发展史。这是一个由以多特蒙德市、波鸿市周边地区为主要供电区域的电力系统于 1923 年联合起来构成的企业。这些系统的共同特征是它们都由地方政府所有、所管。在融资模式上，VEW 也尽量排除民间电机制造商和金融机构的干预，主要通过内部金融系统来解决资金需求。即便 VEW 在 20 年代成为德国资本规模最大的电力企业之一，它也一直都没有在柏林证券交易所上市。①而 VEW 的发展史上从来没有接受过来自柏林的大银行的融资。VEW 更倾向于从它供给区域内的、政府公营的地方银行借款。例如位于敏斯特（Münster）的威斯特法伦地方银行（Landesbank der Provinz Westfalen）、位于波鸿的都市储蓄银行（Städtische Sparkasse）等。VEW 在增发股本时，往往通过非公开的渠道，向政府所信赖的投资者发行股票。相比 RWE，不同点在于 VEW 是完全由地方政府持股，而 RWE 是政府持股占多数的官民混合持股。但是在"地方融资平台"模式上，两者并无本质不同。

表 11　德国电力企业的资本构成

年度	企业数目	股权（单位：百万马克）	负债（单位：百万马克）
1890	3	26	1
1900	22	469	184
1913/14	87	631	556
1931/32	136	2 484	3 138

　　资料来源：Hans Witte, *Die Konzentration in der deutschen Elektrizitätswirtschaft*, Berlin: Spriner, 1932, p. 15; Das Spezial-Archiv der deutschen Wirtschaft, *Die Elektrizitätswirtschaft im Deutschen Reich*, Berlin: R. & H. Hoppenstedt, 1933.

———————

① Vereignite Elektrizitätswerke Westfalen AG, *25 Jahre VEW: 1925—1950*, Dortmund: VEW, 1950, pp.22—24.

表 12　部分德国主要电力企业资本结构　　　　　　单位:百万马克

(1) Berliner Elektricitäts-Werke(BEW)

年份	股权	负债
1885	3	0
1890	9	0
1895	12.6	7.4
1900	25.2	25.8
1905	31.5	39.8
1910	64.1	57.4
1933	240	296

(2) Rheinisch-Westfälisches Elektrizitätswerk(RWE)

年份	股权	银行贷款	公司债	周转池
1905	10	0.1	10	0.8
1910	30	0.5	30	12.7
1915	50	4.5	37.64	32.3
1920	60	5.3	31.94	102.9
1925	140	30.3	4.67	15.1
1929	181	37.3	185.93	78.1

(3) Elektrowerke(EAG)

年份	股权	留存收益	负债
1924	60	10	3
1926	60	10	35.6
1928	60	10	8.9
1930	75	23.5	74

(4) Preussische Elektrizitäts AG(PREAG)

年份	股权	负债
1927	90	6
1929	144	95
1931	176	118

資料来源:Conrad Matschoss, *50 Jahre Berliner Elektrizitäts Werke, 1884—1934*, Berlin: VDI, 1934; Camillo J. Asriel, *Das R. W. E.: Rheinisch-Westfälisches Elektrizitätswerk A.G. Essen a.d. Ruhr: ein Beitrag zur Erforschung der modernen Elektrizitätswirtschaft*, Zürich: Girsberger, 1932; Elektrowerke AG Berlin, Geschäftsbericht, 1924—1930; Preussische Elektrizitäts AG, Geschäftsbericht, 1927—1931.

四、国家和州政府投资

上面提到的"地方融资平台"是分散的各个地方主体在协商一致前提下的联合，换言之，分权前提下的合作。而在更高一级的州（省）级政府、国家政府层面，还有一种集权前提下的投资模式，主要案例为 EAG 和 PREAG。

上一章已经探讨过包括 RWE、VEW、EAG、PREAG 在内的德国大电力企业的成长史。这里就直接讨论 EAG 的融资模式。EAG 于 1917 年被国有化。1923 年，德国中央政府（魏玛政府）成立国家控股公司 VIAG，把 EAG 纳入重层控股公司构造。VIAG 伞下有名为帝国信用公司（Reichs-Kredit-Gesellschaft）的金融机构，给 EAG 提供了大量融资。[1]值得注意的是，EAG 的股权 100％掌握在 VIAG 手中，和 RWE 的官民混合持股、VEW 的复数地方政府合股形成鲜明对照。在 20 年代末，EAG 在美国发行了大规模公司债，但是总体而言，外部资金对自有资金比例为 0.6∶1，自有资金则全部来自 VIAG 集团内部融资。EAG 始终没有在德国的任何证券交易所上市。

比起 EAG，PREAG 也是股权 100％掌握在州政府手中。1929 年州直属控股公司 VEBA 成立后，股权则转移到 VEBA 手中。PREAG 也是始终不在任何证券交易所上市。并且，PREAG 的融资更为保守，外部资金对自有资金比例在 1927 年仅为 0.06∶1。

五、电力外债

20 年代中期开始，外债成为德国电力融资的一个重要渠道。从 1924 年到 1930 年，德国在纽约所发行的政府公债和公司债总额达到 14.6 亿美元，其中电力债占了 20.4％。如仅就德国在纽约发行的公司债总额而言，电

---

[1] Manfred Pohl, *VIAG-Aktiengesellschaft 1923—1998*, München: Piper, 1998, pp.21—37.

力债占比约四分之一。可见在经济大萧条前,电力债在德国对美外债中占有很大份额。德国电力债在美国投资者之间颇受好评。1928 年,著名的评价公司穆迪机把 20 家德国电力债列为 A 级,14 家列为 Baa 级,仅 2 家为 B。除了纽约以外,德国电力企业还在英国、瑞士、瑞典、荷兰发行公司债。

一般来说,特定的电力企业往往和特定的投资银行建立稳定的融资关系,由投资银行承销公司债。例如,这个关系可见于 RWE 之于花旗银行(National City Co.),VIAG 之于哈里斯·福布斯银行(Harris Forbes & Co.),VEW 之于施派尔银行(Speyer & Co)。

RWE 的例子可以以管窥豹。RWE 是举借外债最多的电力企业。RWE 曾在纽约、伦敦、阿姆斯特丹、苏黎世发行公司债。在纽约的债券,无一例外由花旗银行承销。在瑞士则除了少数私募以外,都是通过瑞士信贷银行(Credit Suisse)。大多数 RWE 债长达 25 年,利率为 6% 至 7%。

电力外债对于二战前 RWE 的系统建设居功至为。例如,RWE 通过外债,在水力资源丰富的德国南部的黑森林建设了施卢赫湖电厂(Schluchseewerke AG),在和瑞士交界的莱茵河上建设了阿尔布鲁克多戈恩电厂(Rheinkraftwerk Albbruck Dogern AG)。它们是 RWE 主导的纵贯德国南北的主干 200 千伏送电系统的重要节点。

表 13　德国电力债一览表

(1) RWE

发行主体	发行年	发行地	承兑商	金额(美元)	到期	利率
RWE	1925	美国	National City Co.	10 000 000	1950	7
Lech Elektrizitätswerk	1926	美国	Schweizer Kreditanstalt	sfrcs. 20 000 000	1951	7
RWE	1927	美国	National City Co.	11 000 000	1952	6
RWE	1927	英国	National City Co.	1 550 000	1952	6
RWE	1927	荷兰	Amsterdamsche Bank	1 500 000	1952	6
RWE	1927	瑞典	Enskilda Bank	750 000	1952	6

续　表

发行主体	发行年	发行地	承兑商	金额（美元）	到期	利率
RWE	1927	瑞士	Schweizer Kreditanstalt	200 000	1952	6
Elektrizitäts AG vorm Lahmeyer	1927	瑞士	Schweizer Kreditanstalt	sfrcs. 7 500 000	1952	6
RWE	1928	美国	National City Co.	15 000 000	1953	6
RWE	1928	荷兰	Mendelssohn & Co.	2 500 000	1953	6
RWE	1928	英国		2 500 000		
RWE	1928	瑞典	定向融资		1953	6
RWE	1928	瑞士				
Schluchseewerk	1929	瑞士	Schweizer Kreditanstalt	sfrcs. 20 000 000	1959	6
Schluchseewerk	1929	荷兰	Mendelssohn & Co.	sfrcs. 10 000 000	1959	6
Schluchseewerk	1929	其他国家	定向融资	sfrcs. 5 000 000	1959	6
Lech Elektrizitätswerk	1929	瑞士	Schweizer Kreditanstalt	sfrcs. 8 000 000	1951	7
RWE	1930	美国	National City Co.	14 850 000	1955	6
Rheinkraftwerk Albbruck Dogern AG	1930	瑞士	Schweizer Kreditanstalt	sfrcs. 40 000 000	1960	5.5

（2）VIAG

发行主体	发行年	发行地	承兑商	金额（美元）	到期	利率
VIAG	1925	美国	Harris Forbes & Co.	6 000 000	1945	6
EAG	1925	美国	Harris Forbes & Co.	5 000 000	1950	6.5
EAG	1925	美国	Harris Forbes & Co.	2 500 000	1950	6.5
VIAG	1926	美国	Harris Forbes & Co.	6 000 000	1941	6.5
VIAG	1928	美国	Harris Forbes & Co.	5 000 000	1953	6.5
Ostpreussenwerk	1928	美国	Harris Forbes & Co.	3 500 000	1953	6
VIAG	1930	美国	Harris Forbes & Co.	5 000 000	1930	7

（3）VEBA

发行主体	发行年	发行地	承兑商	金额（美元）	到期	利率
PREAG	1928	英国	Higginson & Co.	sterling 1 000 000	1953	6
PREAG	1928	荷兰	Mendelssohn & Co.	sterling 200 000	1953	6
PREAG	1929	美国	Harris Forbes & Co.	4 000 000	1954	6

（4）BEW

发行主体	发行年	发行地	承兑商	金额（美元）	到期	利率
BEW	1925	瑞士，荷兰	Schweizer Kreditanstalt 等	sfrcs. 30 000 000	1940	7
BEW	1926	美国	Hallgarten & Co.	1 000 000	1928	6.5
BEW	1926	美国	Hallgarten & Co.	2 000 000	1929	6.5
BEW	1926	美国	Dillon Read & Co.	20 000 000	1951	6.5
BEW	1929	美国	Dillon Read & Co.	15 000 000	1959	6.5
BEW	1930	美国	Dillon Read & Co.	15 000 000	1955	6

（5）VEW

发行主体	发行年	发行地	承兑商	金额（美元）	到期	利率
VEW	1925	美国	Speyer & Co.	7 500 000	1950	6.5
VEW	1928	美国	Speyer & Co.	20 000 000	1953	6

（6）ASW

发行主体	发行年	发行地	承兑商	金额（美元）	到期	利率
ASW	1925	美国	National City Co.	15 000 000	1945	7
ASW	1926	美国	National City Co.	13 000 000	1951	6.5
ASW	1926	荷兰	Nederl. Handelmaatschappij	2 000 000	1951	6.5
ASW	1930	美国	National City Co.	10 000 000	1932	5

资料来源：Johannes Kingma, *Kapitalbedarf und Kapitalbeschaffung in der deutschen Elektrizitätswirtschaft seit dem Kriege*, Borna-Leipzig: Robert Noske, 1936, pp.142—146。

说明：金额栏中 sfrcs. 指瑞士法郎，sterling 指英镑。

第三节　日本电力金融

一、日本的特殊性

在讨论日本电力金融之前,有必要说明几个日本相对德国而言的显著特征。上一章探讨过日本电力企业在企业成长战略、组织构造方面的特征。这里则以电力金融为中心,以点带面,综合地讨论一些日本的特殊性,既作为第二章的补充,也给第四章、第五章作些铺垫。

第一,当时日本在工业技术领域普遍落后于欧美先进国家,但是电力技术是个例外。明治维新后,日本在聘请名师、导入西方技术方面不遗余力。英国帝国理工学院创立者之一、后来在伦敦大学担任世界上最初的电气工程讲座教授的著名电气工程师威廉·艾尔顿(William Aryton,1847—1908)曾于1873年至1878年应日本邀请在东京大学的前身工部大学校任教。在日期间,艾尔顿科研教学两不误,发表了50多篇学术论文,门下弟子有日本最早的水力发电厂设计师田边朔郎(1861—1944)、日本最早的火力发电厂设计师藤冈市助(1857—1918)等日本电力工业先驱者。艾尔顿赴日既有日本求贤若渴的慧眼,也有恰逢电力技术在欧美兴起之时的巧合。当时日本的电气工程教育可能在世界上都位于前列。如此就不难理解为何日本一个东亚小国却是世界上最早尝试高压送电的国家之一,而日本六大都市的平均住宅电气化率在1917年就可以达到84%。

第二,虽然电气工程教育走在前列,但是日本在电机方面依赖于从欧美寡头如通用电气(General Electric)、AEG、西门子等进口。部分日本企业奋发图强,如东京电灯公司就自己设立了名为白热舍的电机厂,是后来闻名于世的东芝的前身。因为日本直到1900年才加入旨在保护工业产权的《巴黎公约》,19世纪末日本的本土电机制造业搭便车吸收了不少欧美知识产权。

此外,当时欧美资本在世界各地投资电力工业,日本是个例外。明治政府直到 1899 年都实质上禁止外资,以至于德国美国的电机制造商也难以在日本直接跨国投资电厂。但是就当初而言,日本薄弱的电机制造业不足以支撑类似德国的"创业生意"模式。类似德国的电力金融专业机构也要到 20 世纪 20 年代才发展起来。

　　第三,日本根据国情开发了一些独特的金融手法如"股本分期支付"(分割支払)、"股东定向增资"(割当增资)等。这些融资办法在电力工业中很常见。在股本分期支付制度下,投资者买股票不必立即全额支付股本,可先支付四分之一或更少,剩下的逐次付清。在发展中国家资本积累不足的情况下,分期支付促进了投资。而当时日本证券市场尚起步不久,不成熟,很多人把它当赌场。用近代西方理念来规范交易行为的《明治商法》要到 1899 年才颁布实施。许多投资家其实分不清公司股票和公司债券的区别。不少企业募股的方式是通过人脉关系找到理智的、稳健的投资家。增资时也还是找到现有股东,按照持股数额分配增资,此时不愿意出资的股东就要依法向第三方转让股本。对日本电力企业来说,公开募股的份额微乎其微。募股的主要形式是通过定向增资。正是因为电力企业倾向于自己寻找投资家,所以美国式投资银行(investment bank)或者德国式兼营银行证券业务的金融机构(universal bank)对于日本电力企业而言重要性相对较低。[①]从表面上看,规模较大的日本电力企业一般都在东京、大阪等地的证券市场上市,但是它们的募股方式和同样在德国上市的德国电力企业大有区别。用经济学术语来说,对当时的日本企业来说,定向增资的"交易成本"低于公开募股。

　　所以说,日本电力企业在 20 年代之前的资本构成以自有资金(equity)为主。这点和德国类似,并且也说明对于日本电力企业来说,证券市场是比

---

① 志村嘉一:《日本资本市场分析》,東京大学出版会 1969 年版,第 261—266 页。

起银行借款更为重要的融资渠道。但是必须注意的是,日本的证券市场相比欧洲,尚处于起步阶段,市场并不成熟。在数据上固然可以以自有资金、外部资金(debt)统计德日两国的资本构成并比较之。但是数字背后,资本市场的发展程度、商业习惯不尽相同。

第四,从金融角度来看,控股公司构造在日本电力企业中较为少见。在上一章叙述过德国大电力企业所处的重层控股公司构造(也就是康采恩),在本章中可看到这些控股公司构造往往包含了内部金融体系,诸如 AEG、VEBA、VIAG 等。在近代日本,包含有内部金融体系的控股公司的典型形式是财阀。财阀一词,在同时代的汉语语境中指代具有政治影响力的商人,如"江浙财阀"。但是在近代日本,财阀指的是由特定家族控股为顶点,旗下企业多元化的金字塔形企业集团。主要代表有三菱、三井、住友、安田等。它们伞下都有制造业和银行业,有各自的内部金融体系。日本的电力企业虽然有来自财阀的银行借款、证券承销、甚至董事会代表,但是总体上说,财阀对电力企业的直接控制并不大。这点已经被日本学者橘川反复论证。[①]一般来说,财阀倾向于投资具有良好收益前景的产业,近代日本的电力市场竞争激烈,对于财阀来说如果纳入旗下就会带来较大投资风险。财阀更倾向于投资电机制造业,如三井之于芝浦电机和东京电机(后来合并为东芝)、三菱之于三菱电机。日本的大电力企业也都在证券交易所挂牌上市,不符合老财阀的闭锁性持股倾向。日本电力企业的资本总额几乎和财阀所控制的资本总额持平。1930 年,八大主要财阀所控制的总资本金为日本所有企业资本金总和之 15%,但是电力资本在 1936 年所控制的实付资本也占到日本所有企业总和的 12%,从资本规模上可谓和财阀不相上下。电力企业相对于财阀的独立性,是研究日本工业史时必须注意的。

最后,日本各级政府在电力上的投资较少。在电气化初期,投资家望而

---

① 橘川武郎:《日本電力業の発展と松永安左ェ門》,名古屋大学出版会 1995 年版,第 70—72,97 页。

却步之时，一些地方政府曾出手相助。如名古屋市、京都市都曾给市区的电力企业贷款。但是电气化步入轨道之后，政府直接干预就少了。1930年，政府所有的电力企业不过占总数8％。①关于政商关系，下一章有详细探讨。而本书会反复提及德国在第一次世界大战后以公营企业为主的构造，这里就从略。

接下来将探讨日本电力金融分为自有资金、外部资金、电力金融机构、外债四个类型。

表14　日本电力企业资本结构　　　　　　　　　　　　单位：千日元

年份	实付资本（A）	留存收益（B）	A+B	公司债（C）	银行借款（D）	C+D
1908—1914	33 920	1 133	35 053	3 853	5 808	9 661
1915—1918	30 907	4 441	35 348	4 500	3 627	8 127
1919—1924	182 503	7 549	190 052	82 121	25 399	107 520
1925—1930	134 464	12 392	146 856	152 921	59 904	212 825

资料来源：橘川武郎：《日本電力業の発展と松永安左ヱ門》，名古屋大学出版会1995年版，第27页。

表15　日本电力企业的资本形成手段　　　　　　　　　　单位：百分比

年份	并购	定向增发	公开募股	其他
1915—1919	0	91.5	7.6	0.9
1920—1924	72.9	25.8	0.3	1
1925—1929	55.2	38.2	3.1	3.5
1930—1933	93.1	6.9	0	0

资料来源：志村嘉一：《日本資本市場分析》，東京大学出版会1969年版，第236页。

二、自有资金型

日本的电力金融模式可以从东京电灯、东邦电力、宇治川电气、大同电力、日本电力，即所谓的"五大电力"的案例来说明。先通过东京电灯和东邦

① 橘川武郎：《日本電力業発展のダイナミズム》，名古屋大学出版会2004年版，第107页。

电力的例子来看自有资金型。总的来说,20 世纪 20 年代中期是个转折点,此前自有资金型是主流,此后就开始多样化。20 年代中期以后,往往在大电力企业身上可以同时看到好几种类型,这点和能够相对来说明确地分类的德国电力企业还是颇有区别的。

东京电灯成立于 1883 年,创立者是一些旧武士精英阶层,并无电机制造商的影响。①社会对这个新技术持观望态度,东京电灯花了三年半才募集足够资金开始营业。②从企业金融角度看,东京电灯的发展可以以 1920 年为界限分为主要依靠自有资金的都市系统时期和主要依靠外部资金的区域系统时期。

东京电灯早期发展主要靠自有资金,具体说来就是股本分期支付和股东定向增资。1919 年之前,东京电灯 9 次发行股票增资,按照分期支付制度每次只拿到 5%至 25%的股本。三井银行向东京电灯的股东提供了不少融资使得他们有足够的能力购买股票。但是三井银行本身并未直接持股。总的来说,东京电灯吸引投资者靠的是其按持股分配的高额红利,从 1887 年到 1917 年间每年约在 10%—12%前后。③

东京电灯迟迟到 1915 年才开始发行公司债导入外部资金,但是 20 年代以后外部资金飞跃式增加。在 20 年代,东京电灯从一个以东京市区为主要供电区域的都市系统,通过开发山区地带水电资源和构建远距离送电线,成长为覆盖日本关东地区的区域系统。在这个过程中东京电灯并购了不少电力公司,需要大量资金,这些资金主要由发行公司债来填补。1915 年,相对东京电灯 5 千万日元股本,债务不过 6 百多万日元,而到了 1930 年,相对于 4 亿日元股本,债务为 3.9 亿日元。为了吸引投资家,东京电灯维持高额红利,很多时候这些红利不是来自营收,而是来自银行贷款,这也增加了对

① 東京電燈:《東京電燈株式會社開業五十年史》,東京電燈 1936 年版,第 4—10 页。
② 橘川武郎:《日本電力業発展のダイナミズム》,名古屋大学出版会 2004 年版,第 25—26 页。
③ 橘川武郎:《日本電力業発展のダイナミズム》,名古屋大学出版会 2004 年版,第 66—67 页。

外部资金的依赖。①政府的政策也推波助澜。1927 年,递信省把电力企业的最高公司债限额上升到实际资本(paid-in capital)的两倍。②当时公司债利率普遍低于银行借款的情况也刺激了电力企业大举增加借债。1930 年,东京电力的负债资产比为 0.91。

东邦电力的前身名古屋电灯成立于 1887 年,也主要由旧武士阶级出资。因为电力是新科技,前途未卜,甚至出现过一些出资者因为悲观而撤资的情况。名古屋电灯的企业金融主要依靠发行股票,即自有资本。1922 年,名古屋电灯和九州电灯电铁合并成为东邦电力。20 年代,东邦电力在从都市系统发展为区域系统中,进行了 6 次对其他电力企业的收购。在此过程中,对于外部资金的依靠逐渐增加。负债资产比从 1920 年的 0.18 上升到 1930 年的 0.91。三井银行承销了其 64% 的公司债,并向东邦电力董事会派驻代表。③不过,三井财阀对于东邦电力的管理权并无兴趣。

表 16　日本主要电力企业的资本构成　　　　单位:百万日元

1. 东京电灯

年度	名义资本	实收资本	留存收益	负债
1890	1.3	0.6	0	0
1895	2	1	0	0
1900	3.5	2.3	0	0.2
1905	7.1	5.0	0.2	1.6
1910	50	24	17.9	1.7
1915	50	44.7	1.8	6.8
1920	124	68.5	4.6	1.5
1925	296	266.9	15	157.4
1930	407	407	23	390

---

① 橘川武郎:《日本電力業の発展と松永安左エ門》,名古屋大学出版会 1995 年版,第 68—74 页。
② 栗原東洋:《電力》,现代日本産業発達史研究会 1964 年版,第 172 页。
③ 橘川武郎:《日本電力業の発展と松永安左エ門》,名古屋大学出版会 1995 年版,第 76 页、83 页。

2. 东邦电力(1907—1915 年为名古屋电灯数据)

年度	名义资本	实收资本	留存收益	负债
1907	5.1	2.3	0.053	0
1915	16	10.6	0.4	4
1916	16	11.8	0.4	3.5
1920	33.7	21	8.3	6.2
1925	139.8	102.2	3.1	79
1930	130	130	7	125.2

3. 宇治川电气

年度	名义资本	实收资本	留存收益	负债
1908	12.5	3.1	0	5.5
1915	25	12.5	0.2	7.5
1920	25	18.75	1.9	11.5
1925	85	52.2	3.6	51.5
1930	92.5	75	6.5	123.4

4. 日本电力

年度	名义资本	实收资本	留存收益	负债
1920	50	12.5	0	0
1925	50	50	0.2	51
1930	120.9	106.6	2.2	130.4

5. 大同电力

年度	名义资本	实收资本	留存收益	负债
1921	100	44	0.3	19.8
1925	112.9	112.9	1.7	89.4
1930	176	130.9	6.2	131.5

资料来源:野村商店调查部:《株式年鑑》1908 年至 1931 年。

三、外部资金型

相对于东京电灯与东邦电力,从区域系统起步的宇治川电气、大同电力、日本电力有从一开始就通过外部资金大量融资的特点。在 1920 年,宇治川电气的负债资产比为 0.5,同年的东京电灯不过 0.02。1930 年,宇治川电气的负债资产比上升为 1.4。

日本电力则在 1925 年从宇治川电气分立当初,就承担了不少债务。同年,相对日本电力 5 千万日元股本,负债就有 51 万日元;到了 1930 年,股本增加为 1.2 亿日元,负债则为 1.3 亿日元。债多股少,外部资金比重大,是显著特征。这些债务和利息负担在很大程度上也决定了日本电力股息较少的特点。和东京电灯不同,日本电力的外部资金不是用于收购合并其他电力公司,而是主要用于大规模电源开发和远距离高压送电系统建设。[1]

大同电力同样吸收了巨大的外部资金用于区域系统建设。公司债在大同电力资本形成中的比重在 1921 年到 1925 年之间为 63%,在 1925 年到 1934 年上升为 77%。[2]

四、电力金融机构

虽然在日本没有出现德国的"创业生意"模式,但是在 20 世纪 20 年代开始,也出现了电力金融机构。和德国相比,这些机构在时间上起步晚,在功能上不是综合性,而是纯金融性的。

最早设立电力金融机构的是东邦电力。东邦电力和东京电灯相比,一大特征是东京电灯的系统的地理分布集中在关东地区,没有飞地,但是东邦电力于 1922 年收购了九州岛福冈地区的九州电灯公司,而九州的电网系

---

[1] 志村嘉一:《日本资本市场分析》,東京大学出版会 1969 年版,第 162—163 页。
[2] 栗原東洋:《電力》,现代日本産業発達史研究会 1964 年版,第 171 页。

统和名古屋的系统相距遥远，并无物理上的连接。如此一来，东邦电力类似控股公司控制旗下不同的电力系统。这个跨越地域的企业合并、电网管理无疑促进了东邦电力对企业金融的敏感性。1925年，东邦电力开风气之先，设立了东邦证券公司。东京电灯于1927年也设立了东电证券公司。到20年代末，宇治川电气、大同电力、日本电力也都设立了自己的证券子公司。一些小型电力公司也纷纷效法，设立金融机构。

这些电力证券公司的主要业务是针对20年代日本电网建设旺盛的融资需求进行辅助性的金融操作。对于电力公司来说，稳定看涨的股价对于能否取得贷款至关重要。要控制股价，就不能放任市场，因此电力证券公司向投资者买进母公司的股票加以管理。而在原先的股东不愿意按照前面提到过的股东按持股定向增资制度增资的时候，电力证券公司买进其持股，既完成了增资，也免得股票被原先的股东抛售导致股价下跌。此外，在股市不振时，电力证券公司的持股也缓冲了股价波动。例如，1930年日本股市曾因美国大恐慌的波及而大跌，东电证券一举把持有的东京电灯股份从27万股上升到87万股以稳定股价。[1]保险公司等机构投资者也不断发展。就电力股而言，电力证券公司成为电力企业最大的机构投资者。

五、电力外债

尽管德国日本电力工业的融资模式有很多不同，在20年代大规模举借外债上，却有相似性。1923年起，日本的大型电力公司积极地在以纽约为中心的国际金融市场上发行公司债。欧美金融市场相对于日本利率更低。由于日本在第一次世界大战期间脱离金本位，20年代初，发行外债也有汇率优势。[2]从1923年到1929年，电力债占到日本政府和企业在纽约所发

---

[1] 志村嘉一：《日本资本市场分析》，東京大学出版会1969年版，第421页。
[2] 橘川武郎：《日本電力業の発展と松永安左ヱ門》，名古屋大学出版会1995年版，第60—61页。

行的债券总额的 39.6％，电力债要占到日本企业在纽约所发行的债券的
77.5％，占绝对大头。[1]其中在 1926 年、1927 年、1929 年 3 年里，电力债是日
本企业在美国发行的唯一一种债券。[2]换言之，在投资家眼里，电力债就代
表了当时日本的经济发展。1928 年，穆迪评价机构给了日本电力债 1 个
Aa，5 个 A，14 个 Baa 和 2 个 B。就日本电力工业整体而言，外债占到 1931
年之前资本形成的 30％。大部分在纽约发行的公司债由三井银行和日本
兴业银行负责承兑。

　　和德国不同，日本举借的外债，金融性更强。相对于工程建设，79％的
电力债被用于偿还银行贷款和公司债。[3]例如宇治川电气 1925 年在美国发
行的公司债全部被用于偿还日本国内债务、支付利息。东京电灯、东邦电
力、日本电力 1928 年以后在美国发行的公司债都被用于偿还包括外债的内
外旧债。总的来说，1931 年之前，日本电力工业 30％的资本形成来自外债
融资。

表 17　日本电力外债一览

（1）东京电灯

发行主体	发行年	发行地	承兑商	金额（美元）	到期	利率
东京电灯	1923	England	Whitehall Trust	3 000 000	1948	6
东京电灯	1925	England	Whitehall Trust	600 000	1948	6
东京电灯	1925	USA	Guaranty Trust	24 000 000	1928	6
信越电力	1927	USA	Dillon, Read and Co.	7 650 000	1952	6.5
东京电灯	1928	USA	Guaranty Trust	70 000 000	1953	6
东京电灯	1928	England	Lazard Bros; Whitehall Trust	4 500 000	1953	6

[1]　栗原東洋：《電力》，现代日本産業発達史研究会 1964 年版，第 160 页。
[2]　Simon. J. Bytheway, *Investing Japan: Foreign Capital, Monetary Standards, and Economic Development, 1859—2011*, Cambridge, Massachusetts: Harvard University Asia Center, 2014, pp.126—129.
[3]　橘川武郎：《日本電力業の発展と松永安左エ門》，名古屋大学出版会 1995 年版，第 110 页。

（2）日本电力

发行主体	发行年	发行地	承兑商	金额（美元）	到期	利率
日本电力	1928	USA	Harris, Forbes and Co.	9 000 000	1953	6.5
日本电力	1931	England	Harris, Forbes and Co.；Chase Co.；Henry Schroeder & Co.	1 500 000	1956	6

（3）大同电力

发行主体	发行年	发行地	承兑商	金额（美元）	到期	利率
大同电力	1924	USA	Dillon, Read and Co.	15 000 000	1944	7
大同电力	1925	USA	Dillon, Read and Co.	13 500 000	1950	6.5

（4）宇治川电气

发行主体	发行年	发行地	承兑商	金额（美元）	到期	利率
宇治川电气	1925	USA	Lee, Higgison and Co.	14 000 000	1945	7

（5）东邦电力

发行主体	发行年	发行地	承兑商	金额（美元）	到期	利率
东邦电力	1925	USA	Guaranty Trust	15 000 000	1955	7
东邦电力	1925	England	Prudential Life Insurance	300 000	1945	5
东邦电力	1926	USA	Guaranty Trust	10 000 000	1929	6
东邦电力	1929	USA	Guaranty Trust；Lee, Higgison and Co.；Harris, Forbes and Co.	11 450 000	1954	5.5

资料来源：Simon. J. Bytheway, *Investing Japan：Foreign Capital, Monetary Standards, and Economic Development, 1859—2011*, Cambridge, Massachusetts：Harvard University Asia Center, 2014, pp.126—129；橘川武郎:《日本電力業の発展と松永安左ヱ門》,名古屋大学出版会 1995 年版,第 106—107 页。

第四节　本章小结

比较德日两国电力金融的异同可见,最大相同点有二。第一,在长期趋势上外部资金相对于内部资金的增加。第二,在 20 年代大规模地在以美国为中心的国际金融市场发行公司债。电力技术的物质外观(发电站、电缆、电塔、变压站、变压器、配电线、电线杆)由于在经济表现上具有固定投资数额大、回报率慢、投资时间长的特点,必然在都市系统向区域乃至跨区域系统的成长过程中要求越来越多资本投入。仅靠内部资金,无法满足企业成长需求。20 年代是区域系统突飞猛进的时期,此时外部资金也急剧增加,甚至有的区域系统从一诞生就依赖外部资金,是电力系统技术经济特性的必然结果。第一次世界大战后,纽约取代伦敦成为国际金融市场的中心,正好满足了各国电力工业发展中对于资金的需求。

再者德日两国金融模式不同之处,可以从电机制造商、电力金融机构、政府三个角度来讨论。

电机制造商和电力金融机构这两个角度紧密相连。电机制造商融资的"创业生意"是德国电力工业起步条件之一,但是日本却并未发生这种模式。这可以在一定程度上从日本本土电机制造业的落后性与明治政治的外资排除方针来解释。

"创业生意"进一步衍生出电力金融机构模式。两者都是综合性的融资模式。它们不只是提供融资,也包括了技术、管理等方面的服务。电机制造商、电力金融机构、电力企业的重层控股公司是德国电力工业在第一次世界大战之前的组织表现。重要区别在于日本的电力金融机构诞生较晚,其业务则纯粹是金融性的,没有发展出德国式的控股公司构造。这些区别可以从日本作为后发工业国,在金融、资本市场方面不如德国成熟来作一定解释。换言之，两国电力技术本身可以在物质表现上、电气化率上同步发展，但是物质背后的非物质、无形的金融、资本市场等方面则有发展程度之差。

在政府角度，两国分歧最为巨大。日本大电力企业都为民营，德国则几乎都是公营。德国的地方政府发展出地方性的融资平台来支撑电力系统发展，中央政府和州级政府则通过控股公司构造建立内部金融体系。日本在20年代后固然有电力金融机构在一定程度上的小规模内部金融体系，在国际金融市场上也固然有日本兴业银行（Industrial Bank of Japan）等国有银行的作用，但是并未发现德国那样的政府控股模式、政府融资模式。这是两国金融模式的差异，也是探讨两国政商关系的重要出发点。

第四章
电力与政治

第一节　导　言

　　本书以"大技术系统"框架为视角,侧重政商关系。上述两章探讨了作为技术的经济外观的"商",本章将讨论作为技术的政治外观的"政"。为了分析便利,在章节安排上有侧重。但是政商二者在实际中密不可分。"政"可以见"商","商"可以见"政"。它们相互关联、彼此互动,共存于"大技术系统"之中。

　　以"政"见"商"、以"商"见"政"的视野贯穿了本书。第一章论证德日两国可比性时,提到过电力技术的政治外观在德国和日本的主要区别有两点。第一,在电力企业的所有制构造方面,德国经历了从民营企业占主导到公营企业占主导的逆转,而日本却一直都是民营为主。第二,在监管结构方面,日本较早就开始中央政府对电力工业的直接监管,早于德国约四十年。第二章也提到过德日两国公营企业和民营企业可以在一定条件下,作出相似的战略决策并实现企业成长。但是它们在企业组织构造上,有较大战略差异。这些差异可能是由于政府监管、中央和地方政府权力构造、市场观念等因素造成的。第三章提到过政府对于电力工业的直接接入程度,可能是两国电力金融的最大差异。德国发展出了政府控股模式、政府融资模式,日本政府却显得超然世外、放任市场。

本章把侧重点转移到"政"。要搞清楚三个问题：为什么在所有制构造上日本的公营企业发展不起来，在德国却能发展起来？为什么中央政府的直接监管在德国开始得晚，在日本却很早就开始？为什么对于德国的政府倾向于在股权、金融、企业间关系等方面直接介入电力市场，日本政府却倾向于自由放任？这些问题在历史上彼此关联，你中有我我中有你。

本章试图从三个角度探讨电力与政治。第一，伴随电力工业诞生与成长的法律背景。第二，中央政府和地方政府之间，以及地方政府和地方政府之间的政治结构。第三，社会和政府内部对于市场竞争、政府介入的观念。这三个角度借鉴了英国学者米尔瓦德提出的政商关系研究框架。[①]米尔瓦德提议从地缘政治、政治结构、意识形态三个角度理解政商关系。笔者认为，地缘政治固然对于铁道、电信、电话、海运等从一开始就具有军事战略意义的产业至关重要，但是对于从取代煤油灯的民用照明设施、取代蒸汽机的工厂动力起步的电力来说关系较远，故以法律背景取代。而意识形态一词似乎过于宽泛，容易引起歧义，故用市场观念替换之。

本章的篇幅在本书的章节中是最长的，读者在阅读本章时，不妨将其中的三个小节各视为一章，或先跳过本章，在读完后面的第五、第六章后，再读本章。

第二节　法律背景

一、欧美的监管传统

法律背景指的是和电力工业紧密相关的立法、执法、监管。主体是政府，客体是电力企业。自从以诺贝尔奖获得者诺斯（Douglas North）为代表

---

① Robert Millward, "Buisness and the State." In Geoffrey Jones and Jonathan Zeitlin eds. *Oxford Handbook of Business History*, Oxford: Oxford University Press, 2008.

的新制度经济学者以来,法律等制度因素被视为经济成长的关键。①电力工业从无到有、从小到大的发展过程是经济成长的一个具体表现。在理论上,电力工业因为其经济学上所谓的自然垄断性质理所当然成为政府监管的对象。不过,在实际中,电力系统因为必须通过送电线、配电线、电线杆、电塔等形式立足于道路、田野、森林等公共地理空间的物质特性,必然带来其土地所有权、空间管理权的问题,未必是因为自然垄断。

讨论德国政府对于电力工业的监管,不得不首先提到"许可证"。这是一种在欧洲历史悠久的监管模式。德语称之为"Konzessionsvertrag",英文可以翻译为"franchise"或"concession"。《牛津袖珍英语词典》(*The Pocket Oxford English Dictionary*)定义"concession"为"由政府所授予的以特定目的的使用土地或者其他财产的权利"。"franchise'"则被《牛津袖珍英语词典》定义为"一种由政府或者企业授予个人或者团体的许可证,允许它们使用或者出售某种产品"。本书使用"许可证"一词来统一指代"Konzessionsvertrag""franchise""concession"。总而言之,"许可证"是一种政府允许企业从事某种商业活动并使用土地的监管模式。

讨论德国和日本电力工业监管模式,有必要将之置于同时期欧美监管传统之下考察。这样可以更清晰地看出德国和日本各自的特色、传统;以及差异所在。下面先以美国和英国为例,对欧美电力监管的起源以及其法律背景作一番整理。

1. 以美国为例

美国的公共基础设施监管历史悠久。瓦斯灯开始于 1816 年,都市路面铁轨开始于 1832 年,电信开始于 1851 年,电话则开始于 1878 年。②美国各

---

① Douglas North, *Understanding the Process of Economic Change*, Princeton: Princeton University Press, 2005.

② 藤原純一郎:《十九世紀米国における電気規制の展開》,慶応義塾大学法学研究会 1989 年版,第 9 页。

级对于这些基础设施的监管为后来成为 19 世纪 80 年代诞生的电力工业的监管提供了先例。简单地说，监管的法律依据有二。

其一是州政府以"许可证"（franchise）形式授予企业以经营权，作为交换，政府取得监管权。美国作为联邦制国家成立当初，13 州就各有主权（sovereignty）。主权内容包括了警察权（police power），即州政府为了保护公众的道德、健康、安全，有权自主决定并采取必要行动的权力。州政府根据主权或者警察权，可以授予私人或者企业以特权（special privilege），其中包括了"许可证"（franchise）。企业设立之时，州政府授予企业的成立权和存在权叫作"基本许可证（primary franchise）"或者"一般许可证（general franchise）"。而企业在运营之时，州政府授予它的道路使用权叫作"特别许可证（special franchise）"或者"都市许可证（municipal franchise）"。在法理上，作为交换，政府给企业以包括企业设立权、运营权和道路使用权在内的"许可证"，而企业则对其服务以及价格要接受政府监管。①

其二是英美法（common law）基于惯例，对于具有公益性、公共性的产业称之为"公共职业（public calling）"，对这些产业，政府在法理上有必要进行监管。这样的产业具体有铁路、公路交通等。②

基于上述两个法律依据，美国政府对电力企业展开监管。在实际操作中，州政府一般把一些监管权限委托给州内的都市政府。在法理上，道路管辖权属于州政府，但是州议会往往把道路的警察权交给地方都市政府。都市政府在电力企业设置电线之时，可以通过警察权，对电力企业授予"许可证"。许可证的内容因地制宜，互有区别，但是大致上包括期限、垄断权、道路使用权、电价限制、政府对企业的收购权、企业向政府付费义务等。③这些

---

① 藤原純一郎：《十九世紀米国における電気規制の展開》，慶応義塾大学法学研究会 1989 年版，第 13—16 页。

② 藤原純一郎：《十九世紀米国における電気規制の展開》，慶応義塾大学法学研究会 1989 年版，第 17 页。

③ 東京市政調査会：《電氣事業報償契約》，東京市政調査会 1928 年版。

主要是以地方都市政府为主体。州政府方面则以委员会形式展开监管。马萨诸塞州于 1887 年把瓦斯委员会权限扩充到电力,是美国最早的州政府电力监管委员会。此后到 1914 年为止,大部分州都有了电力监管委员会。委员会有权许可电价、命令电力企业改善供电条件、调停纠纷等。①

在电力工业于 19 世纪 80 年代诞生之时,美国已经有了对于公共基础设施的监管传统和监管制度。德国也是如此,但是日本却是起步于监管空白。

2. 以英国为例

1882 年 8 月,几乎在电力工业诞生的同时,英国国会就制定了《电灯产业法》(The Electric Lighting Bill)。在立法过程中,审议法案的委员会提出了三个要点。第一,使用道路的民营企业必须得到政府的许可。第二,如道路使用权为垄断性,则必须把利益返还公众。第三,法案将赋予地方政府在一定期限后的强制收购权。《电灯产业法》确立了英国商务部和各地地方政府的两重监管构造,但是把大部分权限授予地方政府。各地政府有权拒绝商务部发行的“许可证”。强制收购期限当初是 21 年,在 1888 年延长为42 年。②

1888 年后,电力企业的设立申请大量增加。商务部为了更好地监管,于 1889 年设立委员会作了一番调研。调研报告(Report by Major Marindin)提出两大建议。③第一,政府对每千瓦时电价设置限额,监督电价。第二,对于同一地理区域,不发行超过两家“许可证。”第二点的理由是道路多次开挖、埋设电线造成重复投资并且给市民带来不便。

---

① 藤原純一郎:《十九世紀米国における電気規制の展開》,慶応義塾大学法学研究会 1989 年版,第 158—159 页。
② 坂本悳志:《イギリス電力産業の生成発展と電気事業法の変遷》,長崎大学東南アジア研究所 1983 年版,第 39 页。
③ 坂本悳志:《イギリス電力産業の生成発展と電気事業法の変遷》,長崎大学東南アジア研究所 1983 年版,第 41—42 页。

英国和美国一样,在电力工业诞生伊始就开始展开政府监管。而监管的内容包括电价、垄断权等。这些情况德国也一样,但是日本却是一个例外。

二、德国:"许可证"模式

德国学者倾向于认为"许可证"是一种政府和企业之间的私法契约。[①]根据这个契约,政府向民间企业提供公共道路使用权(Wegerecht)。作为对价,民间企业要遵守政府提出的一些要求。对于电力工业来说,使用土地是配电、卖电或者更专业地说电力作为商品进入流通过程的前提。除非自产自销,发电设施(发电厂)、电力流通设施(电塔、电线杆、变压器、变压站、配电线、高压送电线)、用电设施(电灯、家用电器、工厂电动机械、电车)在空间上往往分离,有时相隔遥远。跨越地理空间设置配电线路是电力工业发展的物质前提。电力企业限于财力,无法完全买下其空中架设、地下铺设送配电线路的土地,也没有精力和一个个土地所有者谈判。土地所有者可以有很多,政府却只有一个。对于电力企业来说,最便捷的办法就是和管理公共道路、公共区域的政府商量。正因如此,电力从其商业化的一开始,就因为物质技术特性必须使用公共道路,和政府建立起联系。这和经济学里的自然垄断是不同的逻辑。

企业对于公共道路的使用引发了来自政府的监管。政府是公共道路管理者。就都市电力系统而言,电力企业在公共道路上反复挖地施工或者重叠地树立电线破坏市容,所以市政府往往只给一家企业垄断权。不过,这里不排除有的时候政府出于崇尚竞争的理念会给复数家企业以许可证。电力企业设置电力流通设施,用的是公家的地,又有公家给的垄断权,企业就要在一定程度上接受政府的监督,不得为所欲为。具体来说,在契约期间内,

① Wolfram Fischer, *Die Geschichte der Stromversorgung*, Frankfurt am Main: Verl.- und Wirtschaftsges. der Elektrizitätswerke, 1992, pp.169—215.

企业每年要缴给政府一定补偿金,利润率不得超过一定额度;契约到期后政府可以决定是延长还是终止,如果终止,政府有权收购企业。在欧洲,这个监管模式源于上下水道、瓦斯、都市轨道交通等公用事业,后来居上的电力无非沿用这个传统。[①]因为这些监管传统的存在,欧洲的都市政府对于电力工业从电气化初始阶段就可以套用既有的监管模式。

说完法理,下面探讨德国柏林、汉堡、法兰克福、曼海姆具体案例。其中柏林、汉堡的例子在第二章已经从都市电力系统发展战略的角度作过探讨。这里的视角集中于政府监管的起源和内容。

1. 柏林

19 世纪 80 年代,柏林的都市行政之效率在欧洲位居前列。市政府由市议会(Stadtverordnetenversammlung)和市参事会(Magistrat)组成。市议会由 144 名议员组成。市参事会则包括市长、副市长和 21 名会员。市政相关的决策,一般由市议会和市参事会开会决定,或者由两者共同组成特定的委员会。委员会有权管辖上下水道、街灯照明、道路清扫等公共基础设施服务。

1883 年,AEG 的前身德国爱迪生公司获得在德国制造、售卖爱迪生发明的白炽灯以及其系统的专利权。1884 年,德国爱迪生公司和柏林市签订"许可证"合同。在柏林市和德国爱迪生公司两者谈判过程中,电力企业民营的妥当性、垄断权的合理性是争论的焦点。当时柏林市已经设立并运营瓦斯事业,且投资巨大。部分市议会议员认为电力应该照准瓦斯,由市政府来公营。而关于垄断权,部分议员也意见很大。最后经过妥协,柏林市决定把前途未卜的电力交由民营企业来运营,其风险由民间资本承担,市政府则征收企业的利润,并在将来电力的营利性被证明之后将其

---

① Karl Hook, *Der Rechtscharakter der Kommunalen Wasser-*, *Gas- und Elektrizitätswerke und die Rechtsstellung der Werke gegenüber ihren Abnehmern*, PhD Dissertation Heidelberg University, 1922.

强制收购。

1884 年，AEG 的前身德国爱迪生公司和柏林市政府订立合同。这是德国历史上最早的电力"许可证"，也是德国其他都市后来所发生的电力"许可证"模式的范本。①其主要内容如下：

第一，垄断权。在合同中，柏林市允许德国爱迪生公司在市中心韦尔德施（Werdersch）市场附近开挖公共道路埋设配电线路并赋予其垄断权。

第二，电价许可制。德国爱迪生公司所设定的价格和供电条件必须事先经过柏林市参事会的许可。

第三，供电义务。德国爱迪生公司对于任何同意签订三年以上供电合同的客户不可拒绝供电。

第四，利润征收权。柏林市有权每年向德国爱迪生公司收取其 10％总收入以及其 25％净利润。

第五，强制收购权。"许可制"期限为 30 年，到 1914 年到期。但是，1895 年之后，柏林市有权强制收购德国爱迪生公司，将之公营化。

事实上，在 1895 年，柏林市并未要求立即公营化，而是选择延长合同。合同几经延长，最终柏林市在 1915 年从 AEG 收购柏林市区电力系统，成立柏林市营电气事业。②

2. 汉堡

汉堡是德国第二大城市。1893 年，汉堡市和舒克特公司（Schuckert & Co.）签署"许可证"合同。舒克特公司获得许可在市区经营都市电网。

合同的内容大致和柏林市的前例相同。汉堡市可以从舒克特公司的净利润中每年收取 25％到 50％不等的份额。电价需要经过汉堡市许可。汉

① Thomas P. Hughes, *Networks of Power：Electrification in Western Society*，*1880—1930*，Baltimore：Johns Hopkins University Press，1983，pp.175—200.

② Thorsten Dame, *Elektropolis Berlin：Die Energie der Großstadt*，Berlin：Mann，2011，pp.220—239.

堡市每年向舒克特公司征收土地使用税。"许可证"将在 20 年内期满,期满后汉堡市有权收购都市电网。

1913 年,汉堡市将"许可证"延期 15 年,但是同时收购了汉堡的都市电网 50％股份。1938 年,汉堡市最终把都市电网完全公营化。[①]

3. 法兰克福

法兰克福是当时德国第五大都市。法兰克福市政府在 1893 年和瑞士电机制造商布朗勃法瑞公司(Brown Boveri Co.)订立补偿契约,授权其在市区运营电力公司。市政府每年征收 50％利润,许可电价,并有权随时终止契约。[②]果然,短短几年后,法兰克福市政府就在 1899 年收购市区电网。

当时电力工业起步不久,市场前景不明朗,法兰克福市从一开始就计划让民间企业承担风险,先行探索,待时机成熟,电力可提供稳定财源之时,依照"许可证"合同收购之。[③]这是当时德国电气化过程中一个普遍的公营化模式。

4. 曼海姆

曼海姆的人口相比柏林、汉堡、法兰克福虽少,但是在都市电网起步阶段也出现了相似的监管模式。

1898 年,曼海姆的第一家电力企业由布朗勃法瑞公司设立。值得注意的是,曼海姆市政府对于作为新技术的电力持有怀疑态度,迟迟不肯下发"许可证"。[④]这就使得曼海姆的电气化开始得较晚。按照曼海姆市和布朗勃法瑞公司之间的合同,曼海姆市有权收取部分净利润、许可电价、指派企

---

① Rainer Schubach, *Die Entwicklung der öffentlichen Elektrizitätsversorgung in Hamburg*, Hamburg: Verein fur Hamburgische Geschichte, 1982, pp.60—67, 76—98, 259—262.

② 森宜人:《ドイツ近代都市経済史》,日本経済評論社 2009 年版,第 84—91 页。

③ 森宜人:《ドイツ近代都市経済史》,日本経済評論社 2009 年版,第 103—106 页。

④ Stadt Mannheim, *50 Jahre Städtische Stromversorgung Mannheim*, Mannheim: Mannheimer Grossdr., 1956, pp.14—15.

业管理层,并有权收购电网。①也是短短数年后,曼海姆市就在1906年从布朗勃法瑞公司收购了都市电网。

以上是从法理角度和案例角度对于德国"许可证"监管模式的探讨。对于比较史而言,总而言之,德国的情况有三点值得强调。

第一,"许可证"的法理依据是都市政府对于公共道路的所有权或者管理权(对应英文词"rights of way"或者德文词"Wegerecht")。对于公共道路的使用是电力系统因其物质技术特性所无法避免的现实。电力工业不是因为其自然垄断性而受到政府监管,而是因为电力系统对于公共道路的使用而受到监管。但是政府必须是公共道路的所有者或者管理者,才能使得这个监管模式有法律依据。

第二,"许可证"中关于政府收购权的条款是德国都市政府收购都市电网,将之公营化的直接条件。上述柏林、汉堡、法兰克福、曼海姆四个都市的公营化,在时间上有的和都市电网诞生相隔几十年,有的则只有短短几年。但是无论相隔多远,政府和电力企业之间的"许可证"合同是政府收购的直接法律依据。这是对于德国电力工业的所有制构造在长期内从民营主导转为公营主导的一个解释。

第三,对于素来有着基础设施公营传统的德国都市政府来说,"许可证"模式是一种风险规避模式。19世纪末,电力技术诞生不久,交流电直流电之间的优劣也尚未明了。政府让民营企业承担风险展开早期投资,等到确认电力技术可行性之后,就将之公营化。在"许可证"有效期内,电力对于政府则是一个财源补充。这点在公营化之后也是如此。

如果从上述三点出发来探讨日本电力工业中政府监管的起源,就会看到很多有意思的区别。

---

① 関野満夫:《ドイツ都市経営の財政史》,中央大学出版部1997年版,第36—37页。

三、日本:"报偿契约"模式

日本电力工业诞生当初,并没有受到政府监管。19世纪末,欧洲已经在上下水道、都市轨道交通等方面积累了公共基础设施监管经验,建立了"许可证"模式,新诞生的电力工业无非套用这个模式而已。但是在同时代的日本,公共道路所有权尚处于暧昧状态。准确地说,"公共道路所有权"("rights of way"或者"Wegerecht")是在近代西方历史、法律背景下产生的概念,在日本并没有类似的概念、理解、认识。由于明治政府明智地聘请了威廉·艾尔顿,在他和他的门生弟子的影响下,日本的电力工程教育位居世界前列,电力技术也在19世纪80年代,几乎和它在欧美开始商用化的同时就进入日本。日本街头也开始出现了电线杆、配电线、电灯、电车。但是器物的导入和制度的导入并没有同时发生。

笔者曾经翻阅不少德国和日本电力企业的史料,一个直观印象是德国电力企业的官方史往往在开篇的一两章中叙述企业和政府签订的"许可证"合同。但是在日本电力企业的官方史中,一般开篇主要是企业创业过程本身。

德国学者把"许可证"理解为一种私法合同。这是针对《拿破仑法典》已经推行近百年的德国而言的。私法为何物,公共道路所有权归谁,合同为何,政府的权限为何等关联问题在德国已经明确化。但是在日本,《明治民法》颁布于1896年,而且并没有规定公共道路到底是谁来管理或者所有权归谁。在事实上,各地的都市政府管理着市区的公共道路。一言以蔽之,"公共道路所有权"不明。由此也就不难理解为什么诞生于19世纪80年代和90年代的日本电力企业和都市政府之间并没有"许可证"式的监管者被监管者关系。这些企业包括东京电灯、大阪电灯、神户电灯、京都电灯、名古屋电灯等。"公共道路所有权"不明和"许可证"阙如的情形,不仅出现在电力工业,也存在于瓦斯和都市有轨交通等需要使用公共道路的产业。

在这样的背景下,日本的都市政府在电气化早期阶段,并不是电力产业的监管者。不过,一些都市乐于从电线杆中征收税费。如东京市和大阪市都在 90 年代开始征收电线杆税。

1. 京都与监管模式的探索

在日本对于电力监管模式的探索过程中,京都市起到了关键作用。从监管角度来说,京都是日本最早引介欧美监管模式的都市政府。这里就先对京都的案例作具体探讨。

在日本电力史上,京都的地位举足轻重。京都市政府在 1889 年设立京都市营电气事业,是日本最早的公营电力企业,直到 1907 年为止也是日本唯一一家公营电力企业。京都市所建设的蹴上水力发电所在 1889 年开始供电,是日本最早的水力发电设施。1892 年京都开始向市区工厂供电,是日本最早开始工业电气化的都市。在其供电下,1895 年京都电气铁道公司成为日本最早的路面有轨铁道企业。1915 年,京都的住宅电气化率达到100%,成为日本住宅电气化最成功的城市。

京都市在电力行政方面具国际视野,但是在一开始忽视了欧美的监管制度。早在 1888 年,京都市就派遣工程师田边朔郎和企业家高木文平赴美国科罗拉多州考察水力发电。但是两人的考察报告完全集中于技术面,并未注意到附随于电力技术的监管。1889 年 7 月,市参事会在研究蹴上水力发电所的运营方案时,曾有人建议使用委托给民间企业运营的模式。同年 11 月,两年前成立的京都电灯向市参事会提出建议,希望承包蹴上水力发电所的业务。京都电灯提出了一种服务外包模式,根据该模式,京都市将和京都电灯签署合同,合同期限为二十年。京都电灯将获得蹴上水力发电所电力的垄断权。而京都市将有权许可电价,每季度收取一定报酬金,并且在合约期限内可以从京都电灯赎回电力事业。12 月初,市参事会曾一度通过该建议。但是由于政府内派系斗争,12 月中旬到月底,市参事会在反复开会讨论之后，最终以"公共事业不宜托付私人"为由拒绝了京都电灯的建议。①

从比较史的视角看来，这里有三点值得注意。

第一，京都电灯的提案和同时代德国各大都市的"许可证"合同相比，在合同期限、电力企业的垄断权、政府对电价的监督权、政府对电力企业的收购权等方面具有类似性。目前并没有史料可以证明当时京都电灯或者日本电气工程界已经有人了解到欧美的"许可证"模式。京都市对于京都电灯建议的否决固然有派系斗争等偶然性因素，但是在否决过程中反映的是包括京都市在内的日本都市地方政府对于类似德国"许可证"的监管模式的现实作用和历史意义缺乏理解。假如当时京都市通过了该建议，那么很可能京都就会和柏林一样成为范本，而日本各大都市很快就会导入类似"许可证"的监管模式。值得一提的是，日本中央政府于1891年2月发布了《电气营业取缔条例》，主要关注的是安全方面的事项。换言之日本在1890年前后并没有像模像样的电力监管。京都市对京都电灯建议的否决也使得日本地方政府失去了抢占先机建立监管模式的机会。

第二，京都电灯的提案没有提及"受托特约"的法理前提。市参事会"公共事业不宜托付私人"的理由是基于蹴上水力发电所利用水力发电资源来自京都市投资建设的琵琶湖疏水工程。当时，京都电灯在市区树立电线杆，搭起配电线也无需京都市许可。类似德国的"公共道路所有权"还没有被社会所认知。

第三，从京都市"公共事业不宜托付私人"的理由可以看出，当时的日本在市场观念上对于"公"和"私"作了严格划分。类似德国的虽然是公共基础设施但是可以在一定条件下由民营企业运营的模式，并未在日本获得认同。

---

① 京都市電気局庶務課：《琵琶湖疏水及水力使用事業》，京都市電気局1940年版，第659页；京都市市政史編さん委員会編：《市政の形成》，京都市2009年版，第113，115页。

随着日本工业化和都市化的进展,到了世纪之交,都市政府对于电力、上下水道、道路等公共事业开始产生关心。1900 年,京都市利用巴黎世界博览会的机会,向欧洲派遣了一个欧美市政考察团。考察团周游欧美之后,以"在欧洲选定一个最值得我国参考的都市,追溯其市政经营相关各种事业的根源,并调查其最近情况,以供我市将来决策参考"为由,选定柏林,在那里集中考察了 61 天。①这次海外考察所形成的报告书《柏林市行政的过去和现在》于 1901 年出版发行,是日本都市政府中最早的海外市政调研报告。而报告书中对于柏林市的电力企业、电气铁道以及它们对于市政府的义务的介绍,是日本电力工业史上最初的对于欧洲监管模式的引介。京都终于"发现"了"许可证"模式。

1902 年 1 月,京都市议会设立委员会,开始研究市区电气铁道和电灯事业的公营化。②6 月,委员会建议市议会收购京都电灯。③该建议当天就获得通过。不过,由于当时市政府财政问题和 1904 年日俄战争爆发,公营化未能实现。④尽管如此,市议会在 1907 年再次通过了电灯、电铁、瓦斯原则上由市政府公营的方针。同年京都市和京都瓦斯公司之间签署了京都历史上最初的"许可证"合同,日语称之为"报偿契约"。⑤本书就用"报偿契约"指代日本的"许可证"。从比较史角度看来,如果在 1889 年京都市和京都电灯签署了"受托特约",京都市应当可以顺畅地收购京都电灯。1900 年之后京都市的态度和 1889 年参事会的犹豫不决形成鲜明对照。具有讽刺意义的是,京都市此后也由于市场观念、递信省干涉等原因,自始至终没有和京都电灯签署"报偿契约"。

---

① 京都市参事会:《伯林市行政ノ既往及現在》,東枝律書房 1901 年版,第 2 页。
② 京都市会議事録 1902.1.18。
③ 京都市会議事録 1902.6.17。
④ 伊藤之雄:《近代京都の改造:都市経営の起源 1850—1918 年》,ミネルヴァ書房 2006 年版,第 41—42 页。
⑤ 京都市会議事録 1907.3.9。

2. 大阪与"报偿契约"的推广

在工业化、都市化突飞猛进的背景下,京都市对于欧洲都市管理模式的引介一石激起千层浪。但是"报偿契约"的推广并不顺利,遇到重重阻力。

1902 年,大阪市在研究了欧美都市管理模式后,开始研究对正在开业筹备中的大阪瓦斯公司公营化("市有主义")或者与之签署"报偿契约"("报偿主义")。1903 年,大阪市与大阪瓦斯签署"报偿契约"。值得注意的是"报偿契约"落实过程中的一些舆论暗示了日本法律背景下该模式的效力问题。1902 年 8 月 5 日《大阪每日新闻》评论认为,道路都是官有(即中央政府),其使用则应当由中央政府决定,大阪市对于道路没有干涉权,因此"报偿契约"很可能无效。[①]大阪市的意见则是,即使道路是官有,大阪市也在事实上出钱管理着道路,有管理权。可见,"公共道路所有权"和"报偿契约"的关系已经开始被注意到。当时日本尚无法律明确规定"公共道路所有权",但是表面上的双方合意不能掩盖"报偿契约"潜在的法律效力问题。

1903 年,大阪市和大阪电灯展开交涉,希望在都市电力领域也订立"报偿契约"。大阪瓦斯是新企业,德国都市电力系统也都是在开始运营、建设电网之前和市政府签署合同。但是大阪电灯却是 1887 年就成立的老牌企业,在市区早已布设电网。都市政府在事后向电力企业要求签署合同,在日本史无前例,引起了社会各界的争论。此后数年间,企业家、政治家、律师、行业团体之间就此展开激烈辩论。大阪电灯公司和日本电气协会明确表示反对。日本电气协会作为电力企业的行业协会,代表了业界观点。部分法学家则更直接地认为大阪市的行为不合法。民法学权威梅谦次郎(1860—1910)和公法学权威美浓部达吉(1873—1948)都认为,对于已经无条件成立的企业,都市政府没有权利向其要求"报偿",而企业也没有义务承担"报偿"。[②]谈判迟迟无果,拖延不决。直到 1906 年,大阪电灯才最终让步,和大

---

① 《大阪每日新闻》1902.8.5。

② 東京市政調查会:《電氣事業報償契約》,東京市政調查会 1928 年版,第 11—12 页。

阪市政府签订了"报偿契约"。除京都外的其他大城市纷纷效法，名古屋于1908年，东京于1912年，神户于1914年分别和民间电力企业订立了"报偿契约"。到1919年，12个日本都市已有"报偿契约"。到1930年为止，一些中小城市的市政府也和电力企业签署了"报偿契约"。

日本"报偿契约"和德国相比，颇有貌合神离之处。从企业的垄断权、政府的电价许可权、政府的报偿金征收权角度看来，各地的"报偿契约"参差不齐。大多数日本市政府征收民营电力企业部分利润，但是第一大都市东京的"报偿契约"既没规定市政府利润征收权，也没规定电价监督权。这种情况下"报偿"二字名不副实。不少市政府准备在市区设立市营电力企业，东京、大阪、神户等地的"报偿契约"因此没有给民间电力企业垄断权。京都市试图和京都电灯展开市场竞争，没有签署"报偿契约"。虽然日本的公共道路所有权处于暧昧状态，都市"报偿契约"的法律依据还是不明不白，但是另一方面，"报偿契约"本身已经不是基于公共道路所有权的政府管制模式，而是根据政府对于公营、公共事业管理、财政需求的认识因地制宜签署的一种都市政府和电力企业之间的合同。尽管"报偿契约"可以翻译为英文"franchise""concession"或者德文词"*Konzessionsvertrag*"，但这些词背后不同的历史、法律、文化背景不可不引起重视。望文生义，往往引起误解。

3. "报偿契约"的多义性

日本学界和政界对于"报偿契约"的理解并不一致。大致说来，"报偿契约"的定义有广义和狭义两类。

第一，广义的理解认为"报偿契约"就是地方政府和公益企业之间的一种协定，对其内容并无明确规定，和"公共道路所有权"无关，和政府监管与否也无关。如此看来，上面所提到的不少都市的"报偿契约"就属于广义的"报偿契约"。

企业史学者渡认为，"报偿契约是地方公共团体和公益企业之间缔结的

契约"①。这个定义和1940年东京市政调查会的定义一致。东京市政调查
会认为,"报偿契约是地方自治和公益企业之间成立的合意。这个合意使得
当事人在对等关系下议定双方的义务,并且通过双方忠实地履行,成全它们
的存在目的和职能。合意的形式未必称之为报偿契约,有时叫协定,有时叫
备忘录。其内容也各不相同"②。

第二,狭义的理解则重视地方政府授予企业的垄断性。政治史学者白
木泽认为:"报偿契约是电力工业起步阶段,地方自治体通过保障区域垄断,
授予追求安定经营的电力事业者的东西。"③东京市政调查会则认为:"公共
团体和瓦斯、电灯等企业者之间关于道路等占用使用缔结了历来称之为报
偿契约的东西。其内容包括企业因经营需要对于公共团体的道路等的占用
使用,以及与此同时针对企业垄断性之保障,企业缴纳公共团体的一定金额即
所谓报偿金。此外还有公共团体对于企业经营事业所保留的监督权。"④

可见,狭义的理解注意到了"公共道路所有权"、垄断权、监管权之间的
关系。更为接近德国的"许可证"模式。东京市政调查会的广义狭义两套定
义的区别在于,广义定义是基于对于日本全国范围各种名为"报偿契约"的
合意的总体概括,而狭义定义是从电力、瓦斯等使用公共道路的基础设施产
业的情况出发的。但是东京市政调查会的狭义定义仍然难以覆盖上文提到
过的内容各异的各种"报偿契约"。事实上,有的没有规定政府监管权,有的
没有要求报偿金,有的没有规定垄断权。更多的"报偿契约"还是属于广义
的定义,属于一种政府和电力企业之间的合意。换言之,日本"报偿契约"不
是一种普遍的监管模式。

为什么在日本会出现这个情况? 这是从比较史的角度看来,自然而然

① 渡哲郎:《戦前期のわが国電力独占体》,晃洋書房1996年版,第107页。
② 池田宏:《報償契約に就て》,東京市政調査会1933年版,第5页。
③ 白木澤涼子:《戦前期における地方自治体と電気事業》,《日本歴史》2010年第732卷,第74—90页。
④ 東京市政調査会:《京都市の新瓦斯報償契約に就て》,東京市政調査会1939年版,第1页。

发生的疑问。首先,这里有日本作为后发国家,现代公共基础设施如瓦斯产业相对于欧洲起步晚,导致与之相配套的监管模式没有尽早发展起来的因素。在欧洲,电力工业起步之前就早已经发展了瓦斯、上下水道等使用公共道路的基础设施,政府可以对作为新技术的电力套用既有的监管模式。

其次,如日本法学界权威在大阪市和大阪电灯交涉时所指出,日本的公共道路所有权处于暧昧状态,都市"报偿契约"的法律依据不明。因此地方政府难以在电力企业已经成立且供电的情况下,事后性地追加或者强推一种监管模式。

第三,不少地方政府在世纪之交,随着对于欧美都市管理的理解增加,纷纷制定了公营电气事业计划。当时日本的电力工业,就整体而言,属于中央政府的监管领域,而中央政府倾向于通过在同一地理区域发给复数的电力企业以营业许可,来刺激电力市场竞争。在如此背景下,一些地方公营电气事业和民营电力企业展开了激烈竞争。市政府自然不会授予民营电力企业垄断权。换言之,都市政府和民营企业之间不是监管者和市场主体关系,而是双方都是市场主体。这里就牵涉政治构造、市场观念。

表 18 日本六大都市的"报偿契约"概要

都市名	是否有"报偿契约"	签署年,签署对象	是否授予民营企业垄断权
东京	有	(1) 1912 年 东京电灯 (2) 1913 年 日本电灯	(1) 否 (2) 否
大阪	有	(1) 1906 年 大阪电灯 (2) 1912 年 宇治川电气	(1) 是 (2) 否
京都	无	无	否
名古屋	有	(1) 1908 年 名古屋电灯 (2) 1908 年 名古屋电力	(1) 否 (2) 否
神户	有	1910 年 神户电气铁道	否
横浜	有	1911 年 横浜电气	否

资料来源:東京市政調査会:《公益企业法案参照用现行公益企业法规類集》,東京市政調査会 1931 年版。

表 19　日本"报偿契约"一览

时期	都市名	签署年	是否有市营电气事业	是否限制公营事业	有无电价许可制	是否分割营业区域或统一电价	企业是否要向政府缴纳费用
1910年代	佐世保市	1905	否	是	是	否	是
	大阪市	1906	是	否	是	否	是
	名古屋市	1908	否	是	是	否	是
	长野市	1912	否	是	是	否	是
	函馆市	1914	否	是	是	否	是
	京都市	1914	是	否	否	是	否
	东京市	1917	是	否	否	是	否
1920年代	清水市	1926	否	是	否	否	是
	丰桥市	1927	否	是	否	否	是
	四日市	1928	否	是	否	否	是
	濑户市	1929	否	是	否	否	是
	姬路市	1929	否	是	是	否	是
	奈良市	1930	否	是	否	否	是

資料来源:東京市政調查会《公益企業法案参照用現行公益企業法規類集》,東京市政調查会 1931 年版。

第三节　政治结构

一、德国:分权结构与电力工业

政治结构(political structure)指的是中央和地方政府之间,以及地方和地方政府之间的权力构造。各国政治结构有其自身起源与发展路径,但是和产业发展有着千丝万缕的关联。西方经济学家往往严格区分经济变量和政治变量,把政治视为外生因素(exogenous factor)。但是在历史学家看来,政治和经济并不能作严格区分。美国学者敦拉维(Coleen A. Dunlavy)就从政治结构角度探讨过近代美国德国铁道比较史,认为政治结构影响了两国工业化路径。[1]本节着重探讨政治结构对于德日两国电力工业监管构造、所有制构造的影响。

德意志第二帝国成立和日本明治维新开始时间相去不远,十余年后电气化也几乎同时在两国展开。但是从中央政府和地方政府之间的权力分配看来,德日相差巨大。德国是联邦制,除外交权和军事权,各州和自治都市在内政上享有自治。[2]在财政规模上,中央和地方的比例在1872年为2:5,1881年为1:2;中央政府的规模小于地方政府的总和。[3]相反,明治政府采用中央集权制,通过废藩置县,掌握着地方知县任免权。日本中央政府和地方政府的财政相关支出比例为120:1,相对德国,头重脚轻。[4]随着第一次世界大战前后广域电力系统的普及,德日两国中央和地方集权构造的区别开始在电气化的"技术风格"上留下烙印。

分权制下德国电力系统的监管结构类似积木。积木的上中下三层基本上互相独立。最下层是各级都市乡镇政府的市级"许可证"合同。中层是州省级政府的区域性"许可证",这些"许可证"伴随着远离都市的山林河流地带大规模电源开发以及长距离高压送电线路的出现而产生。类似市级"许可证",州政府允许电力企业开发和使用公共自然资源,而企业必须遵守州政府的监管和一定条件下的公营化。积木的最上层是中央政府的全国性法律。从出现时间上说,最早的全国性电力监管法《能源经济法》(En-

---

① Coleen A. Dunlavy, Politics and Industralization: Early Railroads in the United States and Prussia, Princeton: Princeton University Press, 1994, pp.20—27.

② Stefan Oeter, *Integration und Subsidiarität im deutschen Bundesstaatsrecht*, Tübingen: Mohr Siebeck, 1998, pp.29—52.

③ 関野満夫:《ドイツ都市経営の財政史》,中央大学出版部1997年版,第12页。

④ 三和良一:《概説日本経済史》,東京大学出版会2002年版,第44页。

ergiewirtschaftsgesetz）一直到广域电力系统已经成熟的 1935 年才迟迟登场。根据该法，电力企业的设立、增资、电价、供电区域必须经过中央政府许可。虽然如此，电力监管的实际操作仍然委任于各地地方政府。在法理上，中央政府可以否决地方性补偿契约，但是类似案例几乎从未发生。[①]第六章将具体探讨《能源经济法》。

相反，各级地方政府可以联合起来抵制中央政府的法律。1919 年魏玛政府投票通过了《社会化法》（*Sozialisierungsgesetz*），意在建设国家垄断的全国性跨区域电网。但是当时不少地方政府已经有自己的公营电力企业补给地方财政，不愿意让中央政府夺走这块肥肉。[②]而没有地方政府的同意，中央政府无法强推国有化。在 20 世纪 20 年代，德国地方公营电力企业通过互相参股、合资、共同融资、系统互联等方式，自主建立了各地跨区域电网并积极实施电网互联，宣示了德国无需国家干预也能建设全国性跨区域电网。[③]虽然魏玛政府一直在考虑国有电网建设，并委托著名工程师奥斯卡·冯米勒于 1930 年发布了国家电网报告书。但是地方政府的消极抵制和积极建设实质上抵消了中央政府的国有化意图。下一章还会具体探讨《社会化法》。

前面说的积木构造也从监管衍生到所有制构造。到 20 世纪 30 年代，德国公营电力企业取得巨大发展。这点可以从第二章里引用过的十大电力企业排名来看。1931 年德国十大电力企业排名中，前七位均为公营企业。第一位 RWE 和第四位 VEW 是地方政府合资企业，第二位柏林市营电气事业和第七位汉堡市营电气事业是都市政府的公营企业，第三位 PREAG 和

① Wolfgang, Zängl, *Deutschlands Strom：die Politik der Elektrifizierung von 1866 bis heute*, Frankfurt am Main：Campus, 1989, pp.182—183.

② Adolf Hobrecker, *Die kapitalmässige Verflechtung der öffentlichen Elektrizitätswirtschaft in der Provinz Westfalen*, Münster：Wirtschafts- und Sozialwissenschaftlicher Verlag, 1935, p.7.

③ Thomas P. Hughes, *Networks of Power：Electrification in Western Society，1880—1930*, Baltimore：Johns Hopkins University Press, 1983, pp.314—315.

第六位 ASW 是州政府的公营企业，第五位 EAG 则是中央政府所有。可见都市、州省、国有企业并存。

从所有制角度看，积木各层也基本上互相独立。以德国西南部的巴登州（Baden）为例，州政府的巴登州营电气事业（Badenwerk）通过开发黑森林地区的水力资源，建设有大规模发电站和自北向南贯穿巴登州全境的高压送电网。同时，曼海姆、海德堡、卡鲁（Karlsruhe）、巴登巴登（Baden-Baden）、弗莱堡（Freiburg）等大城市则保留都市公营电力事业。这些市政府的都市公营企业从巴登电力公司购买大规模集中发电和高压送电带来的廉价电力，再在市区配电。广袤的山林乡野则由各地区供电合作社配电。[1]巴登州早就认识到规模经济、高压送电、水火并用、跨区域互联的技术经济效益。[2]但是集中大规模发送电于州营事业，并没有否定地方小型公营事业的自主权。这是和日本一个重要的不同点。在日本集权结构下中央政府对于地方自主权有明显的挤压。

最后值得一提的是积木下层的都市管理在德国历史悠久。德国市政制度可以追溯到 1808 年的普鲁士都市令。[3]该制度作为普鲁士州制度改革的一部分，赋予了都市政府在行政上的自主权。[4]当电力工业以都市电网出现在德国时，电力就被放置在成熟的市政管理框架中。这是和电力工业起步阶段，近代化市政尚未起步的日本又一个重要不同点。

---

① 关于巴登州的电力工业史，可以参考 Bernhard Stier, "Elektrizitätswirtschaft zwischen politischem Auftrag und unternehmerischem Eigeninteresse: Die „Badische Landeselektrizitätsversorgung" in der Weimarer Republik", *Zeitschrift für öffentliche und gemeinwirtschaftliche Unternehmen* 19, No.2, 1996, pp.182—200; Badenwerk, *Badenwerk AG 1921—1951*, Karlsruhe: Braun, 1951; Alfred Spraul, *Ein Beitrag zur Entwicklung der öffentlichen Elektrizitätsversorgung in Baden*, PhD Dissertation Heidelberg University, 1933。
② Badische Landes-Elektrizitäts-Versorgungs AG Geschäftsbericht, 1932/33.
③ 森宜人：《ドイツ近代都市経済史》，日本経済評論社 2009 年版，第 1—3 页。
④ 村上弘：《日本の地方自治と都市政策：ドイツ・スイスとの比較》，法律文化社 2003 年版，第 3 页。

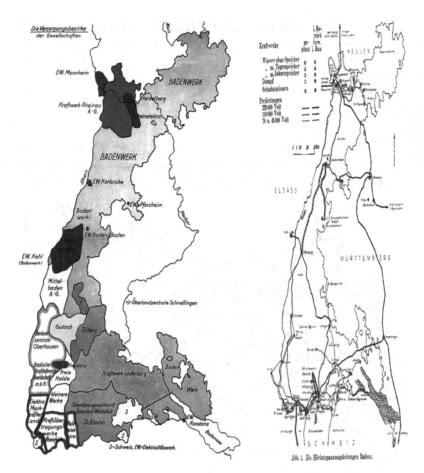

图 15　巴登州供电区域图以及电力系统图

资料来源：Heinrich Wagner, *Geographie der Elektrizitätswirtschft in Baden*, Ludwigshafen：
Köln Verlag, 1928。

表 20　德国电力工业的所有制结构（以发电量比例为标准）　单位：百分比

	国与州	都市	其他公营	公营总计	民营	混合所有制	总计
1900 年		22.3	0.7	23.0	77.0		100.0
1913 年	0.3	37.6	2.2	40.1	42.9	17.0	100.0
1929 年	26.5	19.8	10.0	56.3	11.9	31.8	100.0
1933 年	28.1	13.9	10.2	52.2	10.6	37.2	100.0
1936 年	27.1	11.4	15.7	54.2	12.3	33.5	100.0

资料来源：電気協会：《独逸電気経済の国民的編成》，電気学会 1939 年版，第 46 页。

表 21　德国电力工业的生产和消费构造(1936 年)　　　单位:百分比

	国与州	都市	其他公营	公营总计	民营	混合所有制	总计
大规模消费者(工厂)	22.0	16.1	1.1	10.9	10.6	39.3	100.0
都市小规模消费着	4.2	49.5	0.6	5.4	4.8	35.5	100.0
农村小规模消费者	4.6	10.8	9.5	27.6	14.0	33.5	100.0

资料来源:電気協会:《独逸電気経済の国民的編成》,電気学会 1939 年版,第 46 页。

图 16　德国大型电力企业供电区域图(1932 年)

资料来源:Lothar Frank, *Darstellung und wirtschaftspolitische Kritik des organisatorischen Aufbaues der deutschen Elektrizitätswirtschaft*, Berlin: Hoffmann, 1933。

二、日本:集权结构与电力工业

1. 监管的起源

日本城市如京都、大阪从江户时代就有町民自治传统,但是前近代制度难以对应近代变革。相比德国，日本的近代市政制度起步甚晚。明治维新废藩置县，并没有确立都市制度。作为行政主体的"市"要到 1888 年才得以确立。同年，明治政府发布《市制特例》，规定在东京、大阪、京都三大都市由府知事来兼任市长。三大都市人口多、经济集中，自从江户时代以来就对于日本具有重要战略意义。《市制特例》稳固了中央集权，但是推迟了日本市政制度的发展。直到 1898 年明治政府废除《市制特例》，三大都市才第一次开始市长选举。①近代意义上的日本市政也在世纪之交正式开始。上文提到过的京都欧美考察团、京都对于欧美监管模式的引介、大阪市"报偿契约"交涉的展开都要放在市政制度开始展开的背景下加以理解。但是总体上说，第二次世界大战结束前的日本属于中央集权制国家。②日本学者山田在讨论电力工业"报偿契约"时，认为电力工业约到 1905 年为止是没有来自地方政府监管的产业之一。③山田的观点也要放在日本市政制度开始较晚的背景下加以理解。换言之，不是市政府不想监管，而是市政府不知道监管。京都欧美考察团之所以能"发现"德国的"许可证"模式，是因为日本的市政府此时尚不知道监管（regulation）本身的内容。讲到底，监管是个源于西方的概念。

　　还可以从政治结构角度补充山田的观点。从政治结构角度看，日本电力工业从 1883 年东京电灯设立到 1891 年为止是没有来自中央政府监管的产业之一。更确切地说，日本电力工业在草创期经历过一段无监管状态。中央政府也不知道监管为何物，需要在实践中探索。这个探索过程融合在日本的政治结构和市场观念之中。

　　1891 年，位于东京的国会议事堂发生火灾。此时距离日本国会第一次

① 伊藤之雄：《近代京都の改造：都市経営の起源 1850—1918 年》，ミネルヴァ書房 2006 年版。
② 村上弘：《日本の地方自治と都市政策：ドイツ・スイスとの比較》，法律文化社 2003 年版，第 3 页。
③ 山田廣則：《私営公益事業と都市経営の歴史》，大阪大学出版会 2013 年版，第 22 页。

开会不过一年,故火灾事体重大。当时没有明确证据证明火灾是由于电线漏电造成,但是明治政府加强了对于用电安全的认识。1891 年 12 月,递信省制定《电气营业取缔规则》。该规则集中于设备安全等方面,并无欧洲"许可证"意义上的诸如电价、垄断权等监管内容。但是从日本电力工业发展路径自身看来,《电气营业取缔规则》是中央政府监管的起点。递信省建制于1885 年,一直负责铁道、电信、灯台、邮政、海运等公共基础设施,把电力纳入其管辖范围,可谓自然而然。1896 年,递信省制定《电气事业取缔规则》。《电气事业取缔规则》的内容还是以设备安全为主,但是电力企业设立的许可权开始纳入中央政府权限。无论在日本何地,电力企业必须获得递信省许可方可营业,无关地方政府,也无关公共道路所有权。此外,内务省则管理全国河川水利资源,电力企业开发水电直接向内务省申请许可,不经地方政府。

从比较史视角看来,日本电力监管的起源具有明确的特点。第一,德国的监管自下而上,日本的监管自上而下。电网源于都市系统。在德国积木式分权结构下,各地都市政府首先对都市电网展开监管,等到都市电网成长为区域电网的时候,才有州政府、中央政府加入监管构造。日本则反之,一开始中央和地方都不知道监管,甚至地方市政府尚且不存在。之后中央政府首先开始对电力企业展开监管,等到市政制度成立之后才由地方政府试图追加性地展开监管。

第二,德国的监管以公共道路所有权或者管理权为主要法律依据,日本的监管则源自政治结构。因为电力工业以占据物理空间的送配电系统为物质技术基础,所以必须使用公共道路。德国都市因本身是市区公共道路管理者,所以有权展开监管。这是德国监管的法理起源。反观日本,法理起源似乎更多地在集权式的政治结构。在德国,中央政府直到 1935 年为止都管不到地方政府。但是在日本,无论都市政府试图展开公营电气事业还是收购地方电网,中央政府都有权许可或者不许可。

第三,日本的监管构造具有事后追加性,而德国的监管和电网建设同步。德国都市电网在开始挖掘地面建设配电系统之前,要先和都市政府交涉,拿到"许可证"才可以开工。政治先行于技术。日本则一开始是监管真空,1891 年之后中央政府开始监管,1903 年之后地方政府也开始介入。技术先行于政治。中央和地方权限有异,但是两者都是事后性地追加监管内容。当然德日两国法律背景、政治构造、市场观念不同,此监管非彼监管,此"许可证"非彼"报偿契约"。

在集权式政治结构下,中央政府和地方政府的事后追加性监管难免产生冲突。而随着日本工业化的进展,各种制度趋向完善,公共道路所有权逐渐明确化,威胁着"报偿契约"的效力。这不仅是理解日本监管构造演化的关键,也能解释日本电力工业的所有制构造中公营的份额无法像德国那样增长。

2.《道路法》与"报偿契约"

1919 年,日本国会通过了《道路法》并于次年开始施行。《道路法》明确规定公共道路是国家的营造物,其设置权和管理权属于国家。《道路法》还规定,市、町、村、道等地方政府对于公共道路的管理不是基于它们本身是公共道路的管理者而来的,而是基于其作为国家管理的代理人而来的。[①]在日本近代史上,《道路法》第一次明确地规定了公共道路所有权和管理权的主体,消除了其法理上的暧昧行为。另一方面,《道路法》也极大地削弱了地方政府"报偿契约"的有效性。

以《道路法》为基础,社会各界再次对"报偿契约"的有效性展开讨论。法学界对此意见不一。鸠山秀夫、美浓部达吉等来自东京帝国大学的法学家认为"报偿契约"已经随着《道路法》的施行而失效,织田万、佐佐木惣一、中岛玉吉等来京都帝国大学的法学家则认为"报偿契约"依然有效。[②]为

---

① 白木澤涼子:《戦前期における地方自治体と電気事業》,《日本歴史》2010 年 732 卷,第 74—90 页。
② 小石川裕介:《報償契約の性質と効力—戦前における法学者の議論を中心として》,《都市問題》2015 年 9 月号,第 93—94 页。

何东大学者和京大学者意见相左不是本书的讨论范围。这里根据日本学者小石川的研究概括下代表性意见。持无效论的美浓部达吉认为,随着《道路法》的施行,地方政府有关道路使用的许可权本身已经消灭,其向企业征收报偿金的权利自然也就无效。值得注意的是,美浓部达吉虽然否定了"报偿契约"的法律效力,但是期待其作为地方政府和企业之间绅士协定的道德效果。持有效论的佐佐木惣一则把"报偿契约"理解为基于企业的道路占用事实而产生的一种行政处理行为,契约本身无关道路的所有权或者管理权属于国家还是地方。①

不少电力、瓦斯等领域的企业自从被都市政府要求签署"报偿契约"后,素来对监管和报偿金条款怀有不满。它们纷纷利用《道路法》施行的机会,开始挖地方监管的墙角。

1920 年,大阪电灯准备提高电价,按照"报偿契约"向大阪市提出申请,但是没有获得大阪市的许可。当时《道路法》施行伊始,大阪电灯董事会里已经有不少人开始怀疑"报偿契约"的法律效力。1920 年 3 月,大阪电灯董事会表决通过了以下提案:"目前随着《道路法》的实施,如果我们依旧重视和大阪市签署的报偿契约,就可能显得我们在法律上承认了它。所以本公司为了将来考虑,不得不主张报偿契约已经失效。特此申明。"②这明确地表明了当时不少电力企业的态度。但是大阪电灯作为日本第二大都市系统,有自知之明,知道该决议的影响力,并未公开这个决议,而是私下拜访了大阪府知事、大阪市长以及递信省官员表明态度。最后在大阪府知事的调停下,大阪市削减了大阪电灯希望的涨价额度,但还是同意了涨价。

风云巧合,此时正值 1906 年签署的"报偿契约"15 年期限到来。大阪市早已决意收购大阪电灯,两者展开交涉。但是大阪电灯并不能就收购价

---

① 小石川裕介:《報償契約の性質と効力—戦前における法学者の議論を中心として》,《都市問題》2015 年 9 月号,第 95 页。
② 萩原古壽:《大阪電燈株式会社沿革史》,萩原古壽 1923 年版,第 535—536 页。

格、收购方法（全部收购还是部分收购）和大阪市达成一致，在交涉中多次拒绝大阪市的提案。①大阪市政府内部自然不会听之任之。部分政客巧妙地煽动市民心理，组织了一些市民团体，展开市民运动为收购造势。收购交涉陷入僵局，大有演化为法律诉讼一决胜负的趋势。

大阪电灯固然有意通过利用《道路法》所产生的"报偿契约"有效性问题把交涉推向和自己有利的方向。但大阪电灯已经向大阪府知事和递信省表明了态度，而大阪府和递信省都不希望事情闹大。原来，1919 年大阪市曾制定《都市计划法》，谁知 1920 年中央政府部门铁道院就把大阪的一条叫作城东线的线路出售给民营企业京阪电铁公司，导致大阪市民对于中央政府的不满。②如果中央政府再次无视大阪市的收购计划，那么大阪市民运动无疑会愈演愈烈。最终还是在大阪府知事的调停下，大阪电灯于 1923 年 6 月同意了收购。大阪市营电气事业于同年成立。

不难看出，大阪市之所以能收购大阪电灯，有其作为号称"东洋曼彻斯特"的日本第二大都市，影响力大，中央政府不希望刺激大阪市民运动的因素。对于其他中小都市来说，就没有那么幸运了。随着签署于 1910 年前后的不少"报偿契约"在 1930 年前后期满，一些地方政府试图根据"报偿契约"的公营化条款收购管辖区域内的电力系统。民营电力企业往往以《道路法》为由，无视"报偿契约"的条款，拒绝地方政府的收购要求。双方交涉无果，往往发展到法律诉讼，法庭相见。1924 年，九州岛的佐世保市试图收购东邦电力的部分电网。东邦电力拒绝之。于是，佐世保市向法院提起诉讼，请求法院确认收购合同的效力。不过，1926 年，在法庭一审途中，双方就达成和解。③佐世保市是少数收购要求没有扩大化为社会运动的案例。

---

① 梅本哲世：《戦前日本資本主義と電力》，八朔社 2000 年版，第 64—68 页。
② 花木完爾：《昭和初期大阪における電気事業の展開》，大阪市立大学博士論文 2017 年，第 52 页。
③ 小石川裕介：《報償契約の性質と効力—戦前における法学者の議論を中心として》，《都市問題》2015 年 9 月号，第 92 页。

北海道的函馆市在 1914 年和函馆水电公司签署"报偿契约"。按照该"报偿契约"，在 1931 年 9 月满期之后，函馆市就可以收购函馆水电公司。20 年代末，一些地区的日本民众对于电价高昂感到不满，发生了"降低电价运动"。函馆也受到该运动波及。1931 年初，函馆市要求函馆水电降低电价，被函馆水电以"断然没有降价余地"严词拒绝。于是，函馆市决意按照"报偿契约"收购函馆水电。函馆水电对于收购并无异议，但是和市政府就收购价格不能达成一致。

正好 1931 年，日本议会通过了《改正电气事业法》，于 1932 年开始实施。该法强化了递信省的监督权，规定电力企业的让渡必须经过递信省许可。函馆市和函馆水电谈判拖延不决。函馆水电另辟蹊径，以 1914 年的"报偿契约"与《道路法》以及《改正电气事业法》相抵触，并无法律效力为由，拒绝了收购要求。函馆市不得已于 1933 年向东京地方裁判所提起诉讼。而函馆市内也掀起了颇有声势的市民运动支持公营。此时正值全球经济大萧条波及日本。日本各地政府出于社会政策考虑，纷纷计划将管辖区域内的电力系统公营化。但是递信省害怕各地电网陷入碎片化，对于公营化抱否定态度。1932 年，递信省向各地方发布了不允许各地公共团体收购电力事业的通牒。1934 年更是再次下达通知，禁止各地公营化。[1]在如此背景下，函馆市最终没能收购函馆水电。

函馆市的公营化失败并不是个案。30 年代初，名古屋市和熊本市也曾经试图按照"报偿契约"收购市区的电力系统，也都因为法律效力问题和中央政府的干预而失败。[2]但是无论在《道路法》实施后"报偿契约"的法律效力是否有效，有一点是肯定的：日本集权式的政治结构是日本公营电力企业难以发展起来的一个重要原因。在监管结构上，各地都市政府的"报偿契约"虽然从 20 世纪初开始追加式地在递信省监管的基础上加入以地方政府

① 白木澤涼子：《昭和初期の電気料金値下げ運動》，《歴史学研究》1994 年 660 卷，第 16—34 頁。
② 梅本哲世：《戦前日本資本主義と電力》，八朔社 2000 年版，第 243—249 頁。

为主体的监管，但是随着 1920 年《道路法》的实施，公共道路管理权和所有权得以明确化，"报偿契约"的法律效力被削弱。这个格局变化是建立在中央和地方之间集权结构的基础上的。1932 年《改正电气事业法》的实施，则进一步固定了电力监管构造中中央政府的主导地位。佐世保市、函馆市、名古屋市、熊本市的公营化失败，要放在近代日本政治结构的背景下理解。

　　如果不是集权式的政治构造，就不难推想各地的地方政府可以在"报偿契约"期满后，按照当初约定收购电力企业。这样的话，日本的公营电力企业比率在 20 年代到 30 年代之间，也就是许多 20 世纪初签署的"报偿契约"期满之时，会有巨大的增加。换言之，德国电力工业的所有制结构中出现的从以民营企业为主导向以公营主导为主导的逆转也会在日本发生。这个逆转之所以没有在日本发生，集权政治结构是一个关键因素。

表 22　德国和日本电力企业所有制结构变迁　　　单位：百分比

年	德国		日本	
	民营	公营	民营	公营
1890	81%	19%		
1900	74%	26%		
1910	43%	57%	97%	3%
1920			94%	6%
1930	12%	88%	85%	15%
1940			84%	16%

资料来源：Gert Bruche, *Elektrizitätsversorgung und Staatsfunktion：das Regulierungssystem der öffentlichen Elektrizitätsversorgung in der Bundesrepublik Deutschland* (Frankfurt am Main：Campus-Verlag, 1977)；橘川武郎：《日本電力業発展のダイナミズム》，名古屋大学出版会 2004 年版。

　　3. 公营化运动与"降低电价运动"

　　30 年代初，日本各地曾经有过被称之为"电气公营化运动"的现象。当时，包括上述函馆市、名古屋市、熊本市在内，不少县级（相当于中国的省级）

政府和市级政府也打算将管辖区域内的电力系统公营化。青森县计划建立县营电气事业,静冈县打算收购县域内东京电灯的系统,甲府市打算建立市营电气事业,京都市也终于决意收购京都电灯。同时,有大量地方政府试图展开电力公营,在日本电力史上史无前例。但是"电气公营化运动"除了远在本州岛东北边陲的青森县以外都归于失败。直接原因是上面提到过的递信省对于公营事业的否定态度。探讨"电气公营化运动",有助于理解政治结构对于日本电力工业的塑造,以及德日两国之间的区别所在。

"电气公营化运动"的前奏是20年代末的"降低电价运动"。白木泽把"降低电价运动"定义为"以1928年富山县电气争议为契机而全国化,在经济萧条期激烈的斗争运动"[1]。争议的焦点是电价,对象是民营电力企业,主体是以电灯使用者和小额电动力使用者为主的住民,即"农村和都市里大量存在的旧中间层"[2]。运动的范围是全国性的,但是相对于都市,在农村开展地更为激烈。白木泽把运动的特点归纳为三点。第一,运动主要方向在于矫正电价在城市和农村之间的不公平性。第二,小额用电者积极地参加了运动。第三,青年团、商工会议所、町村议会、町内会等多种多样的政治团体参加了运动。[3]"降低电价运动"的爆发体现出随着日本电力工业的发展和电气化的普及,电力愈加凸显的政治性。

日本电力企业在1910年前后到1930年之间,大规模地开发山区水力发电资源、构筑高压送电网。这过程中诞生了一些资本规模、装机容量规模巨大的电力企业(见本书第二章、第三章),也构建起了以东京、大阪、名古屋为中心的跨区域电网(本书第五章)。日本的家庭电气化率在1935年达到85%,高于德国、英国、美国等西方老牌工业国。日本工厂电气化率也在1930年达到89%。就世界而言,日本的电力工业不可谓不发达。就全国而

① 白木澤涼子:《昭和初期の電気料金値下げ運動》,《歴史学研究》1994年660卷,第16页。
② 白木澤涼子:《昭和初期の電気料金値下げ運動》,《歴史学研究》1994年660卷,第18页。
③ 白木澤涼子:《昭和初期の電気料金値下げ運動》,《歴史学研究》1994年660卷,第22—23页。

言,日本的电气普及率不可谓不高。

不公平性是相对而言的。电力虽然经济学上称之为公共财(public goods)的性质,但是这主要表现为路灯、街灯。对于居民住宅用电和工厂用电来说,电表俨然存在,时刻测定用电量,一分一厘都要缴费。偷电盗电在任何国家都是犯罪行为。随着时间推移,电力取代了煤油灯和蜡烛成为生活必需品,取代了蒸汽机和人力畜力水车成为生产必需品。但是电力企业的生产流通过程需要庞大的资本投入,必须盈利以回报投资者。用电必须付费。从电力的技术经济特性上说,电力企业不让设备空置,维持满负荷运转,对于尽快回本、加速资本周转最为有利。因此电力企业倾向于向人口和工业集中的大城市,即负荷中心(load center)建设发送电系统。而从电力的消费特性上说,电灯消费集中于早晨和傍晚,工厂电力消费集中于白天,晚上则消费少。电力的生产流通都在系统内完结,没有消费就不能发电。因此电力企业为了提高负荷率(load factor),倾向于给长时间大量使用电力的工厂以优惠电价,给短时间少量使用电力的居民以略高的定价。而对电力企业来说,向人口稀疏、工业不发达的农村地区、偏远地区送电,往往投资大、设备(表现为乡间长距离的配电线、电线杆、变压站系统)利用率低、回报少。民营电力企业忽视农村电气化(rural electrification),在 20 世纪 30 年代是一个世界普遍的社会问题。[1]

这些现象是电力的技术经济特性所决定的。而电力的技术经济特性未必为大众所了解。大众看到电力价格和电灯价格的不公平,农村电气化的不发达、城市电价和农村电价的不公平等现象,往往归咎于民营电力企业的贪婪。作为公共基础设施,电力系统在一些地区的垄断性也容易激发人们对于电力企业的不满。

30 年代初,日本电力工业里的不平等性表现得很明显。

---

[1] 参见 Thomas McCraw, *TVA and the Power Fight*, *1933—1939*, New York: Lippincott, 1971。

第一,对比电灯价格和电力价格可以看出,电灯价格远远比电力价格贵,而且两者的比值从 1925 年到 1938 年一直在上升。这里的电力指的是工厂电动力。这背后有大型电力企业在 20 年代后期以东京为中心抢夺大客户,展开激烈竞争,导致电力价格下跌的因素(详见第五章)。在大众看来这无疑是不公平的。

第二,农村的电灯、电力价格普遍高于日本平均。1931 年日本平均电灯价格为每千瓦时 97.4 日元,农村地区则为每千瓦时 192 日元。同年,日本全国的电动力均价是每千瓦时 37.1 日元,农村地区则为每千瓦时 53 日元。这背后固然有农村电力消费结构的问题。日本农林省于 1933 年发布的调查报告指出,一方面农村的电动力消费范围狭小,总体用电量低,另一方面农村的生产用电集中于灌溉、养蚕、制茶,具有季节性、短期性特征。[1]对于电力企业来说,农村用电负荷率低,设备空置率高,投资难以回本,因此定价高有其经济上的"合理性"。但是对于大众来说,这是对于农村的不公平。

第三,当时,如果农村居民向民营电力企业发出供电要求,电力企业会要求农民来承担电力系统向农村拓展延伸的建设费用,即使是一根电线杆、一台变压器也是如此。农林省的调查报告认为此类行为是农村电气化最大的障碍。[2]在 30 年代初,日本各地除去偏僻的山区、海岛之外,都已经划入电力企业的供给区域。但是农村电气化的事实证明,划入电力企业的供给区域和能够接受供电完全是两码事。在大众看来,这是对比能够简单地得到电力供给的城市的不公平。

第四,从日本全国电灯普及状况看来,无论就每家每户的平均电灯数还是平均用电容量而言,都集中在东京、京都、大阪等人口集中、工业密集的负荷中心。这也可理解为不公平。

---

[1] 農林省農務局:《本邦農村電化ニ關スル調査概要》,農林省農務局 1933 年版,第 168 页。

[2] 農林省農務局:《本邦農村電化ニ關スル調査概要》,農林省農務局 1933 年版,第 160 页。

表 23 日本电灯与电动力价格变迁

年	平均电价(日元)		电灯价格/ 电动力价格(倍)
	电灯	电动力	
1925	88.9	55.6	1.6
1926	87.5	51.9	1.7
1927	92.8	46.3	2.0
1928	95.3	41.2	2.3
1929	95.6	41.6	2.3
1930	98.8	38.0	2.6
1931	97.4	37.1	2.6
1932	98.4	33.3	3.0
1933	106.1	32.6	3.3
1934	104.9	31.7	3.3
1935	105.9	29.4	3.6
1936	107.6	31.3	3.4
1937	106.9	31.6	3.4
1938	106.6	29.3	3.6

资料来源:南亮进:《鉄道と電力(長期経済統計12)》,東洋経済新報社 1965 年版,第 222 页。

表 24 日本电灯普及的不公平性(1931 年)

排名	都道府県名	电灯用户与 总户数比	排名	都道府県名	平均每户电灯数
1	神奈川	114.2	1	东 京	5.7
2	大 阪	109	2	京 都	5.3
3	滋 贺	106.9	3	大 阪	4.2
4	冈 山	105.3	4	北海道	3.7
5	山 梨	104.9	5	神奈川	3.6
6	和歌山	104.4	6	兵 库	3.6

排名	都道府県名	电灯用户与总户数比	排名	都道府県名	平均每户电灯数
7	福　井	104.3	7	爱　知	3.3
8	佐　贺	104.2	8	石　川	3.2
9	东　京	104	9	福　冈	3.2
10	兵　库	104	10	福　井	3.1
11	静　冈	103	11	奈　良	3.1
12	长　野	102.8	12	富　山	3
13	三　重	102.6	13	熊　本	3
14	奈　良	102.4	14	长　野	2.9
15	新　泻	101.3	15	静　冈	2.9
16	岐　阜	100.4	16	广　岛	2.9
17	富　山	99.9	17	鹿儿岛	2.9
18	广　岛	99.7	18	群　马	2.8
19	千　叶	99.5	19	新　泻	2.8
20	爱　知	99.1	20	和歌山	2.8
21	群　马	98.7	21	大　分	2.8
22	京　都	98.6	22	宫　城	2.7
23	鸟　取	98.3	23	岐　阜	2.7
24	熊　本	96	24	冈　山	2.7
25	大　分	95.6	25	德　岛	2.7
26	山　形	95.2	26	香　川	2.7
27	爱　媛	95.1	27	青　森	2.6
28	石　川	94.9	28	福　岛	2.6
29	埼　玉	94.8	29	栃　木	2.6
30	香　川	92.3	30	三　重	2.6
31	岛　根	91	31	鸟　取	2.6
32	宫　崎	91	32	山　口	2.6
33	福　冈	90.3	33	佐　贺	2.6

续　表

排名	都道府県名	电灯用户与总户数比	排名	都道府県名	平均每户电灯数
34	德　岛	88.8	34	长　崎	2.6
35	山　口	88.7	35	宫　崎	2.6
36	青　森	87.4	36	埼　玉	2.5
37	宫　城	87.4	37	岛　根	2.5
38	秋　田	82.8	38	高　知	2.5
39	高　知	82.1	39	山　梨	2.4
40	栃　木	80.4	40	滋　贺	2.4
41	长　崎	76.3	41	爱　媛	2.4
42	茨　城	76.1	42	岩　手	2.4
43	福　岛	74.6	43	山　形	2.4
44	鹿儿岛	72.2	44	千　叶	2.3
45	岩　手	67.7	45	秋　田	2.3
46	北海道	57.5	46	茨　城	2.2
47	冲　绳	12.8	47	冲　绳	2.2
平均		94.1	平均		3.2

资料来源:農林省農務局:《本邦農村電化ニ關スル調査概要》,農林省農務局1933年版,第8—10页。

表25　日本各地每平方公里电灯数(1931年)

地　区	电灯数
东京府	3 677
大阪府	2 070
京都府	463
福岛县	36
岩手县	18
北海道	13
日本平均	111

资料来源:農林省農務局:《本邦農村電化ニ關スル調査概要》,農林省農務局1933年版,第210—211页。

　　30年代的日本,在国际上不过是一个后发工业国,城市化尚在进展中。根据1935年的统计调查,日本全国人口中只有30%人口生活在城市,70%的人生活在农村。全国35%的人居住在人口小于5 000的町村地区。此外,全国63%的人一生都住在出身的町村,很少有机会体验东京和大阪的灯红酒绿。①换言之,大部分日本人过的是农村式的生活,而不是都市式的生活。在全球大萧条波及日本,加剧农村经济恶化的背景下,农村电气化一旦成为政治问题,其影响也就可想而知。

　　对于当时的农村来说,一大直观感受是,町村自己设置发电机发电比起要求民营电力企业供电便宜。农林省1933年的调查报告表明,农民集资自营发电的电价往往比电力企业供电便宜,甚至有些地方农民开始集资自己发电可以倒逼电力企业降价。②日本学者梅本的研究表明,1935年左右一些地方自营发电和从电力企业买电的电价差距可以达到两倍甚至四倍。③公营优于民营的印象由此产生。

　　日本的公营电力企业规模小、主要经营配电业务或者小规模垂直整合型电网(详见第二章)。它们虽然也要遵守电力在技术经济特性上的客观规律,但是往往能够更好地履行公益职能。农林省调查报告指出:"县、町、村等自治体所经营的电气事业虽然规模不大,但是对于农村电气化有显著的贡献。这是值得特别注意的。例如,宫城县营电气事业设置了委员会来推动电气化的普及。山口县营电气事业则进行了各种调查和宣传来谋划电气化的普及。"④

　　"降低电价运动"在1912年以来就零零散散地发生于日本各地。1928年富山县的"降低电价运动"随着大萧条波及日本迅速扩大化,1930年到

---

① 矢木明夫:《生活経済史》,評論社1978年版,第88—89页。
② 農林省農務局:《本邦農村電化ニ關スル調査概要》,農林省農務局1933年版,第147页。
③ 梅本哲世:《戦前日本資本主義と電力》,八朔社2000年版,第245页。
④ 農林省農務局:《本邦農村電化ニ關スル調査概要》,農林省農務局1933年版,第125页。

1932 年发生了 297 场"降低电价运动"。这段期间是该运动的高峰。1932 年后,"降低电价运动"退潮。"降低电价运动"的归结有二,其一是 1932 年施行的《改正电气事业法》,主体是递信省即中央政府。其二是公营化运动,主体是各级地方政府。换言之,当时日本对于"降低电价运动"对策的摸索必须放在政治结构,也就是中央政府和地方政府之间的权力构造的大背景下理解。

　　递信省历来有把电力看作自由竞争市场的方针。从 19 世纪末以来,递信省频繁地向复数的电力企业发放在同一地理区域内的经营许可,用来刺激它们互相之间的市场竞争。这些区域主要是东京、大阪、京都等人口密集、工业集中的大城市。对于电价,递信省放任市场,并不需通过其许可。递信省的自由竞争方针使得大都市的电价逐年递减,极大地促进了日本电力工业的发展和电气化普及率的上升。但是也扩大了城市地区和农村地区之间的不平等,其政治表现是"降低电价运动"。

　　随着《改正电气事业法》的实施,递信省改变方针,不再向复数的电力企业发放在同一地理区域内的经营许可,并开始导入电价许可制度。但是问题在于,递信省短期内的方针是从 1932 年 12 月起的 5 年间,冻结当前的电价。[1]这固然是因为递信省此前并没有确认电价合理与否的法律义务,缺少这方面经验,所以需要时间来仔细研究如何确定电价的合理与不合理。但是在大众看来,递信省的方针等于默认许可了当前的电价,使得"降低电价运动"所针对的问题还要推迟 5 年才能得到解决,递信省有站在民营电力企业的立场的嫌疑。

　　当时不少人的看法认为以地方公共团体为主体的公营化是解决电力不平等问题的最快捷途径。诚然,不少地方政府从 20 年代开始就积极地参与了"降低电价运动"。滋贺县曾公开表示降低电价是"本县产业上的大问

---

① 《電気委員会議事録》第三回,第 26 页。

题"①。大阪泉州的织布行业协会则和市町村会议员共同发起了当地的"降低电价运动"。在这个背景下,30 年代初,青森县、静冈县、甲府市、京都市、名古屋市、函馆市等各级地方政府不约而同地展开了公营化计划。"电气公营化运动"可以理解为"降低电价运动"在《改正电气事业法》施行后改头换面的表现。

公营化的主体既然是地方政府,就必须面临与中央政府之间的政治结构问题。早在 1912 年,长野县上伊那郡赤穗村计划把电灯改为村营。赤穗村向递信省传达了此计划并向长野电灯公司申明断绝受电。谁知递信省否决了村营计划。这让村里一些人无法接受。他们另行组织了"电灯村营期成会",引发了一场近千人规模的小规模骚动。②虽然公营电力企业在当时为数尚少,透过此事却足以看出集权式的政治结构下,公营成功与否的决定权在于中央而不是地方。

但是需要注意的是,不只是中央否决地方,地方也有否定中央的潜力。"电气公营化运动"中,一些活动参与者曾提出电力国营化作为解决对策。针对这个提案,熊本市爆发了反对电力国营的市民大会,据说参加者挤满了公会堂。日本的政治构造头重脚轻,但不意味着地方没有发言权。前面提到过,"电气公营化运动"并没有取得成功。1934 年 2 月,递信省向各地方行政长官发出通牒,除了允许青森县的公营化计划之外,原则上禁止了其他地区的电力公营化。该通牒是包括佐世保市、函馆市、名古屋市、熊本市在内的市级政府和静冈县等县级政府公营化失败的直接原因。③尽管如此,1935 年 5 月的第 35 次全国市长会议上,电力公营化依旧作为议题被列入日程。大会还把名为《关于确立电气事业者原则公营的议案》的决议提交给了

---

① 白木澤涼子:《昭和初期の電気料金値下げ運動》,《歴史学研究》1994 年 660 卷,第 22 页。

② 白木澤涼子:《昭和初期の電気料金値下げ運動》,《歴史学研究》1994 年 660 卷,第 20 页。

③ 中瀬哲史:《日本電気事業経営史》,日本経済評論社 2005 年版,第 30—31 页。

递信省和内务省。①

　　日本中央政府对于地方公营化的态度,表现在 1934 年 2 月电气委员会对于青森县电力县营方案的审议记录上。电气委员会是《改正电气事业法》于 1932 年 12 月施行后设立的监督管理机构,负责设计发送电建设计划以及调停电力企业之间的纷争。电气委员会的设立是递信省政策转变的表现,是递信省对至此为止的电力自由竞争政策所导致的企业间无序竞争和混乱的跨区域电网建设(详见第五章)的纠正。电气委员会把青森县电力县营方案视为"《改正电气事业法》实施后最初发生的有关企业形态的重要问题",认为其"不仅有慎重考虑的必要,而且在现在关于公营计划的形势下,对于这类企划有整体考虑的必要"②。可见日本中央政府对于青森县电力县营方案颇为郑重,委员会的决定代表了当时中央政府对于公营化运动整体的看法。

　　青森县议会于 1933 年通过决议,决定收购县内所有电力设施,建设统一的整合的县域电网。根据青森县向递信省提交的申请书,公营计划的要点可以归纳为以下几点。③第一,青森县试图收购县内所有电力系统,建立一个由县集中管理的区域性电网,并新建发电站补充发电能力。第二,青森县计划使电力使用更为简便与普遍,设置低廉、均一的电价,以电力普及来振兴工业与农业。第三,公营电气事业的盈利可以补充县财政。不难推测当时其他地方政府也是类似的想法。

　　从比较史视角看来,由州级政府(相当于日本的县)主导建设区域电网在德国与第一次世界大战前后就已经出现。一战后崛起的大型电力企业,如第二章提到过的 ASW、PREAG 和本章提到过的巴登州营电气事业都是其典型。但是问题在于 30 年代初青森县自主打造县域电网的计划,从全局

① 梅本哲世:《戦前日本資本主義と電力》,八朔社 2000 年版,第 248 页。
② 《電気委員会議事録》第七回,第 1—2 页。
③ 《電気委員会議事録》第七回,第 43 页。

而言,并不能契合递信省与电气委员会全国性地统筹发送电设施建设的最新方针。①而以电力普及、电价低廉来促进工农业发展,契合当时日本政府商工省官员的一般认识。②而且公营能够比起民营更好地推进电力普及也已经被1933年农林省的调查报告所提及。但是从电气委员会审议记录看来,当时的递信省对于青森县的计划并不看好。直接负责电力监管的官员、递信省电气局长清水顺治认为,青森县在公营化后立即降价的设想,是无视盈利的"事业本位"做法,有其不合理性。③不过,对于通过电气事业补充县财政,电气委员会并无意见。

经过长达3小时的审议,电气委员会决定把青森县的县营方案作为特例许可之。④主要理由之一是该县位于本州岛最北端,县域内没有其他送电线路通过。因此青森县把县域内的电网整体收购,并不会造成日本全体电网的碎片化。这点和多条高压送电线通过境内的静冈县等地大有不同。理由之二是青森县所计划的新发电设施集中在县南部,不妨碍以后的系统扩张。

值得注意的不是作为特例的许可本身,而是该许可的附带决议:"电力事业的府县营如果不恰当,会在电力事业的管理上带来巨大影响,希望将来慎重地考虑其可否。"附带决议发出不久,递信省就在1934年2月下发了原则上禁止地方公营的通牒。

日本学者对于电气委员会是否在原则上否定了电力事业公营化这点并无一致。橘川认为,电气委员会阻止了公营电气事业的扩大,从结果上起到了维持日本电力工业民营企业主导构造的作用。⑤但是中濑和梅本则认为电气委员会并未完全否定公营事业。

① 《電気委員会議事録》第七回,第17页。
② 《大阪朝日新聞》1935.6.12。
③ 《電気委員会議事録》第七回,第11页,41—42页。
④ 《電気委員会議事録》第七回,第10页。
⑤ 橘川武郎:《日本電力業発展のダイナミズム》,名古屋大学出版会2004年版,第155页;中濑哲史:《日本電気事業経営史》,日本経済評論社2005年版,第30—31页;梅本哲世:《戦前日本資本主義と電力》,八朔社2000年版,第248页。

笔者认为,应当从动态的观点来看待电气委员会的决议。1934 年 2 月的决议固然代表了当时日本中央政府的观点,但随着内阁的更替、主管官员的调整,政府的政策方针也会随之发生变化,并非一成不变。

就当时而言,电气委员会成员中包含了许多持有不同意见的人物。在1934 年 2 月的审议中,出席者有递信大臣南弘、商工次官吉野信次、铁道次官久保田敬一、三井银行的池田成彬、爱国生命的原邦造、东京帝国大学的涩泽元治等人。缺席者则有大藏次官黑田英雄、农林次官石黑忠笃、商工省的吉田茂等人。值得注意的是,吉野信次、黑田英雄、石黑忠笃、吉田茂在当时属于"革新官僚",对民营资本的弊端持怀疑态度。在石黑忠笃主导下农林省于1933 年作了关于农村电气化的调研,作出公营有利于农村电气化的结论。这些"革新官僚"或者缺席,或者沉默,他们的存在说明电气委员会的决议虽然能够代表日本中央政府的观点,但是这些观点有着随时局和人员变化而变化的可能性。数年后,"革新官僚"在二战期间果然推动了电力国家管理(详见第六章)。

反对意见主要来自企业家原邦造和东京帝国大学教授涩泽元治。在审议中,两人主张在原则上禁止公营电气事业。原邦造认为对青森县计划的许可不能成为"先例"。涩泽元治则举了英国的例子来说明各个地区电力系统碎片化的弊端。英国在电力工业起步阶段建设了很多小型发电所。各个地方政府分别在自己的行政区域内监管着这些小型电力系统。涩泽认为,这个情形从各个小区域的角度看来是有管理的状态,但是从全国角度看来是没有管理的状态。结果就是大量重复的设备投资阻碍了英国电力工业的发展,造成了第一次世界大战期间严重的电力不足。基于这个教训,英国在战后设立中央电气局,由国家来收购大规模发电所,由国家来运营全国送电系统,总算使得电力工业走上了正轨。涩泽认为日本的县级行政区域范围小,听任县营就会步英国覆辙,"县营非常阻碍电力事业发展"[1]。最后涩泽

———————————
[1] 《電気委員会議事録》第七回,第 33 页。

元治虽然让步,同意以青森为特例,但又指出:"即使我们的意思是只允许这次,社会上看来不是这样。我们不能让人认为电气委员会随时都能让县营计划简单通过。我着重强调此事。"①涩泽甚至嘲讽说地方政府"以为电力管理是简单的事情"②。

涩泽对于小型电力系统会使日本电力系统陷入碎片化的观点和递信省电气局长清水顺治的观点相一致。清水在审议中也发言认为,日本要让山区发电资源和电力消费地区相连接,必须建设长距离送电设施。以各个府县为单位的电网就会被行政区域所限制,从全局看来阻碍了发电资源的开发。如果各个府县都自营其事地从送电系统接受供电,就会导致重复的设备投资。③

涩泽元治对于青森县的降低电价计划也嗤之以鼻。涩泽认为,县营事业老是标榜自己能够降低电价,"这只不过是把电费强行吐出来而已。一直如此的话改良费、维持费就会持续减少。表面上看来电价是降低了,但是四五年之后设备维护就会力不从心。此外,资金运用也不是县营能够充分完成的。县营到底能不能达到它的效果,我表示怀疑"④。

负责电气铁道事业的递信省铁道次官久保田敬一和三井银行的池田成彬则持中庸观点。久保田敬一以铁道为例,认为民营也行,私营也行,难以就孰优孰劣作统一的决断。⑤池田成彬则表示,要从原则上来决定县营的可否,对于这次审议来说为时尚早,需要更多的调查研究才能作出结论。⑥久保田和池田的态度,相对于原邦造和涩泽元治更为稳健。最终,审议在兼顾正反看法的基础上,在许可青森县县营计划的同时,以附带决议的方式表达

---

① 《電気委員会議事録》第七回,第48页。
② 《電気委員会議事録》第七回,第39页。
③ 《電気委員会議事録》第七回,第8页。
④ 《電気委員会議事録》第七回,第33—34页。
⑤ 《電気委員会議事録》第七回,第46页。
⑥ 《電気委員会議事録》第七回,第46—47页。

了原则上否定公营事业的方针。

从比较史角度看来,涩泽元治援引英国的经验固然可以说明地方公营事业如果把电力系统局限于行政管辖范围内会导致电力系统的碎片化,不利于规模经济的实现。但是涩泽有意无意地忽略了同时代德国的例子。同时代的德国公营电力企业不仅没有把电力系统的范围局限在行政疆界内,而且积极地和周边电力系统建立互联,构建了跨区域电网。这不仅仅是因为德国州级政府行政疆域大。行政疆域相对较小的地方政府也可以在一定条件下建立跨区域电网而不陷入碎片化。RWE、VEW 等大型电力企业就是地方都市政府联合持股、从都市系统向区域系统扩张的典范。从德国的经验看来,问题不在于公营与否,而在于公营企业采用何种发展战略、在电力企业和电力企业之间建立何种组织构造、在系统和系统之间是否展开互联。换言之,只要采用适合电力的技术经济特性的发展战略和组织形态,即使是公营,即使是小小的地方政府,也可以实现跨区域电网构建。而如果中央政府不允许地方政府建立公营企业,那么这些无从谈起。

表 26　日本电力经营主体的所有制结构

年份	单位:百分比			
	民营	公营	合作社	总计
1907	98.3%	1.7%		100.0%
1910	97.1%	2.9%		100.0%
1915	94.9%	4.7%	0.4%	100.0%
1920	93.4%	6.1%	0.5%	100.0%
1925	88.2%	11.8%		100.0%
1930	83.7%	14.9%	1.4%	100.0%
1935	83.2%	15.3%	1.5%	100.0%
1940	82.3%	16.5%	1.2%	100.0%

资料来源:橘川武郎:《日本電力業発展のダイナミズム》,名古屋大学出版会 2004 年版,第 107 页。

因此，本节详细叙述日本从"报偿契约"到《道路法》，从《道路法》到《改正电气事业法》，从"降低电价运动"到公营化运动的经历，是为了配合前面对于德国分权构造的分析，说明日本的地方政府并不是没有意欲、没有潜力、没有能力、没有机会实现德国公营事业所能达到的成就。日本的地方政府是在集权式政治结构下，被扼杀了公营化和构建大型公营企业的可能性。

第四节　市场观念

一、"公""私"之间

本节中所指的观念，即意识形态，指的是特定行为主体（国家、政府、企业、政党、个人）的一些信念与假设。它们用这些信念与假设来正当化它们的行为与意图。①观念可以是政治观念，也可以是经济观念。②经济史学家倾向于把经济观念分成两种。③第一种是对于社会制度的选择偏好。这里的社会制度和经济行为密切相关，诸如资本主义、社会主义、法西斯主义。第二种是对于市场（Market）和国家（State）之间的界定，焦点在政府是否应该干预市场，应该如何干预市场之类的问题。本节所讨论的是经济理念中的第二种，笔者将之理解为市场观念。

探讨关于电力的市场观念有助于理解德日两国在电力监管构造和电力企业所有制结构上的异同。明治时代日本翻译西方概念多通过汉字表述为日文，这些汉字后来被导入东亚汉语圈各地。探讨日本的经济理念对于理解近代以来东亚对于"市场""国家""公""私"的理解不无裨益。

---

① 该定义借鉴自 George C. Lodge, Ezra F. Vogel, *Ideology and National Competitiveness：an Analysis of Nine Countries*, Cambridge：Cambridge University Press, 1987。
② 丸山真男：《超国家主义の論理と心理》，岩波書店 2015 年版，第 373—378 页。
③ Robert Millward, "Business and government in electricity network integration in Western Europe, c.1900—1950", *Business History*, Vol.48, No.4, 2006, p.532.

　　"市场""国家""公""私"这些词受到文化、历史、物质经济背景的影响，在东西方有不同的理解。这些不同之处值得关注。日本学者田野是日本少数研究德国电力史的学者之一。田野《德国资本主义与能源产业》一书的一大内容是通过电力工业与煤炭工业来试图理清现代德国资本主义中"公"与"私"的关系。①田野注意到了 20 年代之后德国最大的电力企业 RWE 是混合所有制，也注意到鲁尔区有大量都市政府的公营电力企业，认为国家对于电力的干预是由电力企业构建统一整合的市场以及建立垂直整合的企业构造的必然性所决定的。②但是问题在于，田野书中把国家等同为"公"，把企业等同为"私"，有时又把国家等同于中央政府。对于"国家"的理解没有把握德国历史背景下"国家"（Staat）一词的复杂含义。日本近代因明治政府的中央集权构造，将"国家"等同中央政府，"官""政府"二词也用以指代东京的中央政府，中文所谓的地方政府则在日语以"地方自治体"或者"地方公共团体"指代之，至今犹然。但在德国分权政治构建下，"国家"（Staat）一词包揽中央政府、州政府、地方都市政府。日语汉字的"国家"未必等同德语词的"国家"（Staat），日语的"公""私"未必是德语的"公""私"。③本书无意于讨论经济思想，只是希望指出世界史学者以本国经验看待他国，要注意同一用词、同一现象背后的不同语境、不同背景。本书以汉语表述，但是深感两国对于"市场""国家""公""私"的理解颇有不同。语言背后是观念。因此市场观念不可不加以研讨。

<hr>

① 田野慶子：《ドイツ資本主義とエネルギー産業：工業化過程における石炭業・電力業》，東京大学出版会 2003 年版，第 235—236 页。

② 田野慶子：《ドイツ資本主義とエネルギー産業：工業化過程における石炭業・電力業》，東京大学出版会 2003 年版，第 238 页。

③ 就本章而言，同一用词、同一现象背后的不同语境、不同背景，值得引起重视。扯开了说，19 世纪日本知识分子翻译了许多西方概念，以汉字表述，这些日语汉字词汇后来很多被留日中国知识分子直接借用，融入中文，沿用至今。但是日语是日语，中文是中文。英文和法文有"假朋友"一说，以拉丁字母拼写的词汇看似相同，意思大相径庭。日语与中文的汉字同理。近来，"通勤""见学"等日语汉字词汇有在中文语境流行的趋势，笔者颇感杞忧，特此蛇足。

　　本节的讨论分成都市政府、州（日语的"府县"）级政府、中央政府三个层面，来思考德日两国的各级政府如何看待政府对于电力市场之介入。

　　在具体讨论之前，有必要先概览德日两国电力市场观念的重要区别。把德日两国的电力和其他基础设施产业作对比，不难看出电力在德国属于常例，在日本却属于特例。在德国，电力、邮政、电信、电话、铁道，在所有权结构方面，都是政府所有占主导。①日本到 1900 年世纪之交为止，邮政、电信、铁道已经属于中央政府国营。这些产业此后即使经历第二次世界大战、战后改革，也依旧以国铁、日本电信电话、日本邮便的形式维持国营，要到 20 世纪 80 年代自由化浪潮中才开始分批逐步地民营化。但电力却从 19 世纪 80 年代以来，除去第二次世界大战期间短暂的国营化（详细见第六章），一直维持民营主导的所有制结构。为何在日本，电力能够在基础设施体系中独树一帜地维持民营主导构造，就成了值得思考的问题。

　　笔者认为这个问题可以从以下几个方面来解释。

　　第一，相比邮政、电信、铁道，电力在 19 世纪末的军事战略意义小。明治政府立国之初，以富国强兵为国策，重视国防。铁道和电信作为西方技术革新成果，一经导入日本就被政府视为战略性产业用于军事目的和国家统一。②相反，电力虽然在日后成功取代蒸汽机等动力设施以及煤油灯等照明设施成为事关国计民生的战略性基础设施，但是在 19 世纪 80 年代起步当初，电力是作为潮流品、奢侈品而出现的。电力最早的客户来自剧院、酒店、金融中心，而不是市井大众。更何况电力属于尚在试验阶段的新技术，投资家尚且望而却步，何况政府。总而言之，19 世纪末电力工业在日本开始之时，对于明治政府来说，电力作为产业并不具有战略意义。

---

① Pier Angelo Toninelli, *The Rise and Fall of State-owned Enterprise in the Western World*, Cambridge: Cambridge University Press, 2000, pp.103—109.
② 三和良一：《概说日本经济史》，東京大学出版会 2002 年版，第 44—45 页；橋本寿朗，大杉由香：《近代日本经济史》，岩波书店 2000 年版，第 71—78，118 页。

　　第二,电力工业诞生的 19 世纪 80 年代,正值日本政府为了解决西南战争所导致的财政问题把国有企业民营化的浪潮中。这是一个偶然因素,但是塑造了日本电力工业的起始条件与市场理念。明治政府在 19 世纪 70 年代积极地接收江户末期各藩的藩营事业,并投资设立了不少示范工厂导入西方技术。不少事业经营不善,加剧了政府的财政危机。1880 年开始,明治政府改变方针,把不少煤炭、制丝等领域的国有工厂民营化。西方学者称之为"明治政府的大规模民营化(Meiji Japan's mass privatization)"[①]。以这波民营化所放出的国营企业为基础,三菱、三井等财阀得到了极大发展。电力工业的起步恰逢民营化,而事实上此后电力企业也在没有国家政府直接资助的情况下从小变大。这个结果塑造了社会各界对于电力是民营主导、靠市场也能发展的理念。下文在谈到 1911 年《电气事业法》的立法过程以及 1910 年到 1930 年之间日本电力市场的激烈竞争时,还会详细探讨这个理念的影响。

二、都市政府

1. 德国:作为前提的监管与公营化

　　德国都市政府对于电力工业的监管和电力工业本身同时起步,在所有制结构上,德国都市政府对电力工业的直接介入也不容小觑。1908 年,在德国人口 10 万人以上的城市中,80％已经有市营电气事业。[②]1930 年,严格意义上的市营电气事业在德国发电量中的份额占到 20％。[③]这个数据没有包括以都市政府联合控股形式参入电力工业的大型电力企业 RWE 和

---

①　Randall Morck, Masao Nakamura: "Business Groups and the Big Push: Meiji Japan's Mass Privatization and Subsequent Growth", *Enterprise and Society*, Volume 8, Issue 03, 2007, pp.543—601.

②　関野満夫:《ドイツ都市経営の財政史》,中央大学出版部 1997 年版,第 15 页。

③　Das Spezial-Archiv der deutschen Wirtschaft, *Die Elektrizitätswirtschaft im Deutschen Reich*, Berlin: R. & H. Hoppenstedt, 1933, p.15.

VEW。如果把它们算进去，那么广义的市营电气事业在德国电力工业中的比重会更大。

都市政府对于电力工业的介入背后有其复杂多元的动机。德国近代市政管理在 19 世纪初就已经展开。到 19 世纪晚期，各地市政当局在瓦斯、自来水、下水道、路面交通等先行于电力的基础设施上已经积累了丰富的监管经验。都市政府的共识是市政府应该积极地管理公共基础设施，既维护公共利益，也补充都市财政。①换言之，公益和财源一心同体，是一块硬币的两面。为了维护公益，电力企业在电价等直接关系消费者的方面就要受到监管，不能放任市场。电价许可制也从一开始就给德国电力企业套上紧箍咒。电力企业反复地挖开街道铺设电缆或者在街上设置电线杆影响交通且破坏市容，因此不少的德国都市很早就开始要求配电电路地下化。这也是为了维护公益。给一家企业以垄断权，则既是基于避免破坏交通与市容的公益，也是为了靠征收垄断价格的利润来补充市政府财源。而既然电力尚属新技术，那么风险就由民营企业来承担。地方政府手握收购权利，等到都市电网初具规模、能提供稳定财源之时，再将之公营化。②这个把风险交给民营企业的方针，催生了第三章提到过的"创业生意"（Unternehmersgeschäft）模式。对于身为风险投资家的电机制造商及其金融子公司来说，因收购金额也能给电机制造商带来好处，实质上激励了电机制造商对于电力系统在机械、工程、金融、管理方面的综合性支持，促进了德国电力工业的发展。

对于德国都市政府来说，电力从一开始就是被监管的产业，有被公营化的可能性与必然性。德国电力工业是以无法逃避的监管与未来某一时点的公营化为前提展开的。电力市场从一开始就不是自由放任的市场。

---

① 森宜人：《ドイツ近代都市经济史》，日本经济评论社 2009 年版，第 7—13 页。

② Robert Millward, *Private and Public Enterprise in Europe：Energy，Telecommunications and Transport，1830—1990*，Cambridge：Cambridge University Press，2005，p.76.

　　2. 日本：作为市场主体的政府

　　日本近代市政制度在 19 世纪末也尚未确立。和德国不同,在电力工业起步阶段,日本都市政府并不是以监管者的角色介入电力工业的。反之,都市政府一开始是作为创业者参入电力工业。其后,随着"报偿契约"的导入与推广,都市政府才逐渐开始成为监管者。这里有个角色转变的过程。值得注意的是在日本都市政府通过公营事业成为市场主体后,它们和民营电力企业之间具有市场竞争对手关系和监管者被监管者关系的两重性。

　　在 19 世纪八九十年代,因投资者对电力的前景怀有疑虑,创业途中的电力企业常陷入窘境,一些都市曾施以援手。名古屋电灯成立之时,部分股东曾经得到来自名古屋市政当局的借款,因此才得以成立该企业。在京都,京都电灯也一度无人投资,京都府(当时相当于京都市)曾给它以资金援助。这些资金援助背后的市场观念是"明治政府的大规模民营化"后社会对于民间创业活动(史称"殖产兴业")的热衷与支持。但是都市政府除了短暂的资金援助,并没有直接参与电力企业的经营管理。在 19 世纪 90 年代也不存在类似德国"许可证"的监管。

　　京都市是唯一直接通过公营事业参入电力市场的地方政府。但是 1889 年设立的京都市营电气事业直到 1907 年为止,将近 20 年间都是日本唯一一家公营电力企业。京都在幕末维新之际多次经历战乱,近半市区化为焦土,经济上百废待兴。维新后,明治政府迁都东京,给京都市民带来自尊心上的打击。当时的京都府试图以琵琶湖疏水振兴经济。最初把疏水设计为运河。机缘巧合,疏水工程师田边朔郎偶然了解到美国科罗拉多州开始用水力发电的消息,少年锐气,提议建设水力发电,才导致了京都市营电气事业的起源。换言之,京都市营电气事业的创始并不是出于政府要不要介入电力的市场理念,而是必须将其放在京都历史地位、维新前后的经济状况、明治时代日本精英激昂向上的背景下理解。它是个例外,是个巧合。实际上，一直到 1897 年，京都市营电气事业都在亏钱。①这和德国都市政府的让民间企业先行探索的老谋深算有本质不同。在日本，要到 20 世纪 10 年代，公营电力事业才变成可盈利事业，足够吸引地方展开公营。

提到日本的地方政府展开公营，就不得不回到对"报偿契约"模式的讨论。本章前面在介绍日本推广"报偿契约"时，曾提到过"报偿契约"不是一种普遍的监管模式。在很多地方它只是一种地方政府和民营电力企业之间的合意或者合同。合同背后体现的是地方政府对于电力市场的理念：该公营还是该民营？该垄断还是该竞争？前面的讨论集中于对其导入、演变、监管内容的介绍，这里则要着重补充"报偿契约"和政府直接参入电力市场（换言之，作为市场主体的政府）之间的联系。

笔者按照地方政府对于"报偿契约"按照公营还是该民营、垄断还是该竞争的选择思路，将之分为下面几类。

第一类可称之为"许可证"型。在这个类型中，地方政府不经营电力企业，而是以行政权限赋予民营企业以市区的市场垄断权。作为交换，都市政府有许可电价、获得补偿金的权利。顾名思义，这个类型和德国"许可证"最为接近。而这个类型也似乎是日语汉字"报偿契约"的本来意义。这类以佐世保市、函馆市、名古屋市为代表。三市都加入了 30 年代的"电气公营化运动"，这并不意外。

第二类可称为"卡特尔（cartel）"型。这个类型的"报偿契约"是一种合同，按照该合同，地方政府的公营电气事业和民营电力企业分割供电区域并且互相统一电价。如此一来，各在各的供电区域形成市场垄断。这个合同的前提是递信省在市区同时给了地方政府的公营电气事业和民营电力企业以营业许可。递信省的重复许可政策在下面讨论中央政府的市场观念时还会提到。这个类型以 1917 年之后的东京市和 1915 年之后的京都市为典型。

————————

① 京都市電気局：《京都市営電気事業沿革誌》，京都市 1933 年版，第 706—707 页。

第三类可称为"绅士协定"型。递信省同时给了地方政府的公营电气事业和民营电力企业以营业许可，双方本可以展开市场竞争，但是双方通过不立文字的口头约定，分割市场，不展开直接竞争。例如，京都市营电气事业到 1906 年为止，都把自己的业务范围限定在电动力市场，把电灯市场让给京都电灯。在这个类型中，乍看来同一个都市有两家电力企业，但它们实际上通过经济学所谓的"差别化（differenciation）"在各自的业务领域维持垄断。问题在于口头协定有其不安定性。而市区内电力电灯分为两家运营，双方同时架设配电设备，造成重复投资。

最后，虽然按照地方政府和电力企业之间的合同可以分出上面三类，但是这三种类型隐含了第四种类型，即公营电气事业和民营电力企业展开直接市场竞争。在这个类型中，都市政府放弃了作为监督者的角色，而是成为直接的市场主体。从 1910 年到 1915 年，京都市曾经和京都电灯在电力与电灯市场同时展开激烈的竞争。在东京，自 1911 年起，东京市营电气事业、东京电灯、日本电灯三者之间也曾展开以电灯市场为中心的激烈的竞争。京都市的竞争于 1915 年以"卡特尔"告终。东京市的竞争也在 1917 年被归结为"卡特尔"，被称之为"关东地区最早的电力卡特尔协定"[1]。

上述四种类型，除了第一种"许可证"型以外，此外三种类型的都市政府，其自我定位均不是电力市场的监督者。第二种和第三种的都市政府所理解的电力市场，是在政府与民营企业协定前提下的垄断市场，但是并没有排除公营、民营并存的可能性，也没有排除竞争的潜在可能性。第四种对于电力市场的理解是自由竞争市场。

京都市作为经历过上述四种类型中三种的地方政府，其市场观念演变过程值得作为案例加以探讨。京都市营电气事业创业当初有以政府投资振兴经济的意图。当时，京都市的政策理念，鼓励民间企业发展，无意于和京

---

[1]　通商産業省：《商工政策史第二十四卷　電気・ガス事業》，商工政策史刊行会 1979 年版，第 66 页。

都电灯争夺市场。相反,京都电灯是其主要客户。1893 年市营电气事业供电能力 336 马力,其中 192 马力是向京都电灯的供电。①京都市的意图在于用廉价的水力发电,促进京都市的电气化。1893 年京都电灯和京都市达成"绅士协定",分别专营电灯业务与电动力业务。②绅士协定的效果持续近 20年,直到 1912 年前后,京都电灯的电动力用电力发电量不过电灯用电力发电量的十分之一。京都市虽然在技术上完全可以,但是到 1912 年为止没有展开过电灯业务。

不过,1902 年京都市议会通过了电灯业务原则市营的决议,1906 年京都市向递信省申请了电灯供给营业许可。1912 年,京都市以电动力供电合同期满为由,终止向京都电灯供电,同时开始电灯业务。自此两者之间的市场竞争正式打响。此时正值递信省推行鼓励电力市场竞争方针,乐见其成。

京都市营电力事业与京都电灯的竞争过程,和本节主旨关系不大,从略。值得一提的是京都市在 1910 年左右,电灯普及率为日本六大都市中最低,但是短短五年,就达到 100％的电灯普及率。其背后,京都市积极的市场竞争战略功不可没。京都市的新客户中,70％到 80％是京都电灯的老客户。③而京都电灯在市场竞争的冲击之下,1914 年左右股价几乎半减,利润也减少了四分之一。④曾经怀有"民业保护"理念的市政府,如今竟然以市场主体的身份和民间企业抢夺市场份额。笔者无意于探讨此事的好坏,只是指出,在当时的背景下,无论京都市还是京都市民都认为市营电力事业与民营企业的竞争并无不妥。这里的电力市场竞争观念以及地方政府的自我定位值得注意。

但是随着京都市电灯市场的饱和,递信省开始对京都改变方针,京都府

---

① 京都市電気局:《京都市营電气事業沿革誌》,京都市 1933 年版,第 589—593 页。
② 京都電灯:《京都電灯株式會社五十年史》,京都電灯 1939 年版,第 41—44 页。
③ 《京都市会議事録》1914 年 11 月 25 日。
④ 参见京都電灯:《京都電灯株式會社五十年史》,京都電灯 1939 年版,附录。

也开始介入调停竞争。1914 年 3 月到 7 月,递信省多次劝告京都市和京都电灯双方缔结和约,不过京都市并不听从。10 月,递信省以非正式命令的形式要求京都市分割供电区域并和京都电灯统一电价。当月,京都市长和市长助理终于开始和京都电灯协商"停战"。①不过,双方的协议案提交京都市议会后,居然在 1915 年 3 月被投票否决。最后京都府以行政命令的形式在京都强行推行了京都市与京都电灯的"卡特尔"式型协定。该协定此后直到 1942 年日本施行电力国家管理为止一直有效。

从京都市的案例可以看出,日本都市政府的市场观念有几个特征。第一,都市政府的自我定位可以是纯粹的市场主体。第二,都市政府对于自己作为监管者的角色未必清晰。第三,地方政府的观念和行为演变必须合中央政府的大方针来理解。前两点可以从近代日本作为后发工业国,市政制度尚不完善,地方政府不断摸索自我定位的角度来理解,第三点则可以理解为本章反复提到的政治结构的作用。

三、州(府县)级政府

接下来探讨州级政府(相当于日本的府县级)的市场观念。

德国 PREAG、ASW 等州政府控股的大型电力企业。它们的发电量、装机容量不如 RWE、EAG 之大,但在州范围内取得了规模经济,并实现了区域系统。在 20 世纪 30 年代,德国州营电力企业的实际供给范围不容小觑。从图 16 中可见,如果把图中部右侧的 ASW、中部左侧的 PREAG、图左下的巴登州营电气事业(Badenwerk)、其右部的符腾堡州营电气事业以及图右下部的巴伐利亚州营电力公司(Bayernwerk)的供给区域合算,那么州营电力企业的供电范围要占到德国国土一半以上。这里还没有包括供给范围较小的一些州营电气事业。

---

① 《京都市会議事録》1915 年 2 月 23 日。

相比德国,日本的县营电力企业不仅数量少,供给区域也小。直到
1930 年,日本唯有四个县有县营电力企业:高知县、山口县、富山县、宫城
县。下面就以这四个县为例,与德国的巴登州、巴伐利亚州、莱茵省、萨克森
州作一对比。其中莱茵省的 PREAG 和萨克森州的 ASW 第二章已经提到
过。巴登州州营事业和巴伐利亚州营电力公司分别创立于 1912 年和 1916
年,是德国最早的两家州营电力企业。从数量上说,德日两国案例四对四,
从内容上说,都具有典型意义。

我们从日本的四家县营电力企业看起,它们的动机大致相近。高知县
营电气事业设立于 1909 年,是日本最早的县营电力企业。[①]高知县旧属土
佐藩,幕末维新功勋卓著,出过坂本龙马和岩崎弥太郎之类传奇人物。但是
地处四国岛南部,位置偏僻,交通不便,工业滞后,到世纪之交成为日本经济
最落后的地区之一。高知县设立县营电气事业,主要目的在振兴产业,尤其
是发展制造业。从产业振兴角度看,县营电气事业非常成功。高知的工厂
电气化率在 1909 年不过 3.9%,但是到 1924 年发展为 56.2%。相比高知
县,宫城县营电气事业的主要目的则一在于增进县政府财政收入,二在于统
一县内电价、普及电气、削减重复投资。[②]第二点显然是针对各地民营电力
企业互相分立或者竞争的弊端而言的。到 1935 年前后,宫城县营电气事业
基本上建立了县域内除了仙台市之外统合的区域系统。富山县和山口县的
县营电气事业分别成立于 1920 年和 1925 年。两者也兼备财政目的和社会
福利目的。[③]富山县和山口县都认为水力发电资源应该由公共团体而不是
由私人企业来管理。县参入电力工业,就是要由县来自己开发和利用县内

---

① 小桜義明:《高知県における工業誘致政策の形成と県営電気事業》,《経済論叢》1973 年 112
卷,第 105—133 页。

② 关于宫城县电气事业可以参考岩本由辉:《仙台・宮城県における公営電気事業と太田千之
助》,《東北学院大学経済学論叢》2011 年 176 卷;第 1—30 页。

③ 关于山口县和富山县电气事业可以参考山口縣総務部電氣局:《山口縣営電氣事業十周年誌》,
山口縣 1935 年;富山県:《富山県営水力電気事業概要》,富山縣電氣局 1937 年版。

的水电资源，以限制当时日本电力公司在县内的垄断式开发。

比起日本，德国州营电力企业的动机和市场理念更为复杂。

第一，州政府对于公共资源的所有权和管理权是州政府直接参入电力工业的重要法理依据。巴登州、巴伐利亚州、莱茵省三州有德国 50％以上的水力发电资源。[1]州政府自己开发州内的水电资源，是州营电力企业的直接起因和一般模式。因此这三州可谓德国州营电力企业的主力军。巴登州成立德国最早的州营电力企业，意在开发姆尔哥塔尔河谷（Murgtal）。[2]巴伐利亚州设立州营事业，则是要开发德国南部阿尔卑斯山地区和伊萨河。[3]就此而言，它们和日本的富山县和山口县的动机大有类似之处。不同之处在于，德国州政府持有对民间企业开发河川或者在州境内建设电网的许可权。在日本，这些权限属于递信省与内务省。[4]

第二，通过公营来限制民营企业垄断是另一大动机。世纪之交，德国电机制造业和电力工业逐渐演化为 AEG 和西门子的寡头垄断构造。1899年，仅 AEG 建造的发电厂就占德国全国 51％。[5]1911 年，AEG 和西门子加起来控制着德国 38％的发电量。各州政府对于民营垄断持怀疑态度。不少州开始拒绝向电机巨头发放电力经营许可，转而代之以州政府的控股或者直营。这在巴登州、莱茵省、萨克森州表现得较为明显。在巴登州，全州最大的水力发电站位于莱茵河上，它最初由 AEG 所控制。[6]在莱茵省，西门

① Deutscher Wasserwirtschafts- und Wasserkraftverband, *Die Wasserkraftwirtschaft Deutschlands*, Berlin: Deutscher Wasserwirtschafts- und Wasserkraftverband, 1930, p.37.
② Thomas Herzig, "Das Murgtal als Keimzelle der badishen Landeselektrizitatsversorgung," in Rainer Hennl and Konrad Kimm eds. *Industrialisierung im Norschwarzwald*, Ostfildern: Thorbecke, 2015, pp.123—152.
③ Manfred Pohl, *Das Bayernwerk: 1921 bis 1996*, München: Piper, 1996, pp.41—80.
④ 小風秀雅：《日露戦後における電力政策の展開：第二次桂内閣と電気事業法》，《史学雑誌》1980 年 89 卷 4 号，第 486—504 页。
⑤ Thomas P. Hughes, *Networks of Power: Electrification in Western Society*, *1880—1930*, Baltimore: Johns Hopkins University Press, 1983, pp.178—179.
⑥ Alfred Spraul, *Ein Beitrag zur Entwicklung der öffentlichen Elektrizitätsversorgung in Baden*, PhD Dissertation Heidelberg University, 1933, p.65.

子电力事业公司在第一次世界大战爆发前就开始试图构建区域系统,整合附近电网。①在萨克森,AEG和西门子控制了州内34%装机容量。三州政府都对民营垄断表示怀疑。三州州营电力企业的成立,极大地限制了AEG和西门子在电力市场上的扩张。相比之下,日本的四家州营电气事业位置偏僻,在它们县域内没有发展出大型电力企业。与其说限制垄断,倒不如说防止县内电力系统陷入碎片化是更大的动机。

第三,州域内区域系统建设、整合也是一个重要动机。这点是针对政治构造而言的。各个都市政府满足于都市系统,往往会导致广域地看来,电力系统陷入碎片化。各个小规模系统各自为政,系统互不联结,各自的负荷率就低,难以实现规模经济。长期来看,这会阻碍电力工业的发展,进而阻碍各州经济的发展。不少州政府敏锐地洞察到电力系统从各自为政的都市系统向区域系统,从区域系统向互联的跨区域系统发展的趋势,抢占先机,由州政府来主导构建大规模电力系统。②在这点上,日本宫城县的县营电气事业也是一个例子。

最后,财政、电价统一等社会性因素也是一大动机。这些是政治机构的自身特性和政治行为规律所造成的,日本德国并无实质区别。

四、中央政府

1. 电力国营方案

中央政府的市场观念表现于国营化与中央监管两方面。先从国营化看起。德国的突出特征是虽然有诸如VIAG的控股公司和诸如EAG的国营企业且地方公营企业比重巨大,但是就电力工业整体而言从未被直接国

---

① Richard Zipfel, *Die preußischen Staatl. Elektrizitätswerke im Weser-Maingebiet*, PhD Dissertation Heidelberg University, 1930, pp.48—65.

② Thomas P. Hughes, *Networks of Power: Electrification in Western Society, 1880—1930*, Baltimore: Johns Hopkins University Press, 1983, p.218.

营。①而日本电力工业从 19 世纪 80 年代直到 20 世纪 30 年代都以民营为主，地方公营企业力量微弱，国营电力企业要到 1935 年东北振兴电力公司创立才首次出现，但是 1939 年到 1951 年之间经历了短暂的"电力国家管理"时期（详见第六章）。

再看中央监管。大约在 1907 年到 1908 年之间，德意志第二帝国财政部就曾研究过电力国营方案，当时主要意图在于借助电力垄断来增加中央政府财政收入。②与此同时，随着交流电的普及和远距离高压送电技术的进步，电力工业的规模经济愈加受到重视。电气工程界开始探讨"大电力经济"（Großkraftwirtschaft）概念。地方政府在行政范围内的地域监管和公营电网往往导致电网陷入碎片化，不利于规模经济的实现。电气工程界一致观点认为统一的管理有助于规模经济的实现，部分工程师认为国家政府或者州政府是实现统一管理的最佳载体。③电力国营方案和州营方案应运而生。这里值得注意的是在德国分权制结构下，国与州的并立。不过，由于莱茵省的反对，电力国营方案被帝国议会否决。④

事物的必然性往往通过偶然事件表现出来。1914 年，第一次世界大战爆发。战争使得德国充分体验了全国范围的大规模物资动员、经济封锁下能源节约、规模经济的紧迫性与战略意义。诸多领域的国家管理在战时得以顺利进行。⑤第二帝国政府设立了规模巨大的铝业厂和氮气厂，其后从

① 田野慶子：《ドイツ資本主義とエネルギー産業：工業化過程における石炭業・電力業》，東京大学出版会 2003 年版，第 170 页。

② Bernhard Stier, *Staat und Strom：die politische Steuerung des Elektrizitätssystems in Deutschland 1890—1950*, Mannheim：Verlag Regionalkultur, 1999, pp.360—361.

③ Nobert Gilson, *Konzepte von Elektrizitatsversorgung und Elektrizitatswirtschaft：Die Entstehung eines neuen Fachgebietes der Technikwissenschaften zwischen 1880 und 1945*, Stuttgart：GNF Verlag, 1994, pp.106—113.

④ Gert Bruche, *Elektrizitätsversorgung und Staatsfunktion：das Regulierungssystem der öffentlichen Elektrizitätsversorgung in der Bundesrepublik Deutschland*, Frankfurt am Main：Campus-Verlag, 1977, p.107.

⑤ Bernhard Stier, *Staat und Strom：die politische Steuerung des Elektrizitätssystems in Deutschland 1890—1950*, Mannheim：Verlag Regionalkultur, 1999, pp.366—371.

AEG 收购了褐煤发电厂重整为 EAG(详见第二章),是为德国第一家国营电力企业,也是世界上装机容量最大的褐煤发电厂。第二帝国政府运营 EAG 虽然有战争背景,但是也说明德国作为科技强国,其电力国营从一开始就体现了中央政府对于规模经济的认知。

当时正值德国革命爆发,社会主义思潮也风起云涌。1919 年,魏玛政府的国民议会通过了《社会化法》,意在由中央政府来垄断全国高压电网、打造全国性跨区域电网。[1]不过,由于分权式政治构建,魏玛政府并不能贯彻其国营理念。反而是各级地方政府以公营企业的形式(RWE、VEW、PRE-AG、ASW)自主协作,在 20 年代实现了初步具有全国性的跨区域电网。(详见第六章)

魏玛政府直到 1933 年纳粹上台也没有实质上实施过《社会化法》,国营仅限于 VIAG 与 EAG 的控股公司企业集团。纳粹政府于 1935 年颁布《能源经济法》,旨在在尊重电力工业现状的基础上加强国家管理。《能源经济法》的主要目的在于管理,而不是国家直接参入电力市场。纳粹政府从未推行强制性的国营化(详见第六章)。值得注意的是,《能源经济法》直到 1998 年都是德国能源产业的基础性法律。[2]

日本的电力国营方案也源于 1908 年前后,和德国大致同时。这里就必须提到于 1908 年到 1911 年任递信大臣主管递信省的后藤新平(1857—1929)。成为递信大臣后,后藤基于水力资源必须由国家来开发、由国营企

[1] Gert Bruche, *Elektrizitätsversorgung und Staatsfunktion: das Regulierungssystem der öffentlichen Elektrizitätsversorgung in der Bundesrepublik Deutschland*, Frankfurt am Main: Campus-Verlag, 1977, pp.65—66.

[2] 关于《能源经济法》,参见 Bernhard Stier, "Zwischen kodifikatorischer Innovation und materieller Kontinuität: Das Energiewirtschaftsgesetz von 1935 und die Lenkung der Elektrizitätswirtschaft im Nationalsozialismus", in Johannes Bähr and Ralf Banken eds. *Wirtschaftssteuerung durch Recht im Nationalsozialismus*, Frankfurt am Main: Klostermann, 2006, pp.281—305。

业来管理的理念，立即组织展开全国水力发电资源调查。①此举被认为是后藤策划电力国营的先行步骤。此外，在 1911 年，后藤新平向日本帝国议会提出《电气事业法》草案，意在把中央政府监管内容明确化。此事后文还要提到，这里先聚焦国营方案。由于大部分议会议员认为电力应当交给市场自由竞争，后藤《电气事业法》草案要到删去电价许可制条款后才通过议会。在如此背景下，更不用说后藤的电力国营方案了。1929 年，后藤临终之时，遗言中把电力国营列为未竟之事。

后藤新平之后，在 20 世纪 20 年代到 30 年代中期，日本出现过很多电力国营方案。递信省内，1918 年到 1922 年任递信大臣的野口卯太郎和 1928 年至 1929 年任递信大臣的久原房之助曾提出过各自的国营计划。贵族院公正会、政友会、政友本党、民政党等政党与政治团体也都有过电力国营方案。②20 年代后期发生的"降低电价运动"表现出大众对于民营电力企业的不满，而日本在 1925 年开始成年男子普选，电力国营方案颇有政治家迎合中等收入群体，获取选票的目的。20 年代，递信省鼓励新兴电力企业之间互相竞争，一些电力企业为了避免市场竞争导致两败俱伤，也曾提议国营。日本电气协会就曾通过决议，认为国营是电力工业的最理想形式。③电力行业团体所提出的方案力求解决眼前市场竞争所带来的弊端，难免缺乏长期视野。

总而言之，到 30 年代中期为止的电力国营方案大多是纸上空谈，没有顾及实施该方案的国家财政负担。一部分支持电力国营的政治势力，在 30 年代初转向"电气公营化运动"。而随着《改正电气事业法》对于竞争方针的修正，电力企业也满足于现状。但是，公营化运动因为不合递信省的方针而

① 鹤见祐辅：《正伝後藤新平》，藤原书店 2005 年版，第 110—111 页。
② 橘川武郎：《日本電力業の発展と松永安左エ門》，名古屋大学出版会 1995 年版，第 181—182 页。
③ 梅本哲世：《戦前日本資本主義と電力》，八朔社 2000 年版，第 149 页。

失败。通过"降低电价运动"表现出来的电价不公平、供电条件差距、农村电气化、大众对民营电力企业不满等问题也没有得到解决。《改正电气事业法》短暂地掩盖了深层问题。这些深层问题随着日本于30年代初开始正式进入对外侵略战争状态,而演化为支持"电力国家管理"的政治力量。最终日本在第二次世界大战期间的1937年立法、1939年开始实施"电力国家管理"。详细情况还会在第六章讨论。

从比较史角度可以看到,德日两国从20世纪初开始就都出现了电力国营方案。但是德国在1919年就正式通过《社会化法》为国营作好准备,日本却要在20年后的1939年才开始展开国营。结合德国州、都市等公营电力企业的发展,可以看出在市场观念上,德国就总体而言对于国营、公营等政府直接介入电力工业的行为并无隔阂心理。德国工程师学界在讨论电力的技术经济特性时,把国家或者州政府对于构建区域电网的作用看作理所当然。两国在20年代初都已有前瞻性的企业家提出全国性跨区域电网计划,但是日本企业家试图通过市场实现之,德国企业家却选择国营、公营企业间的协作。日本电力国营方案虽多却难落实,固然有中央政府财政因素,但是10年代的电灯市场竞争以及20年代的电动力市场竞争(详细见第五章)也说明日本就整体而言对于电力的市场理念倾向于自由竞争。

日本在政治结构上中央政府权限比起地方政府较大,并不等同于中央政府就倾向于国营化。但是反过来说,如果中央政府改变市场观念、决意国营,也会在短期内出现类似日本1939年"电力国家管理"从民营到国营的逆转。

2. 中央政府监管

政府对于市场竞争本身的理解除了国营与否外,也体现在对于国家该不该监管、如何监管的认识上。德国中央政府的态度已经部分体现在《社会化法》背后以国营代替监管的理念。而德国要1935年才开始中央政府直接监管,难以和1935年之前的日本作直接比较。下文关于该不该监管、如何监管理念的历史叙述以日本为主。

递信省从 1891 年起开始监管电力工业,但是监管内容一直集中在用电安全领域。世纪之交后,反而一些地方都市政府先通过"报偿契约"开展实质监管。1908 年,后藤新平担任递信大臣后,试图转变递信省的无作为状态,导入对经济行为的管理。具体来说,后藤试图通过制定《电气事业法》导入电价许可制。在德国,电价许可制和电力工业的诞生同时发生。日本因为在导入技术的同时没有导入制度,电价一直由市场决定,缺乏政府监管。

然而,电价许可制的导入一波三折。后藤新平于 1909 年草拟了《电气事业法》原案,于 1910 年 3 月提交众议院审议。当时日本国会分为众议院和贵族院,法案须经两院通过方可颁布实施。如两院意见不一,则要召开两院协议会。众议院电气事业委员会在审议过程中,法案第六条成为争论的焦点。原案为"电气事业者的价格和其他供电条件需经过主管大臣许可,变更之际同样如此"①。但是不少议员认为该条款会妨碍自由竞争。结果委员会在删除该条款后,才把法案递送众议院大会表决。②删去第六条的法案为众议院大会表决承认后,送到贵族院审议。

和众议院相反,贵族院的主要意见是第六条关系到公共利益,应当添加。曾任递信省次官并参与设立东京水力电气公司的贵族院议员田健次郎(1855—1930)在日记中记录了审议过程并敏锐地指出第六条是法案"精神"之所在。最后贵族院以 14 比 5 投票结果把恢复第六条的议案送回众议院。3 月底,两院协议会会众议院再次投票,又否决了贵族院对第六条的追加。

后藤新平不得已,在 1911 年 2 月再次提出《电气事业法》草案,把第六条改为"主管大臣在公益上有必要之时可以对电气事业者开展限制价格以

---

① 通商产业省:《商工政策史第二十四卷 電気・ガス事業》,商工政策史刊行会 1979 年版,第 28—32,102—105 页。

② 帝国议会:《帝国議会議事録》第二六回 1910 年,众议院部分 4,第 16—19,23—24 页,贵族院部分第 2,4,11 页;田健治郎:《田健治郎日記》,芙蓉书房 2008 年版,第 330—331 页。

及其他有关电气供给条件的有必要的命令"。3月,新的《电气事业法》草案总算得到两院多数承认。问题在于,旧草案的意图在于电价的事先许可,政府监管先于市场定价。而新草案实质上变成了事后追认,市场定价先于政府监管。此后直到1932年《改正电气事业法》实施为止,递信省基本维持市场定价原则,没有主动干涉过电价。而各地的"报偿契约"内容不一,虽有部分都市有电价许可条款,但是范围限于行政区域,且"报偿契约"本身的效力在1919年《道路法》实施后大打折扣。1911年到1932年之间,日本电价就处于自由竞争、市场定价状态。在《电气事业法》审议过程中,中央政府对于电价许可权的放弃,是20年代末大众不满民营电力企业,展开"降低电价运动"的一个伏笔。

《改正电气事业法》虽然最终导入电价许可制,但是递信省因为从无电价监督经验,为了客观地确定电价标准,出台了1932年12月起5年间现有电价固定的政策。这使得"降低电价运动"中表现出来的对于电力市场现状的不满没有得到迅速解决。公营化运动又在1934年除了青森县得到特例许可之外归于失败。1935年后,大众的不满随之转向《改正电气事业法》和电气委员会,随着第二次世界大战的打响终于归结为"电力国家管理"。1937年12月,递信省按照《改正电气事业法》调整了全国电价,为时已晚(详见第六章)。

但是递信省没有电价许可权不意味着日本中央政府对于电力工业完全放展听任市场。相反,递信省通过其所掌握的营业许可权在同一地理区域向复数电力企业发放许可,来刺激它们互相竞争,以此促进电力工业发展。这些竞争表现为电灯市场的"电灯战"与电动力市场的"电力战",看起来似乎日本的电力市场是自由放任的状态,但其背后是日本政府无形的产业政策。电价许可权的一波三折折射出日本政界把电力理解为竞争市场的观念,但是日本政府也能顺时而动,利用市场,推动产业发展,而不是完全地放任市场自生自灭。这里就有必要探讨下递信省的市场竞争方针。

递信省的市场竞争政策大致按照对于电灯、电动力的政策区别分为三个时期。

第一个时期是 1900 年到 1907 年前后。1900 年之前，递信省对于电力企业的设立申请，如果没有用电安全上的隐患就基本许可，尚未形成明确的产业政策。大约 1900 年左右开始，递信省开始针对电灯市场已经有电力企业的地区不再向其发放营业许可。但是同时，对于电动力市场开始向复数的电气企业发放营业许可。例如在东京，递信省于 1900 年给东京铁道公司发放了电动力经营许可，这是东京电灯此后面临的一轮又一轮竞争、一次又一次合并（见第二章）的开端。

第二个时期是 1908 年到 1915 年左右。1910 年前后，随着高压送电技术的进步，山区水力发电资源开始得到开发并向东京、大阪等负荷中心送电。水力发电成本普遍低于火力。这带来了电力市场大幅度降价的可能性。同时，钨丝电球的普及也大幅度降低了电灯的导入成本。[1]递信省敏锐地捕捉到技术与市场的变化，开始推行电灯、电动力双方的重复供给方针。在此方针下，1911 年日本电灯公司获得东京市区准入资格，1911 年神户电气铁道公司获得神户市区营业许可。各大都市的"电灯战"集中在这段时期。1907 年日本的电力企业不过 116 家，到了 1912 年激增为 327 家。[2]六大都市的平均电灯普及率也从 1910 年左右的 20％上升为 1917 年的 80％。

第三个时期是 1915 年左右到 1932 年《改正电气事业法》实施为止。随着电灯市场的饱和，递信省再次修改方针，终止了电灯市场的重复供给。递信省对于京都市与京都电灯的"调停"是方针变更的表现之一。在东京，递信省也调解了东京市、东京电灯、日本电灯之间的竞争。不过，对于电动力，递信省维持了重复供给方针，但是为了避免过度竞争，又加上限制条件，要

---

① 栗原東洋：《電力》，现代日本産業発達史研究会 1964 年版，第 64 页。
② 橘川武郎：《日本電力業発展のダイナミズム》，名古屋大学出版会 2004 年版，第 107 页。

求新设立的电动力企业对每个客户的供电容量必须在 50 到 100 马力以上。①当时正值第一次世界大战期间日本经济景气，电动力市场不断扩大。在递信省的新方针下，1918 年到 1919 年，大同电力的前身木曾电气兴业、大阪送电、日本水力先后设立，1919 年日本电力设立（详见第二章）。此后在 20 年代，东邦电力、东京电灯、日本电力、大同电力等大型电力企业之间展开了激烈的"电力战"（详见第五章）。日本的住宅电气化率能在 1930 年达到 89%，递信省的重复供给方针功不可没。

不过，也因为递信省的方针，1915 年之后，日本电力市场的竞争集中在电动力领域，使得电灯价格相对高位，这是导致"降低电价运动"和大众对民营电力企业不满的一个原因。而激烈的竞争使得大型电力企业的盈利普遍恶化，日本的跨区域电网建设也陷入混乱，这些因素使得电力企业在 30 年代初结成卡特尔规避竞争，递信省也不得不终止重复供给方针。随着 1932年《改正电气事业法》的实施，递信省确立了原则上不再许可重复供给的新方针。

第五节　本章小结

本书用"大技术系统"框架考察德日两国电力工业，具体考察则集中于政商关系。政治因素对于电力企业、电力系统的塑造作用，是本书重中之重。本章从法律背景、政治结构、市场理念三个角度，梳理了两国监管的起源和演变、公营企业的由来和发展逻辑。

第一，对于德国来说，基于既有的"许可证"模式，电力工业从诞生伊始

---

① 通商産業省：《商工政策史第二十四卷　電気・ガス事業》，商工政策史刊行会 1979 年版，第 53、86 页。

就伴随着政府监管。日本则在电力工业起步当初，并没有伴随着德国意义的监管。日本各级政府对于怎样监管、是否监管的探索过程，伴随着近代日本电力工业发展全程。

第二，德国"许可证"模式中的政府收购条款，是德国电力企业的所有制结构在长期内从民营主导向公营主导转变的根据之一。在市场观念上，德国各级政府对于政府通过公营企业形态直接参入电力并无隔阂心理，各级政府也有公营与否的自主权。日本在导入"报偿契约"模式后，也存在电力企业公营化的可能性。但是这个可能性在集权式政治结构下往往被中央政府所有意无意地阻碍。这是日本在长期内公营企业没能大量增加的重要原因。

第三，德国各级政府为了推动电力工业发展，往往通过公营企业形式直接参入电力工业。这是德国的政治结构和市场观念的共同结果。日本中央政府推动电力工业发展，则是利用营业许可权，鼓励电力企业之间互相竞争。电力市场上的竞争主体或市场主体包括了地方公营企业。这是日本的政治结构和市场观念的共同结果。

本书第二章结尾，在整理了德日两国电力企业发展脉络后，曾提出几个问题。这些问题因为超出企业经营管理领域之外，限于每章有所侧重，不能立即作答。这里对第二章提出的问题作一番解答。

问：政府监管、政治结构等因素对电力企业成长战略有何影响？

答：影响巨大。日本的中央集权式监管使得递信省能够推行全国性的产业政策，刺激电力企业之间互相竞争。日本电力和大同电力的诞生，东京电灯的合并战略，东邦电力和东京电灯之间的竞争都是竞争政策的产物。递信省也能限制地方公营企业的出现与扩张。德国分权结构下，都市政府以"许可证"监管，而"许可证"包含着公营的种子。地方政府各有自主权，所以公营企业能够互相联合为 RWE 和 VEW，或者实现区域系统扩张为 PREAG 和 ASW。

问：为什么德国的电力企业能倾向于企业间协力合作或者如控股公司那样稳定的企业间关系，而日本的电力企业却倾向于价格竞争甚至撕毁长期合同？这背后是否有国家政策方面的因素？

答：有国家政策因素。递信省的竞争政策是日本电力企业之间不稳定关系的刺激因素。而德国中央政府1919年的《社会化法》也是刺激因素。它刺激了地方政府之间自主地建设区域系统和跨区域系统，以此证明无需国家干预也能够实现《社会化法》所规划的全国性跨区域电网。

问：是什么因素导致了德国政府总体上对于设立公营企业参入电力市场的积极性和日本总体上的消极性？

答：日本学者橘川用两点论据来解释为什么日本电力工业由民营企业主导。一是明治政府不认为电力具有军事战略意义，二是民营企业的管理能力出色。[1]笔者不能同意橘川的第二点。日本和德国比较之下可见公营与否并不影响电力企业本身的发展战略和成长路径。问题在于日本的政治结构下，地方公营企业的发展可能性受到压制。这就表现为日本公营企业的消极性。消极是相对而言的，东京市营电力事业、大阪市营电力事业自甘于配电业务，构成 RWE、VEW 的都市系统却能联手组建大型电力企业。橘川的观点忽视了政治对于电力系统的塑造。

---

① 橘川武郎：《日本電力業発展のダイナミズム》，名古屋大学出版会 2004 年版，第 8 页。

第五章
跨区域电网

第一节　导　言

　　电网一般英译"grid",如国家电网公司英文名为"State Grid"。在字面上,"grid"指代网格状的线条集合。按照休斯的定义,在电力工业中,电网"经常采用高压线路环绕某个供给区域的形式,或者以节点为主要负荷中心的多边形形式"[①]。休斯的定义,关键词有三:高压线路,环状,多边形。可见,电网是电力技术的物理外观。不同于企业、所有制、政府监管等电力技术的经济和政治外观,电网有形可见、具象可感。我们放眼窗外,有较大概率会看到电线和电线杆,甚至高压线塔。本章试图通过"大技术系统"框架,探讨德国日本两国跨区域电网发展史。

　　放眼全球,日本的电网构造有其特殊性,甚至有些"奇葩"。首先,日本没有统一交流电频率标准。以本州岛中部地区为界,西边是 60 Hz 区域,东边是 50 Hz 区域。大部分在日本售卖的家电能够在这两种频率下正常使用。但是也有部分家电如微波炉、电冰箱只能在其中一种频率下使用,给搬家者带来不便。其次,日本没有一个统一的、整合的全国性跨区域电网。这

---

① Thomas P. Hughes, *Networks of Power: Electrification in Western Society, 1880—1930*, Baltimore: Johns Hopkins University Press, 1983, p.324.

点和交流电频率标准的不统一紧密相关。频率标准不同的电力系统想要互联,必须在系统和系统之间建设频率转换器。但是频率转换器造价不菲且送电能力有限。[1]直到 2016 年,日本 60 Hz 区域和 50 Hz 区域之间通过频率转换器可以输送的容量也才 1 200 兆瓦,远远小于各区域内部的高压送电线所可以互相输送的容量。

早在 1945 年,美国专家就在《战略轰炸调查》中指出,日本没有统一交流电频率标准的情况是工业国中的一个特例。[2]大约半个世纪后,日本学者依旧承认世界上除了日本没有第二个国家的跨区域电网有两套频率标准。[3]这和第二次世界大战时德国已经融入欧洲电网形成鲜明对比。

尽管有学者认为,从平均停电时长来看日本的电力在世界属于最佳品质。[4]但是日本没有统一交流电频率标准,也没有统一、整合、全国性跨区域电网的现状,使得日本的电网在 2011 年 3 月日本东北地区大地震后呈现出其脆弱的一面。由于 60 Hz 区域和 50 Hz 区域之间难以大量送电、互通有无,尽管日本西部 60 Hz 区域电网完全有供电余力,东京的电力系统(50 Hz)却还是不得不忍受长达 10 天的周期性停电。日本自然灾害频繁,素来有防灾意识。日本东西区域电网之间也早就建设了频率转换器以备地震等不时之需。即使如此,东京依旧在地震后陷入停电。三菱电机的高层评价这个现状为"耻辱(a shame)"[5]。

为什么日本没有统一交流电频率标准? 没有发展出统一整合的全国性

---

① 横山明彦:《東日本 50 ヘルツ,西日本 60 ヘルツはなぜ統一できないのか》,《エネルギーレビュー》2011 年 31 巻 7 号,第 11—14 页。

② United States Strategic Bombing Survey(USSBS), Report No.22-c(12), p.16.

③ 門井龍太郎:《電気の周波数と電圧(日本・世界)》,《電気学会雑誌》1991 年 111 巻 12 号,第 1011—1014 页。

④ 鈴木浩:《電力系統と電力系統技術発展の系統化調査》,国立科学博物館産業技術史資料情報センター《国立科学博物館技術の系統化調査報告》第 29 集,国立科学博物館,第 206 页。

⑤ Peter Fairley, "Why Japan's Fragmented Grid Can't Cope: Bridging Japan's east-west frequency divide to stoke power flows will require real engineering hustle", *IEEE Spectrum*, 2011, https://spectrum.ieee.org/why-japans-fragmented-grid-cant-cope.

跨区域电网？无论在日本还是英语学界，一般观点是把该现状理解为日本在19世纪末引进交流电技术时当初所作选择的路径依赖。①东京电灯在1895年导入了德国AEG制造的交流电发电机，当时AEG的标准是50 Hz。两年后，大阪电灯导入了美国通用电气公司生产的交流电发电机，当时通用电气的标准是60 Hz。一般观点认为，两大电力公司各自导入交流电技术分别为日本东西地区的电网确立了标准，导致了两套标准的并存。

这个观点重视初始条件不无道理，但是把19世纪90年代之后数十年间日本各界为统一交流电频率所作的努力忽略不计，就未免一叶障目，陷入僵化静止的历史观。并且，从20世纪20年代末日本工程师所整理的各地

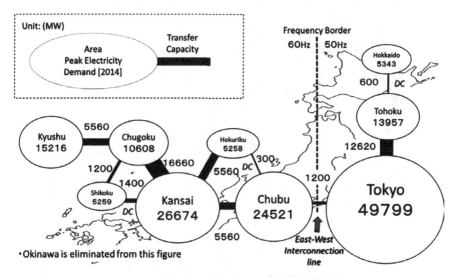

图17 日本电网50 Hz和60 Hz的并立（2016年）

资料来源：Tetsuya Torayashiki, Hiroaki Maruya, "Study on Risk Reduction of Electric Power Supply Restriction by Reinforcement of Interconnection Lines Between Areas for the Nankai Trough Earthquake," *Journal of Disaster Research* 11(3), 2016, pp.566—576。

① 持有这个观点的学者包括门井龍太郎：《電気の周波数と電圧（日本·世界）》，《電気学会雑誌》1991年111巻12号，第1011—1014頁；橘川武郎：《日本電力業発展のダイナミズム》，名古屋大学出版会2004年版；鈴木浩：《電力系統と電力系統技術発展の系統化調査》，国立科学博物館産業技術史資料情報センター《国立科学博物館技術の系統化調査報告》第29集，国立科学博物館，第198—273頁。

交流电频率图看来（图 19），虽然东京和大阪周边毫无疑问地各自以 50 Hz
和 60 Hz 为主，但是在九州岛 50 Hz 和 60 Hz 区域几乎各半，在本州岛东北
部 60 Hz 仍然占三分之一，在北海道 60 Hz 占主流。仅凭 19 世纪末东京电

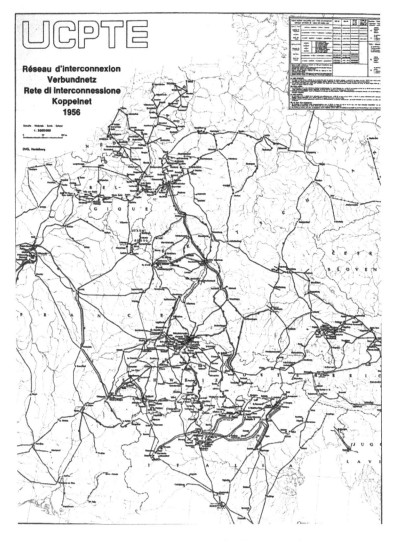

图 18　欧洲背景下的联邦德国电网（1956 年）

资料来源：UCPTE（Union für die Koordinierung der Erzeugung und des Transportes
elektrischer Energie），*25 Jahre UCPTE*，Arnhem：UCPTE，1976。

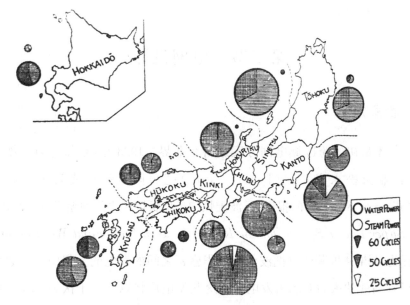

图 19　日本各地电力系统的交流电频率(1927 年)

资料来源：Bunichiro Tanaka, "Propeller turbines in Japan," In World Power Conference ed. *The Transactions of The Tokyo Sectional Meeting*, Tokyo：Koseikai, 1929, pp.424—445。

灯和大阪电灯的初始选择就决定日本东西交流电频率分立,未免过于强调初始条件,忽略了历史变迁。

　　本章试图用"大技术系统"框架,通过比较史的手法,来探讨政治经济无形因素对作为电力技术物质外观的电网的塑造。电网作为地理空间中发电站、高压电塔、电缆、变电所的有形表现,折射出的是无形的企业成长、企业家精神、工程师的前瞻性、政府监管、国家政策等无形因素。难怪美国学者巴克在《电网》一书中,把电网视为"一个机器,一个基础设施,一个文化产物,一套商业习惯,一个生态系统"[1]。运用比较史手法,则有助于探究为什么德国能够顺利融入欧洲电网而日本却一国之内的跨区域电网都无法整合。

[1] Gretchen Bakke, *The Grid：the Fraying Wires between Americans and Our Energy Future*, New York：Bloomsbury, 2017, p.10.

第二节　电网设计

一、松永方案

日本最初的跨区域电网方案来自企业界。1923 年,东邦电力的创始人、企业家松永安左卫门(1875—1971)把美国工程师威廉·S. 穆莱(William S. Murray)的报告书《波士顿和华盛顿区域之间的超级电力系统》(*A Super Power System for the Region between Boston and Washington*)翻译为日语。[①]穆莱建议把波士顿和华盛顿之间的发电能力集中于少数大规模且高效的火力和水力发电厂。这些发电厂将以 110 千伏和 220 千伏高压线路联结起来形成跨区域电网。在日语版报告序言中,松永安左卫门吸收了规模经济、互联、水火并用原则,阐述了自己的日本版"超级电力"计划。

松永建议,可以把日本的火力发电能力集中到大阪,在东京、名古屋、仙台保留小规模而高效的火力发电设施以应对高峰负荷。日本的水力发电则集中到本州岛中部山区的各大河川。东京、大阪、名古屋、仙台和各大山区河川水电站通过 220 千伏高压送电线互相联结。当时,220 千伏送电技术 1923 年 5 月刚开始在美国商用化,属于世界上最前沿的技术。日本也尚未制定电压标准。松永的计划,可谓颇具胆略与前瞻性。不过,松永计划的问题在于电网构建集中在本州岛中心地区,把四国岛、九州岛、北海道以及本州岛边缘地带忽略,难以称之为全国性电网计划。

松永身为以名古屋为主要供给区域的东邦电力创立者,却建议把火力发电能力集中到大阪。这里体现的不是松永为国家谋划未来、不借机攫取

①　東邦電力調査部:《米国の超電力連系に関する組織》,東邦電力株式会社 1923 年版。

私利的胸怀,而是他作为企业家的务实作风。当时,京滨、名古屋、关西三大工业地带中,京滨和名古屋的发电能力以水力为主,而关西地区则以火力为主。日本从明治维新以来就是产煤大国,煤矿集中在九州岛。九州煤炭通过濑户内海运到大阪发电,比起运到名古屋或者东京节约运费,也是理所当然的选择。日本的水力发电资源集中在本州岛中部落差较大的山地河川,大规模开发中部山区水力,比起开发大阪一带低缓山地的水电资源来的高效。松永计划集中火力于大阪,水力于本州岛中部,可见他立足现实。

诚然,松永安左卫门绝不是空谈理想。1923 年,在翻译穆莱报告、阐述自己的方案的同时,松永撰写出版了《关于频率统一》一书。①松永指出,日本交流电频率缺乏标准:1922 年,大阪和名古屋地区 87％的发电能力是 60 Hz,东京则 83％是 50 Hz,东北地区则又是 73％为 60 Hz。松永建议,要构建日本版"超级电力",统一频率标准是当务之急。

松永安左卫门虽然是身居一线的电力企业家,他所提出的电网方案也反映了当时日本工程学界对跨区域电网的理论认识。1921 年,东京帝国大学工学部教授涩泽元治(1876—1975)在日本电气工程学界权威刊物《电气学会杂志》(*IEE Japan Journal*)上发表《关于电气统一》一文。②涩泽在文中

表 27 德国日本电源构成一览

(1) 德国

年	煤炭	褐煤	水力	石油
1913	63.3％	23.0％	11.6％	2.1％
1922	48.2％	41.2％	9.7％	0.8％
1932	32.6％	46.1％	21.2％	n/a

① 東邦電力調査部:《周波数統一について》,東邦電力株式会社 1923 年版。
② 渋沢元治:《電力統一について》,《電気学会雑誌》1921 年 6 号,第 367—382 頁。

(2) 日本

年	煤炭	水力
1914	14%	86%
1925	13%	87%
1932	10%	90%

资料来源:Gerhard Dehne, *Deutschlands Großkraftversorgung*, Berlin: Spriner, 1928;栗原東洋:《電力》,現代日本産業発達史研究会 1964 年版。

表 28 日本三大负荷中心的电源构成(1918 年)

	装机容量(KW)		比例	
	火力	水力	火力	水力
京滨地区	17 180	153 225	10.1%	89.9%
名古屋地区	5 600	21 600	20.6%	79.4%
关西地区	91 925	42 520	68.4%	31.6%
合　计	114 705	217 345	34.5%	65.5%

资料来源:平澤要:《電氣事業經濟講話》,電氣新報社 1927 年版,第 303—306 页。

表 29 德国各地电源构成(1930 年)

	发电量(GWh)				比例(%)		
	煤炭	褐煤	水力	总计	煤炭	褐煤	水力
西北德	1 392	2 399	300	4 091	34.0%	58.6%	7.3%
西南德国	182		741	923	19.7%	0.0%	80.3%
巴伐利亚和普法尔茨	25	18	1 356	1 399	1.8%	1.3%	96.9%
下萨克森	942	142	95	1 179	79.9%	12.0%	8.1%
萨克森和图灵根	114	1 082	97	1 293	8.8%	83.7%	7.5%
中北德	1 059	2 457	116	3 632	29.2%	67.6%	3.2%
西里西亚	500	17	102	619	80.8%	2.7%	16.5%
东普鲁士	114	1	9	124	91.9%	0.8%	7.3%

资料来源:Das Spezial-Archiv der deutschen Wirtschaft, *Die Elektrizitätswirtschaft im Deutschen Reich*, Berlin: R. & H. Hoppenstedt, 1933。

表 30 主要工业国可发电煤炭与褐煤资源存量(1935 年)

	煤炭		褐煤	
	预计存量	已发现存量	预计存量	已发现存量
德 国	280 000	80 000	57 000	29 000
法 国	9 000	4 050	240	95
英 国	176 000	129 500	n/a	n/a
奥地利	n/a	13	2 337	611
波 兰	48 000	14 000	5 000	1 500
俄罗斯	1 240 000	n/a	n/a	n/a
美 国	2 037 000	n/a	852 000	n/a
日 本	4 046	5 960	778	100

资料来源：Carl Krecke, *Die Energiewirtschaft der Welt：Ergebnisse der III. Weltkraftkonferenz Washington 1936 in Deutscher Betrachtung*, Berlin：VDI-Verlag, 1937。

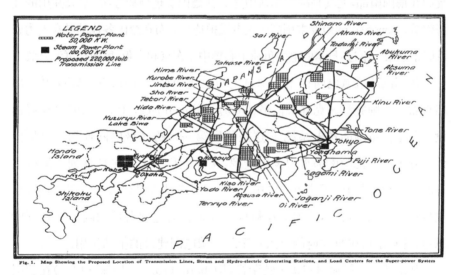

Fig. 1. Map Showing the Proposed Location of Transmission Lines, Steam and Hydro-electric Generating Stations, and Load Centers for the Super-power System

图 20 松永方案图示(1923 年)

资料来源：Minoru Fukuda, "Super-power in Japan", *General Electric Review* XXVII, No.8, 1925, pp.542—549。

没有给出具体的电网方案,但是引用当时美国、英国、德国等发达的国家的例子,强调建设大规模发电设施,互联水力火力发电厂,以及建设高压送电系统的紧迫性。涩泽元治同样把统一交流电频率定位为首要任务。可见松永方案，有日本电气工程学界的学理支撑。

二、特荣格方案和克普兴方案

和日本相比，德国在跨区域电网建设上有一大先天优势。由于德国电机制造业在世界上位居前列，在 AEG 和西门子的市场寡占下，德国在 20 世纪初就成功地把交流电频率标准定位 50 Hz。同样因为 AEG 和西门子的市场影响力，欧洲大陆各国标准也是 50 Hz。[①]这给欧洲跨国电网建设也创造了前提。

德国可用于大规模发电的自然资源在地理上分布不均。这点和日本类似。适合运输、储存、以备高峰负荷的煤炭资源多数在德国西部萨尔区，适合就地转化为电能的褐煤资源多数在德国西部鲁尔区，80％以上水力发电资源集中在德国南部，尤其是阿尔卑斯山脉。在德国实现规模经济、水火并用的经济效益（economic mix）要求用高压送电线把这些分布在全国各地的潜在电力资源联结起来。不过，日本的电力负荷中心集中于东京和大阪，德国却更为分散。

德国的跨区域电网计划发源自电机巨头 AEG。1916 年，AEG 电力部门首席工程师乔治·克林根伯格（Georg Klingenberg，1870—1925）提议建设一条全国范围的送电系统。[②]这是德国第一个跨区域电网计划。但是该计划并未考虑德国南部水力发电资源，实际上称不上全国性计划。值得注意的是，克林根伯格提议由德国中央政府，即当时的德意志第二帝国政府来主持这项计划。可见，德国工程师从一开始就对电网背后的政商关系有所思考，并且承认中央政府的介入对于跨区域电网建设的推动作用。

1920 年，工程师理查德·特荣格（Richard Tröger，1879—1966）在德国电气工程学界权威刊物《电气技术杂志》（*Elektrotechnische Zeitschrift*）上

---

① Thomas P. Hughes, *Networks of Power：Electrification in Western Society，1880—1930*，Baltimore：Johns Hopkins University Press，1983，pp.128—129.

② Nobert Gilson, *Konzepte von Elektrizitatsversorgung und Elektrizitatswirtschaft：Die Entstehung eines neuen Fachgebietes der Technikwissenschaften zwischen 1880 und 1945*，Stuttgart：GNF Verlag，1994，pp.106—112.

发表了一个新的全国性电网计划。特荣格曾在 AEG 和克林根伯格共事多年。特荣格方案中的高压送电线路以多边形构造联结德国西部鲁尔区和萨尔区煤炭产地、南部山地水力资源、中部褐煤产地、东部现在波兰境内的煤炭产地以及柏林、慕尼黑、佛莱堡、法兰克福、汉诺威、不来梅、汉堡、基尔等各大负荷中心。特荣格方案背后的规模经济、水火并用、互联等技术经济思路显而易见。特荣格方案中的电网范围覆盖全国，是名副其实的全国性电网计划。

1923 年，RWE 的董事会成员、首席工程师阿图尔·克普兴（Arthur Koepchen，1878—1954）以当时最前沿的 200 千伏高压送电技术为基础，重新规划了一份全国性电网方案。克普兴方案的基本思路和特荣格方案相比并无实质区别。创新之处在于，克普兴设计了一条 200 千伏线路，从褐煤产地、工业中心鲁尔区出发，经过法兰克福、巴登州、符腾堡州、直达巴伐利亚州山区水力发电地区。这条线路亘长 800 公里，气魄宏大。当时德国高压电标准是 100 千伏，克普兴方案大胆地采用当时世界上最先进的 200 千伏高压送电技术。相比特荣格方案，克普兴方案范围稍小，并未涵盖德国北部，且其设计有以身居鲁尔区的 RWE 为主的色彩。但是就其前瞻性、大胆性而言，克普兴方案毫不逊色。

这里顺便介绍一下克普兴的生平。阿图尔·克普兴于 1878 年出身于德国科隆附近的小镇费尔贝特（Velbert）。克普兴因为视力不佳，兵役不合格，但是他对机械很有兴趣。1897 年高中毕业后，他经历了半年在机械制造厂实习，半年在电厂实习的时光。克普兴于 1899 年考入卡尔斯鲁厄理工学院（Karlsruher Institut für Technologie，缩写 KIT）。在 KIT 学习期间，克普兴决意从事电力行业。1903 年，25 岁的克普兴通过工程师资格考试。次年进入科隆的一家电力公司工作，在职期间担任了两家电厂的建设主管。克普兴于 1906 年跳槽到莱茵威斯特法伦电力公司（Rheinisch Westfalisches Elektrizitätswerk，缩写 RWE）。至此，28 岁的克普兴年纪轻轻，却已经积累了丰富的电厂实践经验，绝非纸上谈兵的一介书生。克普兴此后的职业生涯，将和 RWE 以及德国电力工业紧密地联系在一起。

入职 RWE 后,克普兴被委以重任,1906 年起掌管一家位于索林根市的电厂,1910 年改任杜塞尔多夫赖斯霍尔兹电厂(Kraftwerk Düsseldorf-Reisholz)厂长并负责附近 25 千伏送电线路建设。克普兴年轻有为,深受 RWE 首席工程师贝尔纳德·戈尔登贝格(Bernard Goldenberg)赏识。1914 年戈尔登贝格退休,推举克普兴接替他成为 RWE 董事会成员。1917 年戈尔登贝格去世后,克普兴成为 RWE 首席工程师直到 1945 年。

在 20 年代初,德国和日本的企业家都敏锐地察觉到建设跨区域电网的紧迫性和重要性。他们都把握了规模、互联、水火并用等技术经济原则。在积极采用最前沿技术方面,RWE 的克普兴和东邦电力的松永安左卫门并无

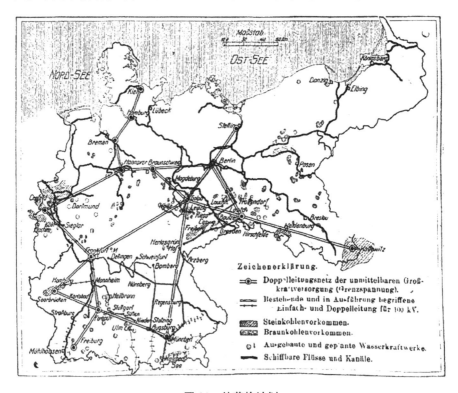

图 21　特荣格计划

资料来源:ETZ,1920。

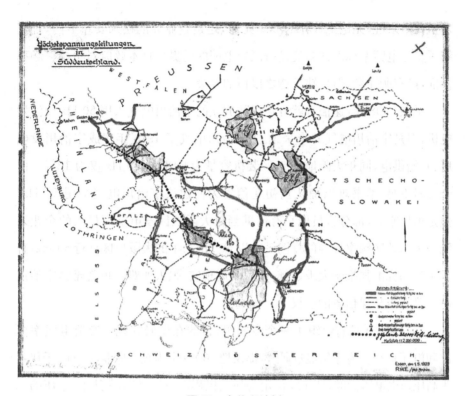

图 22　克普兴计划

资料来源：Theo Horstmann，*Strom für Europa*：*75 Jahre RWE-Hauptschaltleitung Brauweiler 1928—2003*，Essen：Klartext，2003。

二致，二人都可谓富于企业家精神、满怀激情与创造力。但是他们各自的计划能否实现，则是一个企业家精神的主观能动性与政治背景、市场等客观环境相互动的过程。

第三节　电网与政治

一、日本：理想与现实

电力与政治密不可分，这里有必要讨论下政府对于跨区域电网的态度。

对于日本来说,无论工程界的涩泽元治,还是企业界的松永安左卫门,都把统一交流电频率标准视为建设跨区域电网的前提。日本政府对于统一频率标准,虽有所注意,但是缺乏持之以恒的政策。

早在 1908 年,递信省就曾建议新成立的宇治川电气采用 50 Hz 交流发电机,但是宇治川电气并未采纳。[①]宇治川电气于 1913 年建成宇治川发电所、开始供电,同年大阪地区 60％装机容量为 60 Hz,50 Hz 仅为 12％。由于史料不足,本书难以确认当初递信省为何建议宇治川电气采用 50 Hz。但是事后来看,部分官员似乎有借助当时大阪地区发电能力最大的企业来统一关西地区频率标准的意图。在以 60 Hz 为主的大阪地区推行 50 Hz,有拿东京的标准强推于大阪之嫌,未免脱离现实、强人所难。也就难怪宇治川电气没有听从递信省的建议。

1914 年,递信省组织了一个专家组,目的在于研究统一交流电频率标准和电压标准。专家组经过研讨,提议把 50 Hz 定为频率标准,把 110 千伏定为高压送电电压标准,把 100 伏定为住宅民用电电压标准。[②]其中,电压的标准化进展非常顺利。第一次世界大战中,日本政府为应对猛增的电力需求把高压送电标准电压升高为 154 千伏,沿用近 40 年,直到 50 年代才修改为 275 千伏。住宅民用电电压标准则在 20 年代确定为 100 伏,此后沿用百年至今。

但是,相对于送电电压标准和民用电电压标准,交流电频率标准的统一一波三折。递信省预料到统一标准需要庞大的资金投入,但是没有人预料到第一次世界大战期间电力需求猛增。日本政府不得不搁置频率标准问题,把扩充发电能力放在首位。结果就固化了松永在《关于频率统一》所指出的各地标准不一问题:大阪和名古屋地区 87％发电能力是 60 Hz,东京则

---

① 递信省:《递信事業史》,递信協会 1941 年版,第 218 页。

② Motoji Shibusawa, "Technical observations of the laws and regulations governing the Japanese electrical undertakings," In World Power Conference ed. *The Transactions of The Tokyo Sectional Meeting*, Tokyo: Koseikai, 1929, pp.1151—1169.

83%是 50 Hz,东北地区则又是 73%为 60 Hz。此时想要继续推行标准统一,就需要更加庞大的资金投入。第一次世界大战结束后,递信省在 1919年一度放弃了统一全国频率标准的计划,改为建议两套标准并存:日本东部地区为 50 Hz,西部地区为 60 Hz。①事后看来,日本政府虽然在 1914 年就有统一频率标准的方针,但是该方针无法落实,背后有突然爆发的世界大战等难以预测的巧合因素。如果第一次世界大战推迟十年爆发,日本的频率标准化也许能取得进展。

乍一看来,递信省在 1919 年的东西两套标准并存方针,基本接近今天日本电网的情况。但是日本电网的东西分立不是当年政策的直接产物。1919 年之后,还是不断有官员试图统一全国频率标准。1923 年,关东大地震发生。震后东京几乎化为废墟,陷入停电。当时名古屋和大阪有剩余供电能力,但是限于频率标准不一、频率转换器不备,无法向东京供电。这个状况在 2011 年大地震之后讽刺性地再现。

1924 年,递信省再次召集专家组研讨频率标准统一问题。专家组给出复数方案。其中包括建造频率转换器,或者安装既能以 50 Hz 也能以 60 Hz出力的发电机组,或者统一全国频率标准为 50 Hz、55 Hz、60 Hz 其中之一。经过估算,统一全国频率标准为 50 Hz 将耗费 3 700 万日元,而统一为60 Hz 则耗费 2 400 万日元。②这些方案因为费用过高,不了了之。此后直到第二次世界大战,日本政府再也没有过正式的频率统一方针。

日本电力工业的情况在世界上有其特殊性。在 20 世纪 20 年代,电力普及程度落后的国家,无论东亚的中国还是西欧的英国,都把统一交流电频率标准视为当前要务,积极地去落实。③但是日本在电力普及程度上早已位

---

① 逓信省:《逓信事業史》,逓信協会 1941 年版,第 220—221 页。
② 朝岡大輔:《企業成長と制度進化:戦前電力産業の形成》,NTT 2012 年版。
③ Ying Jia Tan, *Recharging China in War and Revolution*, 1882—1955, Ithaca: Cornell University Press, 2021, pp.48—53.

居世界前列。在 1917 年,日本六大都市的平均住宅电气化率就超过 80％。从 1920 年到 1930 年,日本的工厂电气化率从 61％上升为 89％。①日本在没有全国统一的交流电频率标准的情况下就实现了电力在住宅和工厂的广泛普及。对于当时的中国和英国来说,普及电力、统一频率标准二者紧密相关。但是对于同时期日本而言,普及电力和统一频率标准从现实意义上说已经没有关联。

对日本来说,统一频率标准仅在构建全国性跨区域电网上具有重要意义,一如涩泽元治和松永安左卫门在 20 年代初所倡导。但是日本政府对于构建全国性跨区域电网本身并不关心。这点在下文对比同时代德国政府的态度时可以明显地观察到。在电网构建上,日本政府维持了其从 19 世纪末以来的不直接介入电力市场、放任民营电力企业展开市场竞争的方针。涩泽元治和松永安左卫门的理想想要实现,就不得不顺应现实,通过市场,通过竞争,而不是通过国家政策。

二、德国:中央与地方

相比日本,德国较早地统一了交流电频率标准。这使得企业家、工程师、政府官员可以直接进入构建跨区域电网的正题而不必费心于频率标准。德国政府的跨区域电网政策可以从中央政府和地方政府两个层面来探讨。

1919 年,德意志共和国议会通过了《社会化法》(*Sozializierungsgesetz*)。该法要求德国中央政府构建一个国家垄断的全国性高压送电网。不过魏玛政府当局对于这个法案并不上心。迟迟到 1926 年,魏玛政府才委托著名工程师奥斯卡·冯米勒(Oskar von Miller, 1855—1934)来研究全国性电网方案。冯米勒在第一次世界大战后领衔设计了德国南部巴伐利亚州的全州级区域性电网,在德国电气工程界威名显赫。冯米勒的研究报告完成于 1930

① 小桜義明:《高知県における工業誘致政策の形成と県営電気事業》,《経済論叢》1973 年 112 卷,第 105 页。

年,在时间上远远落后于特荣格与克普兴等来自民间先驱者的全国性方案。
冯米勒提议以 200 千伏和 380 千伏高压,以环状联结德国各大发电厂和负
荷中心。①该计划在技术经济思路上和特荣格与克普兴的方案并无二致。

国家归国家,民间归民间。在克普兴带领下,RWE 在 1923 年之后早就
立即着手于纵贯德国南北的跨区域电网建设。而德国各州也早就动手构建各
自州内的广域电网,甚至积极地和其他州合作共建跨州电网。州营电力企业
如 PREAG、ASW 就是其中典范。它们在 20 年代积极地推行区域扩张战略、
追求规模经济,根本不必等待魏玛政府的国家级政策来驱动它们。

地方政府在跨区域电网建设上的积极性源自中央政府的消极性,但是
更多源自德国联邦制下分权式的政治结构。魏玛政府早就通过 VIAG、
EAG 重层控股公司构造直接参入电力工业,并且 EAG 规模巨大不可小觑。
但是魏玛政府在实际操作上更多地把 EAG 看成补充政府财政收入的摇钱
树,而不是在国家主导下建立全国性跨区域电网的手段。

各州的反对态度是《社会化法》迟迟难以落实的又一原因。在联邦制
下,中央政府想要在各州建设电网,必须先求得州政府同意,难以独断专
行。②对于州政府来说,作为公共基础设施的电力也是一大摇钱树,害怕被
中央政府夺走。总的来说,各州政府对于《社会化法》设计的国家垄断型电
网持怀疑态度。许多州政府既然早就有了自己直属的电力企业和区域电
网,就不希望中央政府再介入。它们认为不通过中央政府,各州也能自己构
建全国性的跨区域电网。莱茵省就直接批判《社会化法》,认为德国各州如
果在自主协商的前提下联合设立企业来专营全国性跨区域电网建设,也能
获得成功,不必依靠中央政府的国家垄断。③从德国电力系统发展史看来,

① Oskar von Miller, *Gutachten über die Reichselektrizitätsversorgung*, Berlin: VDI, 1930.
② Thomas P. Hughes, *Networks of Power: Electrification in Western Society, 1880—1930*,
　 Baltimore: Johns Hopkins University Press, 1983, pp.315—316.
③ Adolf Hobrecker, *Die kapitalmässige Verflechtung der öffentlichen Elektrizitätswirtschaft in
　 der Provinz Westfalen*, Münster: Wirtschafts- und Sozialwissenschaftlicher Verlag, 1935, p.97.

莱茵省的思路是 RWE、VEW 等在地方都市政府之间互相合作的基础上从小型都市系统发展为大型区域系统的路径向州范围、国家范围的延伸。

德国的全国性跨区域电网也的确是按照这条路径成长起来的。各州政府既然已经参入电力工业，它们控股的电力企业就是市场主体。换言之，这些电力企业在互相竞争与互相合作中构建跨区域电网也是市场行为，而不是国家政策的体现。在这点上德国和日本是一样的。但是德国电力企业背后的政府控股、中央和地方之间的政治结构性冲突与张力，是日本没有的，这是两国跨区域电网构建过程中的一个本质区别。

第四节　电网与企业家精神

一、松永与"电力战"

在日本，松永安左卫门是当时少数胸怀全国性跨区域电网计划的企业家之一。和所有具有前瞻性的先驱者一样，松永知音难觅。1923 年，松永曾向日本政府建议由政府来牵头，组织建设全国性跨区域电网。[1]松永的思路是一方面政府来组织企业家开展这个计划，但是另一方面电网的所有权和经营权必须在民营企业手中。不过，日本政府对于松永的提案并没有兴趣。

1923 年到 1924 年之间，松永安左卫门主动联系了一些大电力企业的高层，试图说服他们联手设立一家公司，建设从日本东北部横亘本州岛中心地区直达大阪的主干高压电网。但是大多数电力企业热衷于相互之间市场竞争，对松永的全国性跨区域电网计划提不起兴趣。[2]日本电力企业之间的市场竞争在 1923 年 9 月关东大地震后进一步激化。各大电力巨头纷纷借

---

① 東邦電力調查部：《米国の超電力連系に関する組織》，東邦電力株式会社 1923 年版，第 6—7 页。

② 松永安左エ門：《私の履歴書》，日本経済新聞社 1970 年版，第 391—392 页。

着震后东京改造旧城区、重建基础设施的机会，开拓新市场。诚然，东京地区的供电能力短短 3 个月后就恢复到地震前的水平，而 20 年代日本电力市场也发生了激烈的市场竞争。

在这样的背景下，松永安左卫门改变方针，不再寻求用思辨说服其他电力企业，而是转向通过经济理性，在市场竞争中证明自己追求规模经济、水火并用、跨区域互联的方案的合理性。

松永安左卫门作为企业家的行为模式中，有两个特点值得注意。第一，松永重视企业在政府面前的独立性、主体性。在设法实现全国性跨区域电网计划时，他虽然寻求政府来发挥其组织作用，但是始终强调电网必须在所有权上和管理权上属于民间企业而不是属于政府。第二，松永对市场主体的经济理性深信不疑。对于电力企业相互之间的市场竞争，松永并不感觉不妥。

松永这些行为模式的背后，有其青年时代在庆应大学的老师福泽谕吉（1834—1901）的影响。福泽谕吉作为明治时代声名显赫的教育家、思想家、社会活动家，一贯信奉作为行为主体的个人在国家权力面前的独立自尊。福泽谕吉言传身教，松永安左卫门就读福泽创立的庆应大学期间，常跟随福泽谕吉散步闲谈，自称获益匪浅。诚然，庆应大学校友会在政经界的影响至今不可小觑，在当时，许多福泽门下弟子在日本电力工业史上留下足迹。在资本规模最大的电力企业中，除了东邦电力的松永安左卫门以外，大同电力的创始人福泽桃介（1868—1938）也出身于庆应大学，并且是福泽谕吉的女婿。当时有人评价说，福泽桃介像福泽谕吉的内面，松永安左卫门则像福泽谕吉的外表。此外，在关西地区社会影响巨大的阪急电铁的创始人、身兼企业家与茶道家的小林一三（1873—1957）也是福泽门下弟子。反观"电力战"，不难窥见福泽谕吉独立自尊思想的余波。①

---

① 橘川武郎：《日本の電力業を形作った三人の福沢諭吉門下生：福沢桃介・松長安左エ門・小林一三》，《近代日本研究》2020 年 37 卷，第 1—33 页。在这里有必要指出，二战开始后，松永安左卫门因为反对电力国家管理，对于日本法西斯消极抵抗，隐居田园，也开始钻研茶道。反而小林一三成为商工大臣，做了法西斯帮凶，必须予以批判。

1924 年,松永的东邦电力收购了群马电力和早川电力两家电力企业。两者分别建设着从本州岛中部山区通往东京的高压送电线路。(图 24 中 4 号线和 6 号线)以这两条电力系统为基础,东邦电力新成立了名为东京电力的子公司,正式参入东京地区电力市场。从 1924 年到 1927 年的 3 年间,东京电力建设了一条环绕东京的 154 千伏线路互联此外两条高压送电线路。

松永的企业战略可以归纳为两点。第一,如果东京电力可以通过市场竞争取得对于东京地区第一大电力公司东京电灯的优势地位,那么从东邦电力的据点名古屋到东京这一带的电力系统可以统一为一个整合的跨区域电网。第二,东京电力试图通过采用当时最前沿的水火并用技术来取得市场竞争优势。当时日本的电源构成以水力为主,电力企业的习惯是以水力发电对应基本负荷,以水力发电对应高峰负荷。东京电力却强调水火并用,通过建设高效率的火力发电厂,把水火发电量比例控制在一比一。[1]当时电气工程学界已经有学者提出这样的新电源结构的可行性。东京电力是把最新科技成果商用化的尝试。[2]

东京电力于 1927 年开始供电。东京电力为了和东京电灯抢占市场所采用的手段可以让人窥见当时"电力战"之一斑。东京电力采用了市场营销学中的"掠夺性定价",其电价相比东京电灯低约 37.5％。当时,跟东京电灯订有供电合同的老客户如果毁约转向从其他电力企业买电,要赔偿东京电灯违约金。东京电力的做法是如果客户撕毁已有的合同转而跟东京电力买电,东京电力会垫付违约金。此外,如果客户和东京电灯之间的供电合同在月底期满,而当月 15 日客户选择和东京电力签订下个月的供电合同,东京电力会把当月剩下 15 天的电价差价补偿给客户。通过这些措施,东京电力在短短几个月内就抢占了东京电灯约 27％的客户。

---

[1]　松永安左エ门:《私の履歴書》,日本経済新聞社 1970 年版,第 406 页。
[2]　栗原東洋:《電力》,現代日本産業発達史研究会 1964 年版,第 124—127 页。

但是，东京电力的"掠夺性定价"有其不可持续性。电力必须通过线路传送，向客户送电必须建设从发电厂、变压站通往客户所在地的电力系统。既然东京电灯此前已经向客户供电，东京市区就已经有了这些电力系统。东京电力抢夺客户，就是建设跟已有的系统平行的电力系统。这是资源的浪费。此外，为了支撑东京地区的新电力系统建设，东京电力大举借债。当时日本全国电力企业的平均负债资产比是 56％，东京电灯是 90％，而东京电力则高达 150％。[①]"掠夺性定价"挤压了利润，而负债必须定期付息。投资家们对东京电力的行为感到不安。1927 年 10 月，在三井银行和美国摩根银行的干预下，松永安左卫门把东京电力的股权出售给东京电灯。松永安左卫门发起的"电力战"以东京电灯对东京电力的收购告终。对于东京电灯来说，这不过是它所经历的一轮又一轮"电力战"，一次又一次收购的其中之一。

但是，对于松永安左卫门来说，这次"电力战"给他上了重要一课。松永领悟到，跨区域电网的实现不能够仅仅依靠市场竞争。1928 年，松永发表了一个新的电网计划。[②]在这个计划中，松永不再呼吁建设全国性电网，而是转而强调建设区域性的，并且在区域内垄断性的电网。换言之松永暂时放弃了全国性电网方案，转而把精力转向短期内更具有可行性的区域性电网。松永在 1923 年提出方案时就着眼于实干而非空谈。如果说 1923 年的方案富于理想主义精神，1928 年的方案则更富有现实主义色彩。用通俗的话说，松永领略了"社会的毒打"。同时，在 1928 年的计划中松永开始强调区域垄断而不是市场竞争。从当时日本政府对于电力市场竞争的默认推动态度看来，松永的转变有对政府不满的含义。在国家权力面前个人的独立自尊，依旧是松永作为企业家不变的原则。总而言之，松永安左卫门没有能

---

① 加藤健太：《東京電灯の企業合併と広域電気供給網の形成》，《経営史学》2006 年 41 卷 1 号，第 18 页。

② 橘川武郎：《日本電力業の発展と松永安左エ門》，名古屋大学出版会 1995 年版，第 355 页。

够通过市场竞争实现他的全国性跨区域电网计划。

二、克普兴与"南方线"

阿图尔·克普兴和松永安左卫门有许多类似之处。两人都是大电力企业高层。两人都积极地吸收当时世界上最前沿的电气工程学成果并将之商业化。两人都富有前瞻性，大胆地提出了全国规模的跨区域电网方案。两人都通过各自的企业，试图实现各自的方案。但是克普兴和松永的不同之处在于他们落实各自方案所采用的手段。松永选择企业间市场竞争，克普兴选择企业间合作。手段的区别背后是两人所处客观环境的不同。东京电力所处的背景是以民营企业为主的日本电力市场以及官民双方对于所谓自由竞争理念的信奉。RWE所处的背景是以公营电力企业为主的德国电力市场以及中央政府和地方政府在电网所有制、控制权等方面的冲突与张力。

1919年，在《社会化法》立法过程中，克普兴曾在魏玛国民代表大会上发言表示反对。1920年，克普兴在《电气技术杂志》上发表论文，指出《社会化法》所计划的国家垄断式电网的最大问题在于中央政府从上往下的官僚主义结构。[1]RWE在公司年度报告中明确表示，全国性跨区域电网的建设要建立在相关企业自愿的基础上，而不是来自国家的强制。[2]问题不在于RWE和克普兴怎样反对国家主导的垄断式电网，而在于他们怎样证明可以在企业自愿、无国家强制的前提下实现全国性跨区域电网？

克普兴在1923年公开其电网方案后即着手实行。克普兴在技术上和组织上都颇为谨慎。就200千伏高压送电系统而言，RWE先是在鲁尔区进行了短距离送电实验。实验虽然成功，但是克普兴仍然觉得底气不足。直到1924年，克普兴前往美国加利福尼亚州考察之后，才拍板决定在德国开

---

[1] ETZ(*Elektrotechnische Zeitschrift*) Heft 25, 1921, pp.481—485.
[2] Rheinisch-Westfälisches Elektrizitätswerk AG Geschäftsbericht, 1919/20.

始建设 200 千伏线路。

　　克普兴设想用 200 千伏线路联结鲁尔区和德国南部水力发电地区。第一次世界大战时期，德国南部各州如巴登州、巴伐利亚州就已经认识到规模经济与区域互联的重要性。20 年代初，它们开始互联德国南部各大水力发电厂与负荷中心。克普兴构想的 200 千伏线路试图互联南部的水力电网与鲁尔区的火力电网。不过，要把电网互联从德国南部延伸到鲁尔区进行大规模的、接近全国性的水火并用，就必须有来自南部各州州政府的认同与理解。

　　RWE 步步为营。1923 年，RWE 收购了 AEG 的子公司拉迈尔电力公司（Elektrizitäts AG vorm. Lahmeyer & Co）。[1]拉迈尔电力公司在系统建设上经验丰富。该公司本身也是一家控股公司，伞下有缅因电力公司（Mainkraftwerke AG）、符腾堡大电力公司（Grosskraftwerk Württemberg AG，缩写 GROWAG）。缅因电力公司当时正和巴伐利亚州营电力公司（Bayernwerk）协商跨州电网互联。GROWAG 的董事会中则有符腾堡州政府的持股。这些持股在法律上无法稀释，换言之，符腾堡州政府可以维持在 GROWAG 的发言权。这给 RWE 和符腾堡州的合作埋下伏笔。

　　RWE 的南进迅速激发了德国电力市场中公营企业、政治结构中的冲突与张力。巴伐利亚州政府把 RWE 的南进视为对巴伐利亚州营电力公司的潜在竞争威胁。1923 年，在巴伐利亚州的提议下，德国南部三州（巴伐利亚、符腾堡、巴登）州政府代表在斯图加特开会签署了一份协议。[2]协议就三点达成一致。第一，今后三州的州营电力公司如将与 RWE 或者 GROWAG

① Camillo J. Asriel, *Das R.W.E.: Rheinisch-Westfälisches Elektrizitätswerk A.G. Essen a.d. Ruhr: ein Beitrag zur Erforschung der modernen Elektrizitätswirtschaft*, Zürich: Girsberger, 1932, p.36.

② Manfred Pohl, *Das Bayernwerk: 1921 bis 1996*, München: Piper, 1996, pp.180—182.

谈判,就要汇集三州代表联手谈判。第二,三州将联手开发阿尔卑斯山地区包括奥地利境内蒂罗尔(Tirol)和佛尔贝格(Vorarlberg),以及瑞士境内的水力发电资源。第三,三州之间将互相加快建设电网互联。

南德三州的目的并不在于阻止南德的电力系统和 RWE 系统的互联。在确保各州州营电力公司独立性的基础上,它们实际上积极地和RWE 合作。它们对于《社会化法》的立场也是如此,它们反对的不是跨区域电网本身,而是国家垄断对于地方政府自主权的削弱。1924 年,缅因电力公司顺利地和巴伐利亚州营电力公司签署互联协议。自此 RWE系统和巴伐利亚州系统开始联结。这正是克普兴方案的一个目标。RWE 也因此变更南进战略的具体战术,把 200 千伏线路的方向改为通向符腾堡州和巴登州,而不是巴伐利亚州。这条线路当时被称为"南方线(Südleitung)"。

1925 年,RWE 通过重层控股公司构造,以 GROWAG 的名义参加了符腾堡州在阿尔卑斯山佛尔贝格地区的水力发电厂建设。①伴随该工程新成立的佛尔贝格伊尔发电厂(Vorarlberg Illwerk, VIW)股权构造中,GROWAG 和其他符腾堡州公营电力企业各占 47.5%,奥地利佛尔贝格州政府占 5%。②佛尔贝格地区有丰富的水力发电资源,但是电力市场狭小。通过 VIW 的工程,符腾堡州可以购入更廉价的电力。GROWAG 的母公司拉迈尔电力公司则以其丰富的工程经验参与发电厂建设。RWE 则跳出鲁尔区,开始了对阿尔卑斯山水力发电资源的跨区域开发,给柯普什所规划的 200 千伏"南方线"设定了目标点。可见,这次合作背后有充分的经济理性。不过,当时巴伐利亚州提醒了符腾堡州要警惕 RWE 的潜

① Rheinisch-Westfälisches Elektrizitätswerk AG Geschäftsbericht, 1925/6.
② Bernhard Stier, *Staat und Strom*: *die politische Steuerung des Elektrizitätssystems in Deutschland 1890—1950*, Mannheim: Verlag Regionalkultur, 1999, p.179.

在威胁。符腾堡州于是双管齐下,同时加快了和巴登州系统的跨区域互联。①

1925 年,RWE 也与巴登州就电网互联展开协商。②巴登州同样是双管齐下,一边和 RWE 互联以获得规模经济、南部水力和鲁尔区火力水火并用的好处,另一方面加快了巴登州营电力公司(Badenwerk)和阿尔卑斯山区水力资源的互联以维持独立自主性。1926 年 4 月,巴登州营电力公司系统开始和瑞士的电力系统互联。同年 12 月,巴登州营电力公司系统和 RWE 以新建的 200 千伏"南方线"互联。③1928 年,RWE、巴登州营电力公司、瑞士的一些电力企业联合投资设立了施卢赫湖电力公司(chluchseewerke AG)。其中 RWE 持股 50%,巴登州营电力公司持股 37.5%。④

跨区域电网大规模水火并用的技术经济效益在 RWE 和巴登州系统的互联中表现得最为典型。1927 年夏天,南德水力资源充沛,1 400 万千瓦时电力从巴登和瑞士的系统向北通过"南方线"传送到鲁尔区,鲁尔区也节约了煤炭燃烧,用上了更廉价的水力发电。同年冬天,阿尔卑斯山区封冻,水力资源减少,1 600 万千瓦时电力则从鲁尔区褐煤发电厂向南沿着"南方线"输送到巴登与瑞士。⑤施卢赫湖电力公司所建设的储水式发电站,在夏季有剩余水力资源的时候吸收系统中多余的发电能力,抽水存入水库,在必要的时候再拿所储存的水发电送到系统中,更有效地利用了水力发电的季节特性。

RWE 在短短数年中就建成了"南方线"。20 年代末,"南方线"纵贯南北,联结鲁尔区与阿尔卑斯山地区。这个跨区域电网系统中整合了来自褐

---

① Manfred Pohl, *VIAG-Aktiengesellschaft 1923—1998*, München: Piper, 1998, pp.71—72.

② Rheinisch-Westfälisches Elektrizitätswerk AG Geschäftsbericht, 1925/6.

③ Badische Landes-Elektrizitäts-Versorgungs AG Geschäftsbericht 1926/7.

④ Rheinisch-Westfälisches Elektrizitätswerk AG Geschäftsbericht, 1928/9. Badische Landes-Elektrizitäts-Versorgungs AG Geschäftsbericht, 1928/9.

⑤ ETZ(*Elektrotechnische Zeitschrift*) Heft 33, 1928, 1206.

煤、煤炭、储水式水库、山区水力等发电资源。这些资源各具特性,实现了
规模经济和水火并用的经济效益。在"南方线"的诞生过程中,南方各州
政府为了维持独立性对 RWE 既怀有警惕,又基于技术经济考虑乐于合
作。包括 RWE、各州州营电力公司在内的各方深谋远虑,机关算尽。这
些潜在的冲突与张力表现得不像日本"电力战"那么明显与直接,但它们
既给 RWE 与南方各州的合作创造了条件,也推动了各州之间的电网互
联。"南方线"的完工不仅是基于克普兴富于前瞻性、大胆而又步步为营的
企业家精神,也是基于德国分权式政治结构下公营电力企业相互之间潜在、
隐形的竞争。

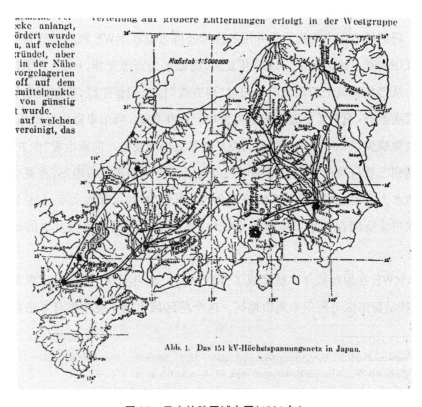

图 23 日本的跨区域电网(1924 年)

资料来源:ETZ, 1924。

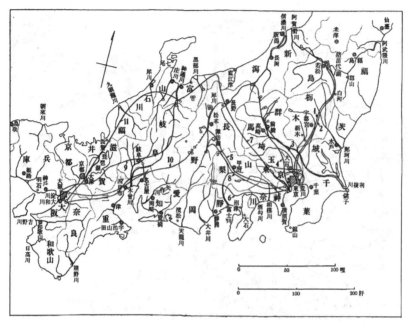

图 24 日本的跨区域电网(本州岛中部,1930 年)

资料来源:渋沢元治:《電力問題講話》,オーム社 1932 年版。

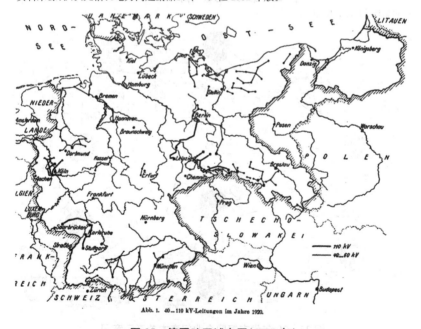

图 25 德国跨区域电网(1920 年)

资料来源:ETZ, 1929。

图26 德国跨区域电网(1929年)

资料来源:ETZ,1929。

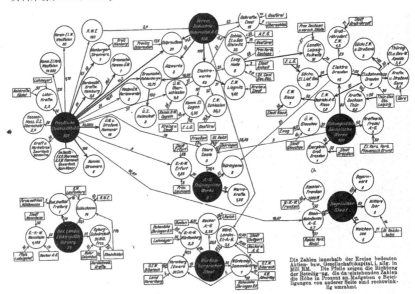

图27 20年代末德国企业间资本关系示意图

资料来源:ETZ,1929。

第五节 电网与市场

一、日本经验:企业间竞争

和德国电力市场潜在的企业间竞争比起来,20 年代日本电力市场的企业间竞争更为激烈。企业间关系的不同是理解为何松永安左卫门选择以市场竞争的方式来实现他的电网计划而克普兴选择企业间合作的一个关键。松永在最初也是试图和其他电力企业携手构建跨区域电网,但是无人响应。这里就有必要对日本"电力战"的来龙去脉作一番探究。

首先,日本政府历来有在同一个地理区域给复数的电力企业经营许可的传统。这是"电力战"的大背景。从 1911 年到 1915 年,同为都市系统的东京电灯就曾经和东京市营电气事业在东京市区展开激烈的价格竞争。最后双方都入不敷出,不得不在递信省斡旋下分割供给区域,结束了相互之间的竞争。

随着区域系统的出现,递信省转而鼓励区域性的发送电企业,给它们发放营业许可,以促进水电开发以及高压送电。早在 1907 年,东京电灯就建设了一条 55 千伏线路,在当时属于先进的高压线路(图 24 中 1 号线)。但是短短数年间,高压送电技术获得飞速发展。1913 年,猪苗代水电公司建设了一条长达 225 公里、电压在当时世界上都位居前列的 115 千伏线路进军东京市场。1914 年到 1918 年的第一次世界大战、1923 年关东大地震加剧了东京地区的电力市场竞争。而纽约金融市场则给日本大电力企业借债融资提供了平台,也促进了它们相互竞争。此后随着桂川电力、京滨电力、鬼怒川电力等非垂直整合型区域系统的兴起,东京电灯直到 20 年代为止处于不断地和新市场参入者展开竞争、之后想方设法收购它们的循环中。[1]

---

① 東京電燈:《東京電燈株式會社開業五十年史》,東京電燈 1936 年版,第 152—158 页。

东京电灯的系统在收购竞争者系统的过程中不断膨胀。这些被东京电灯吞并的线路包括猪苗代水电的猪苗代线(图 24 中 1 号线)、京滨电力公司的甲信线(图 24 中 8 号线)。东京电灯自己也在 1924 年建设一条从信浓川通往东京的 154 千伏线路(图 24 中 3 号线)。1923 年,在收购猪苗代水电之后,东京电灯扩充建设了一条与旧 115 千伏线路平行的 154 千伏线路(图 24 中 2 号线)。

由于缺乏事先规划,东京电灯的系统就整体而言有如放射线,最大的缺点在于其所收购的诸多系统之间缺乏互联。它们本来就是单个的电力企业在获得来自递信省的经营许可后各自从远方的水力发电厂向东京延伸的系统。在建设当初,就没有考虑过要互联。这个现状让松永安左卫门深恶痛绝,也是他要建设东京环状线的理由。此外,几乎全部新建系统的发电能力都来自水力。而水力随着季节降水量不同并不稳定,往往在夏季有大量剩余发电能力被浪费掉,到了冬季却没有足够的发电能力。这也是松永安左卫门倡导水火并用的理由。

东京电灯收购东京电力并没有结束东京地区的"电力战"。1927 年,日本电力在发现大阪地区电力市场已经基本饱和,无法再消化黑部峡谷的水力发电能力后,转而东进,开始建设日电东京线(图 24 中 7 号线)。[1]这掀开了新一轮"电力战"序幕。

1929 年,大同电力也开始建成大同东京线(图 24 中 5 号线)。从 1924 年起,大同电力就已经通过借用东京电灯甲信线(图 24 中 8 号线)向东京地区供电。[2]这本是一个大电力企业间互相合作的开端。但是东京电灯深感自己地盘受到大同电力的威胁。两家公司曾就供给区域分割达成一致,但是东京电灯却临时变卦,撕毁协议。[3]作为报复,福泽桃介决定建设大同东

[1] 日本電力:《日本電力株式会社十年史》,日本電力 1929 年版,第 166—188 页。
[2] 東京電燈:《東京電燈株式會社開業五十年史》,東京電燈 1936 年版,第 160 页。
[3] 栗原東洋:《電力》,现代日本産業発達史研究会 1964 年版,第 152—156 页。

京线。在图 24 中可以明显地看到，大同东京线和东京电灯的甲信线几乎完全平行。当时大同电力也在美国举借了大规模的公司债用于"电力战"。大同东京线自从 1929 年建成后，因为东京电力市场饱和，电力无处可卖，直到 1934 年才开始启用，白白空置 5 年。[①]和东京电力的情况一样，大同电力的东进是日本"电力战"下重复投资与资源浪费的典型例子。

"电力战"极大地促进了东京地区的工厂电气化率，使得日本成为当时世界上电力普及率最高的国家之一。但是"电力战"造成的重复投资违背了经济理性，不可持续。20 年代末，日本的大电力企业普遍陷入财务困难。1932 年，东京电灯、东邦电力、大同电力、日本电力、宇治川电气五大电力公司设立了名为电力联盟的企业间卡特尔。电力联盟负责共同设计今后新设立的发电设施和送电系统，以此限制电力企业间的竞争行为。1932 年，日本政府也开始推行《改正电气事业法》，正式结束了在同一地理区域给复数电力企业许可证的方针。

20 年代的"电力战"在外观上硝烟四起，但是在市场竞争过程中建设系统，运用效率并不高。涩泽元治在 1932 年指出，除了猪苗代线和甲信线，没有一条线路是充分运转的。[②]

二、德国经验：企业间合作

"电力战"一词并不是日本所特有的。德国历史学家也使用"电力战（*Elektrokrieg*）"来形容发生在德国电力市场的企业竞争行为。[③]1926 年 RWE 和莱茵省之间的竞争可谓最典型的案例之一。RWE 在建设"南方线"时，通过参与沿线电力企业股权或者收购等形式把小型电力企业纳入其控

---

① 大同電力：《大同電力株式会社沿革史》，大同電力 1942 年版，第 173—174 页。
② 渋沢元治：《電力問題講話》，オーム社 1932 年版，第 266 页。
③ Thomas P. Hughes, *Networks of Power*：*Electrification in Western Society*，*1880—1930*，Baltimore：Johns Hopkins University Press, 1983, pp.424—425.

股公司。"南方线"经过莱茵省,而莱茵省政府察觉到了 RWE 对其在州内电力市场的威胁。就这点而言,莱茵省政府和巴伐利亚州政府可谓心灵相通。在"南方线"经过负荷中心法兰克福周边时,法兰克福市政府拒绝了 RWE 的供电。而莱茵省政府则拒绝发给 RWE 跨越缅因河(Main)建设电网的许可证。与此同时,RWE 收购了莱茵省东部一家煤炭采掘厂的股权,莱茵省则收购了 RWE 位于鲁尔区的供给区域内的煤炭采掘厂。1927 年,RWE 和莱茵省协议"停战",划分了各自供给区域,交换了煤炭采掘厂的股权。

从日本"电力战"经验看来,德国的"电力战"点到即止,兵刃未交,就已经停战。德国分权政治结构下,州政府掌握许可证发行权,能以此限制电力市场参入。而日本是中央集权,许可证发行权集中在递信省。递信省往往在同一地理范围内发给复数电力企业经营许可证,给这些企业直接展开相互竞争创造了条件。同时,"电力战"的区别背后也有日本电力企业家信奉自由竞争,而德国企业家倾向于通过企业联合体等形式开展企业间协调的因素。本节通过两个案例,探讨在德国跨区域电网构建中的企业间合作。

德国电力经济公司(AG für Deutsche Elektrizitätswirtschaft,缩写 ADE)成立于 1928 年。该公司由 PREAG、EAG、巴伐利亚州营电力公司三大公营电力企业联合设立。当初,其目的是共同设计并建设大规模发电厂,以增进系统运营效率和电网商业利润。ADE 成立不久就规划了一套具体的 200 千伏高压送电线路方案,试图贯通德国南北联结汉堡和巴伐利亚。[1]显然,ADE 意在打造德国第二条南北高压干线,是三大电力企业对于 RWE "南方线"的隔空回应。不过,到了 1931 年,ADE 的股东新增了 RWE、

---

[1] Vereinigte Industrieunternehmungen AG Geschäftsbericht 1929/30;Elektrowerke AG Geschäftsbericht,1928;Preussischen Elektrizitäts AG Geschäftsbericht,1928.

ASW 与 VEW。①可见各大电力企业虽然有与 RWE 隔空竞争的意思,但是并未排除 RWE 的参加。换言之,ADE 是德国大电力企业联合起来构建全国性跨区域电网的一种企业形式。

1929 年,RWE、巴登州营电力公司、缅因电力公司等"南方线"沿线的电力企业联合设立了西德电力经济公司(Westdeutsche Elektrizitätswirtschafts AG,缩写 WEAG)。WEAG 的主要目的是以企业间合作的形式来运营和维护"南方线"。相比之下,WEAG 是在既有跨区域电网基础上成立的企业间合作,ADE 则是以建设跨区域电网为目标的企业间合作。WEAG 成立背后,有 RWE 试图通过这个组织形式和《社会化法》所规划的国家垄断性跨区域电网方案对抗的意图。当时莱茵省等州政府也站在 RWE 一边。1930 年,受魏玛政府委托的冯米勒在关于全国性电网的报告中规划了一条亘长 1 470 公里的 220 千伏系统。但是 1931 年,RWE 在年度报告中明确地批判了冯米勒的方案。RWE 指出,WEAG 早已在没有国家强制的前提下运营着一条长达 1 550 公里的 220 千伏线路。RWE 在年度报告中说:"我们的观点是,自然发生的发展进程不应该受到来自上面的任何组织的指挥。"②这是克普兴在《社会化法》立法阶段以来一贯的观点。两年后,随着纳粹上台,魏玛政府的《社会化法》不了了之。

事实确实如克普兴所信、RWE 所说,德国的电力企业在没有国家强制的情况下,依靠互相之间的合作,顺利地打造了德国历史上第一条纵观南北的跨区域电网。但是在合作的表象背后,是德国分权式政治结构下国家和各州公营企业之间相互间潜在的张力与冲突。把这些张力串联起来凝聚为构建跨区域电网的合力的,则是来自克普兴的企业家精神。

---

① AG für Deutsche Elektrizitätswirtschaft Geschäftsbericht 1931.
② RWE Geschäftsbericht,1930/31.

第六节　本章小结

　　"南方线"在互联鲁尔区系统与阿尔卑斯山区水力发电系统时,实质上构建了一条超出德国国界的跨国电网。RWE 在 20 年代率先构筑的跨区域电网同时也是第二次世界大战后正式成形的欧洲范围跨国电网的先驱。1948 年,在 RWE 庆祝创业 50 周年之际,克普兴不无自豪地回顾了"南方线"从无到有的历程,并雄心满满地提出要新建德国和奥地利之间 400 千伏线路。RWE 在其企业战略中明确打出了"欧洲电网(Das Europa-Netz)"的概念。[1]克普兴与 RWE 的企业家精神,不仅给德国全国性跨区域电网打下基础,也给欧洲电网互联铺好道路。[2]

　　同样在 1948 年,松永安左卫门沿着他在 20 年代末"电力战"经验中领悟出的思路,规划了一套新的日本全国性电力系统方案。这套方案计划把日本按地理范围划分为 9 个区域系统,每个系统都在各自的供给区域内具有垄断性,垂直整合了从发电、送电到配电的流程。松永不再追求企业间竞争,而是从日本的现实与自己的经验出发规划了一个更具有可行性的方案。但是企业家独立自尊的原则是不变的:这 9 个系统都是民营企业。

　　日本战败后,以美国为主导的联合国最高司令官总司令部(General Headquarters, the Supreme Commander for the Allied Powers,缩写GHQ)进驻日本。GHQ 有意改造日本电力工业的组织形态。松永对于个人自由、企业家独立自尊的信念观甚合美国价值观。松永的新方案也得到

---

① Heinrich Scholler, *Großraum-Verbundwirtschaft: Ein Beitrag zur europäischen Energieplanung. Zum 50jährigen Jubiläum des Rheinisch-Westfälischen Elektrizitätswerkes Aktiengesellschaft*, Essen: RWE, 1948, pp.19—26.

② Vincent Lagendijk, *Electrifying Europe: The Power of Europe in the Construction of Electricity Networks*, Amsterdam: Amsterdam University Press, 2008.

GHQ 青睐，在当时许多电力改造方案中脱颖而出。1951 年，在 GHQ 授权下，日本政府立法通过了改造方案，正式建立了以 9 个垂直整合的区域系统构成的电力企业结构。这个结构稳定地维持了半个多世纪，直到 21 世纪初才随着电力市场自由化政策的推进而开始松动。说松永安左卫门是二战后日本电力企业的设计师，并不为过。

　　松永能够借助 GHQ，推动改造电力技术的经济外观，但是要改造电力技术的物理外观则依旧长路漫漫。第二次世界大战期间，日本政府再次研究了交流电频率同一问题，于 1942 年决定统一全国标准为 50 Hz，1945 年又改为 60 Hz。政府态度摇摆不定一如从前。二战末期，大都市由于空袭化为废墟，日本重演 1923 年关东大地震后的情形，把恢复电力供应放在首位，把频率统一问题再次搁置。不过，随着 9 大电力公司体制的形成，各个公司在其供给区域内因为具有垄断性，成功地推动了各个区域内的频率统一。但是这些统一耗资巨大。仅就九州岛而言，就花费了 1 100 亿日元。[①]最终在 60 年代形成了今天的以本州岛中部为界，西部为 60 Hz，东部为 50 Hz，两区域之间通过频率转换器小规模互联的格局。松永安左卫门在《关于频率统一》中呼吁的全国性频率统一终究没有完成。

　　克普兴和松永安左卫门都及时提出了具有前瞻性的跨区域电网方案。他们都投身实践，试图实现各自的方案。但是两人的努力趋归不同。克普兴成功地打造了"南方线"，为德国乃至欧洲的广域电网打下基础。松永安左卫门并没有通过"电力战"实现他在跨区域电网和频率统一方面的理想，但是他参与市场竞争的经验让他深深领悟改造企业间关系的现实必要，将其转化为新思路，最后成功地塑造了二战后日本电力市场格局。各个国家国情和发展路径多样。世界上没有一成不变的发展路径，也没有简单划一的胜败标准。就技术而言每个国家都有自己的"技术风格"。通过克普兴和

---

① 電気学会：《電気学会技術報告第 1100 号》，電気学会 2007 年版。

松永两位企业家的比较，并不能得出孰优孰劣、孰高孰低的结论。

　　政商关系在德日两国跨区域电网的发展路径中影响巨大。在德国，大电力企业均为政府公营，政商之间难以作严格区分，政商关系在很大程度上是政政关系。分权式政治构造下中央政府和地方政府之间、地方政府和地方政府之间的冲突和张力使得电力企业之间既互相竞争又互相协调。各州政府对于电网建设的许可权也使得电力企业互相之间的竞争不至于白热化。作为企业，它们尊重规模经济、互联、水火并用的技术经济效益。这些因素使得德国企业能够在有潜在竞争的前提下展开相互之间的合作，互联各自的系统，共同建造跨区域电网。

　　在日本，由于中央集权，许可证发行权集中在中央，而中央政府倾向于给复数的企业以同一地理范围的经营许可，促使它们在电力市场上互相竞争。电力企业则受到自由市场信念的影响，积极投身于价格竞争。中央政府并非不重视标准统一，但是第一次世界大战、关东大地震等偶然因素使得政府在频率标准上摇摆不定。激烈的市场竞争下，民间企业满足于抢占眼前的市场份额，缺乏长期规划，甚至连少数富于远见的企业家如松永安左卫门也不得不尝试通过市场竞争来实现跨区域电网建设。这些因素使得各地频率标准不一的情况愈演愈烈。虽然东京、大阪等地的区域电网获得长足发展，但是就全国范围来说，跨区域电网建设受阻。

第六章
电力与战争

第一节 导　言

　　休斯在《电网》中探讨了第一次世界大战对于电力工业的推进作用。[1]战争期间的资源紧缺使得参战各国认识到要节约发电资源，就必须充分利用规模经济、水火并用，在负荷中心、发电所之间实现区域性、跨区域性，乃至全国性互联。在第五章讨论的德国日本两国跨区域电网方案，或出现于一战中，或出现于一战后，而第二章、第三章所探讨的不少大型电力企业诞生在一战期间。

　　本书已介绍德日两国在 19 世纪 80 年代到 20 世纪 30 年代这半个世纪中的电力企业、监管模式、所有制模式的变迁。本章试图在此基础上把焦点转移到第二次世界大战期间，探讨两大轴心国的电力工业如何应对新一轮战争。一战爆发后，日本根据日英同盟对德国宣战，借机攻占了当时中国的德国控制下的青岛和德占太平洋岛屿；电力工业在一战期间取得了极大发展，但是日本本土并未卷入战争。这点和一战期间直面东西两线战场的德国大为不同，可比性不强。二战期间，两国都是轴心国成员，都实行了罪恶的对外侵略战争，更具可比性。

---

[1] Thomas P. Hughes, *Networks of Power*：*Electrification in Western Society*，*1880—1930*，Baltimore：Johns Hopkins University Press，1983，pp.285—323.

第二节　德国:《能源经济法》

一、《能源经济法》的立法

从立法的角度看,纳粹政府的电力政策和此前的魏玛政府有明显的区别。魏玛政府在 1919 年就制定《社会化法》,计划在中央政府主导下,建设国家垄断的全国性跨区域高压电网。[1]纳粹政府抛弃了国有理念,1935 年,通过《能源经济法》(*Energiewirtschaftsgesetz*)[2]。该法第 17 条废除了《社会化法》。《能源经济法》的主要理念不再是追求国有化,而是强化国家管理。纳粹政府着眼于在维持电力企业所有制结构现状的前提下,加强国家对于电力工业的管理。[3]

---

[1] 关于德国一战后到二战开始这段时间的能源政策,可参考 Karl H. Ludwig, "Energiepolitische und energietechnische Konzeptionen in Deutschland zwischen den beiden Weltkriegen," in *Energie in Kontext und Kommunikation*, Essen, 1978, pp.35—49。

[2] 关于《能源经济法》的研究主要有 Hans D. Hellige, "Entstehungsbedingungen und energietechnische Langzeitwirkungen des Energiewirtschaftsgesetzes von 1935", *Technikgeschichte* 53, 1986, pp.123—155; Wolfgang Zängl, *Deutschlands Strom : die Politik der Elektrifizierung von 1866 bis heute*, Frankfurt am Main: Campus, 1989, pp.177—184; Jan Otto Kehrberg, *Die Entwicklung des Elektrizitatsrechts in Deutschland : Der Weg zum Energiewirtschaftsgesetz von 1935*, Frankfurt am Main: Peter Lang, 1997; Bernhard Stier, "Zwischen kodifikatorischer Innovation und materieller Kontinuität: Das Energiewirtschaftsgesetz von 1935 und die Lenkung der Elektrizitätswirtschaft im Nationalsozialismus", in Johannes Bähr and Ralf Banken eds. *Wirtschaftssteuerung durch Recht im Nationalsozialismus*, Frankfurt am Main: Klostermann, 2006, pp.281—305; Alexander Faridi, "Der regulierende Eingriff des Energiewirtschaftsgesetzes in den Wettbewerb zwischen öffentlicher und industrieller Stromerzeugung in den 30er Jahren," *Zeitschrift für Unternehmensgeschichte* 49, 2004, pp.173—197。

[3] 关于纳粹掌权期间的能源政策,可以参考 Bernhard Stier, *Staat und Strom : die politische Steuerung des Elektrizitätssystems in Deutschland 1890—1950*, Mannheim: Verlag Regionalkultur, 1999, pp.442—489; Georg Boll, *Entstehung und Entwicklung des Verbundbetriebs*, Frankfurt am Main: Verl.- und Wirtschaftsges. der Elektrizitätswerke, 1969, pp.67—102; Nobert Gilson, *Konzepte von Elektrizitatsversorgung und Elektrizitätswirtschaft : Die Entstehung eines neuen Fachgebietes der Technikwissenschaften zwischen 1880 und 1945*, Stuttgart: GNF Verlag, 1994, pp.214—237。

纳粹政权对于国有化的放弃有其现实根源。在德国分权式政治结构下,地方政府和地方政府之间,以及地方政府和中央政府之间,有潜在的冲突和张力,这些冲突和张力表现在政府控股的电力企业互相之间的协作和竞争中。地方政府不希望自己的电网被国有。它们抢占先机,在各地公营电力企业互相提防而又互相合作的过程中成功地建设了德国最早的跨区域电网。《能源经济法》是在德国各地已经具备近乎全国性跨区域电网的基础上成立的。如果说《社会化法》更多地有理想主义色彩,《能源经济法》则更具有现实主义色彩。纳粹的意识形态充满了反人类、无视人权、漠视生命的罪恶一面,但是不可把纳粹的意识形态简单地和国有化、侵犯私有产权等概念画等号。

1939 年德国入侵波兰,战争正式打响,德国各界依旧对国有化抱消极态度。作为电力行业协会的德国供电协会(Wirtschaftsgruppe Elektrizitätsversorgung)在权威刊物《电气技术杂志》(*Elektrotechnische Zeitschrift*)上公开声称在各大电力系统之间已经实现互联和协调运转的情况下,国有化没有必要。[1]主管经济的纳粹高官阿尔伯特·斯佩尔(Albert Spree)曾再度计划国有化。希特勒曾短暂地同意此计划,但是后来收回成命。[2]

对于纳粹政府来说,要务在于强化中央政府对于电力工业整体的管理,而不是由国家来直接控制各个电力企业。1934 年,在《能源经济法》立法之前,纳粹政府就通过行政命令要求电力企业在新增装机容量、停止设备运转、变更电价的时候要先告知中央政府。[3]该命令还授权中央政府向企业索

---

[1]　*Elektrizitätswirtschaft* 1941, Heft 4, 53.

[2]　Karl H. Ludwig, "Energiepolitische und energietechnische Konzeptionen in Deutschland zwischen den beiden Weltkriegen," in *Symposion Energie in Kontext und Kommunikation*, Essen: Klartext, 1978, p.48.

[3]　Georg Boll, *Entstehung und Entwicklung des Verbundbetriebs*, Frankfurt am Main: Verl.- und Wirtschaftsges. der Elektrizitätswerke, 1969, p.77; Wolfgang Zängl, *Deutschlands Strom: die Politik der Elektrifizierung von 1866 bis heute*, Frankfurt am Main: Campus, 1989, pp.178—179.

取技术信息和电价信息。在分权式政治结构下,这些规定已经是在电力监管构造上中央权限的极大强化。

1935 年,《能源经济法》正式把德国全国电力工业放到纳粹政府经济部的管辖之下。相对于日本,德国中央政府的直接管辖晚来了 40 年。在《能源经济法》体制下,从法理上说,经济部有权否决设备容量扩充、设备停止运转等电力企业的决策,还可以变更电力企业的定价,也可以否决地方政府所发行的许可证的效力。但是在实际操作中,电力企业有足够的决策自由。只有在这些决策偏离了纳粹政权的整体电力工业方针之时,经济部才会直接干预。直接干预很少发生。各大电力企业的高层早已纷纷加入纳粹党。如 RWE 的阿图尔·克普兴就是纳粹党员。

纳粹政府监管电力工业的一大意图是确保德国电力系统的整体互联和规模经济,避免各地电网陷入碎片化。这点虽然对于地方来说难免侵害其自主权,但是符合电力工业的技术经济特性。举例来说,1937 年,小镇多瑙沃特(Donauwörth)的市政府根据其发给电力企业莱赫电厂(Lechwerk)的许可证,打算收购该电厂进行公营化,但是经济部介入阻止了这次收购。[①]类似案例在 30 年代的日本也曾发生。

纳粹政府在实际操作中并不能完全对地方政府贯彻其中央集权式的电力管理。1940 年,纳粹政府发布了一项行政命令,规定人口 1 万人以下的地区或年发电量低于 1 百万千瓦时的地区,电力系统必须和供给范围更大的电力系统合并。按照 1939 年的统计,在德国 11 123 家电力企业中,只有840 家的年发电量高于 1 百万千瓦时。小规模电力企业主要是由地方政府控股、公营、监管的。因为地方上的消极态度,这项行政命令最终没能实行,否则德国大部分的电力企业都要消失。可见,即使在纳粹掌权后,德国分权式的政治结构仍然对德国电力工业的企业构造起到规定作用。

---

① Wolfgang Zängl, *Deutschlands Strom: die Politik der Elektrifizierung von 1866 bis heute*, Frankfurt am Main: Campus, 1989, pp.182—183.

二、帝国负荷调控中心

德国入侵波兰的次日，纳粹政府就设立了帝国负荷调控中心（Reichslastverteiler，缩写 RLV）。RLV 的目的在于"调控电力在各个消费者之间的分配以及负荷在各个发电主体之间的分配。"[1]RLV 有权从整体上调控德国电力系统的生产与流通。RLV 是《能源经济法》立法理念在战争时期的具象化。

1942 年，RLV 从政府部门分离，改制为由纳粹政府和电力企业共同出资的独立法人机构。RLV 的主要负责人同时也是各大电力企业的高层。改制依旧体现了《能源经济法》的理念：政府加强管理，但是不直接控制。实质行为另当别论，从办事规程上看，电力企业还是有自主权的，换言之，它们"自主"追随纳粹的国家战略。

RLV 把德国及其占领区分为 12 个供给区域，这些区域的范围大致和德国主要电力企业的供给区域重合。在各个区域，RLV 设置了地区负荷调控中心。具体生产消费分配由地区负荷调控中心来负责。RLV 直接管理的是区域之间的电力输送，尤其是在发生空袭等军事情况、应急场面之时。RLV 的管理方针从总体上说倾向于尊重地方电力企业的主动性，而不是中央集权。

此外，RLV 的总部并不在柏林，而是在布饶维勒（Brauweiler）。从 RWE"南方线"运转开始以来，RWE 的调度中心就设置于当地。[2]由于 RWE 系统在德国全国性跨区域电网中的地位，布饶维勒也是德国电力系统中最重要的调控枢纽。把 RLV 设置于当地，可见纳粹政府的电力管理，具有建

---

[1] British Intelligence Objectives Sub-Committee(BIOS)，*The German Wartime Electricity Supply*，1945，p.63.

[2] 关于布饶维勒调度中心的技术史，参见 Theo Horstmann，*Strom für Europa：75 Jahre RWE-Hauptschaltleitung Brauweiler 1928—2003*，Essen：Klartext，2003。

立在德国 20 年代后期形成的既成跨区域电网构造和企业间关系基础上的现实主义特征。

表面上的"自主"下，也有实质上的政府管理。RLV 和纳粹政府的机构"一般水力能源巡视部（Generalinspektor für Wasser und Energie，缩写 GI-WE）"关系密切。[①]"巡视部"成立于 1941 年，合并了 3 个政府部门，以削减行政成本并提高纳粹政府对于水力和电力等战略领域的管理效率。[②]"巡视部"名副其实地从整体上"巡视"德国。就 RLV 和"巡视部"的关系来说，"巡视部"决定关于电力调度、电力监管、应急供给的总体方针，在具体上则由 RLV 来实行。换言之，"巡视部"是决策者，RLV 则是实行者。

表 31　德国资本规模最大的十家电力企业（1941 年）

排名	企　　业	资本金（百万马克）
1	Rheinisch-Westfälisches Elektrizitätswerk AG	236
2	Elektrowerke AG	130
3	AG Sächsiche Werke	120
4	Preussische Elektrizitäts AG	110
5	Märkisches Elektrizitätswerk AG	100
6	Vereignite Elektrizitätswerk Westfalen AG	70
7	Alpenelektrowerke	50
8	Elektrizität Versorgungs Schwaben	41
9	Badenwerk	27
10	TIWAG	26

资料来源：*Handbuch der deutschen Aktien-Gesellschaften；Ausgabe 1941*。

---

① 关于 GIWE 的研究，可以参考 Bernhard Stier，"Nationalsozialistische Sonderinstanzen in der Energiewirtschaft：Der Generalinspektor für Wasser und Energie 1941—1945"，in Rüdiger Hachtmann and Winfried Süß eds.，*Hitlers Kommissare*，Konstanz：Wallstein Verlag，2006。

② BIOS（British Intelligence Objectives Sub-Committee），*The German Wartime Electricity Supply*，pp.69—70.

三、战时电力企业

《能源经济法》对于德国电力企业有何影响？比较战前战时德国资产规模最大的电力企业排名，不难看出两个排名并没有实质性变动。虽然1941 年的排名因为资料限制，没有纳入柏林和汉堡两大都市的公营电力企业，但是以大型区域系统为主的构造并没有变化，以公营为主的构造也没有变化。RWE、EAG、PREAG、ASW、VEW 依旧居于前列。德国南部以水力发电为主的巴登州营电气事业和巴伐利亚州营电力公司也出现在排名中。这两家企业在 20 年代德国全国性跨区域电网建设中起到了重要作用，它们入榜并不意外。唯一新进入排名的企业是施瓦本送电公司(Elektrizität Versorgung Schwaben，缩写 EVS)。EVS 是在纳粹政府指示下，由符腾堡州(Württemberg)一些小型区域系统合并而成。当时符腾堡州是德国少数系统呈碎片化状态的州之一。①EVS 的成立，有《能源经济法》下纳粹政府利用国家干预，确保德国电力系统的整体互联和规模经济的意图。

除去少数例外，德国各地电力系统的互联与整合延续了 20 年代以来的企业间自主协作。20 年代末，大型电力企业就联手组建了德国电力经济公司和西德电力经济公司来共同设计、建设跨区域电网。在纳粹上台后，这个企业间协作格局并无实质变化，但是需要做迎合纳粹官僚的新包装。1934年，在纳粹政府指示下，主要的电力企业联合组成了"帝国能源经济小组(Reichsgruppe Energiewirtschaft)"。二战爆发后，"帝国能源经济小组"的主要任务是协助"一般水力能源巡视部"监察发送电容量扩充计划和分配建设材料。另一方面，德国发电厂的行业协会"电力企业协会(Vereinigung der Elektrizitätswerke)"则在 1934 年被改名为"电力经济小组(Wirtschafts-

---

① 关于 EVS，可以参考 Daniel Wilhelm，*Die Kommunikation infrastruktureller Großprojekte：die Elektrifizierung Oberschwabens durch die OEW in der ersten Hälfte des 20. Jahrhunderts*，Stuttgart：Franz Steiner Verlag，2014。

gruppe Elektrizitätswirtschaft)"。"电力经济小组"负责给纳粹政府提供关于电力的专业意见，是一家技术咨询机构。①

就整体而言，纳粹政府并没有改变德国电力企业之间的关系，也没有推行实质性的改革。一些电力企业迎合纳粹主要表现为改名包装。而《能源经济法》下纳粹对于电力管理的强化，主要着眼于规模经济、电网互联、全国性跨区域电网建设。纳粹的电力管理符合电力的技术经济特性，小型电力系统可能会因为地方政府的区域主义有所不满，但是大型电力企业乐观其成，乐于配合。也正因为电力企业乐于配合纳粹的管理，在德国对外侵略之际，它们也成了纳粹掠夺他国资源的帮凶。第五章曾提及 RWE 系统和瑞士、奥地利的电力系统的互联。当时不少横亘莱茵河上的水力发电站，也是国际合作的体现。利用欧洲大陆的自然地理特征，结合煤炭、水力资源的分布，来选定效率最佳的发电场所大规模发电，向负荷中心高压送电，是电力技术经济特性的必然趋势。跨国电网互联是电力工业发展的必然结果。纳粹对于电力的管理并未偏离电力的技术经济原则，德国主导的跨国电网扩张也依旧持续。但是和平年代的自主性国际合作与战时侵略国与被侵略国之间的合作有本质不同。

随着德国入侵波兰，纳粹政府提出了电网整合计划。②该计划分成两个步骤。首先试图以德国既有的 200 千伏系统为基础，向被侵略地区拓展，在德国、波兰、奥地利之间建设互联的跨国电网系统连结各大发电所和负荷中心。还设想，随着德意志帝国征服欧洲，上述跨国电网将拓展为欧洲全域电网，联结英国、法国、德国、东欧各大工业中心。送电电压将被升高到 400 千伏，实现规模经济。按照欧洲发电资源的自然地理分布，欧洲电网分为北部、中部、南部三大横向系统以及其间的纵向系统。北部系统意在联结挪威

① *Archiv für Warmewirtschaft*，1935，284.
② 关于帝国环状电网计划，参见 Sigfrid Heesemann，*Die Charakteristik der Reichssammelschiene*，PhD Dissertation TU Berlin，1959。

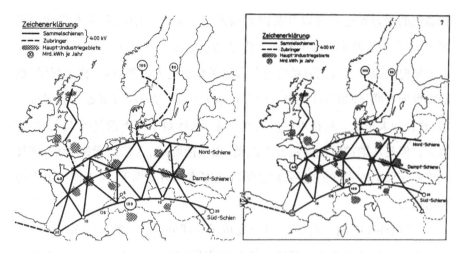

图 28　纳粹电网整合计划

资料来源：Sigfrid Heesemann，*Die Charakteristik der Reichssammelschiene*，PhD Dissertation TU Berlin，1959。

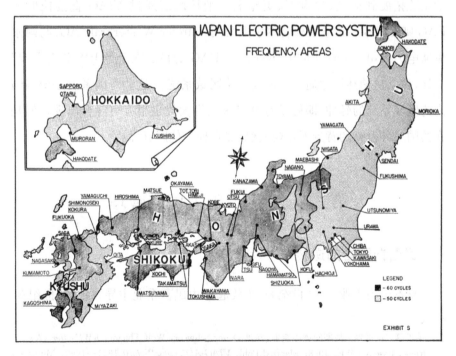

图 29　日本电网的交流电频率分布（1945 年）

资料来源：United States Strategic Bombing Survey（USSBS），Report No.22-c(12)。

和瑞典的水力发电资源以及英国的煤炭发电资源。中部系统则联结以褐煤、煤炭为中心的火力发电资源。南部系统主要是连通阿尔卑斯山地区的水力发电资源。三大横向系统充分考虑了欧洲电力资源分布，将之联结，更辅以纵向互联，使得全欧洲电力资源在水火并用、规模经济基础上形成统一的、整合的大系统。从技术经济角度看来，该计划不可不谓气魄宏大、视野博大。但是从纳粹对他国领土的践踏、主权的蹂躏、人权的无视看来，该计划绝非字面上的中立的电网，而是纳粹在军事暴力支撑下，对于他国电力资源的掠夺。

"帝国环状电网计划"到二战只完成了一部分。真正的全欧洲统合性电网要等到二战后随着欧洲区域一体化才得以实现。不过，德国电力企业在二战中确实积极地在 20 年代跨国互联的基础上推进广域电网建设。RWE的系统拓展到荷兰、比利时、奥地利。纳粹政府通过 VIAG 直接控股的EAG 则在奥地利设立了梯若尔水电公司（Tiroler Wasserkraft AG）与阿尔卑斯电力公司（Alpen Elektrowerke）。EAG 的目的在于像 RWE"南方线"一样，建立从柏林周边通往奥地利的跨区域系统。①这些跨国系统是德国国内跨区域系统的延伸，即使没有第二次世界大战也很有可能会出现。但是在德国对外侵略的背景下，这些就显然在掠夺他国资源。

第三节　日本：电力国家管理

一、民营向国营的逆转

日本电力工业从 19 世纪 80 年代起就由民营企业主导。到 20 世纪 30

---

① 关于第二次世界大战期间德国企业，参见 Dieter Schweer, Wolf Thieme, *RWE：der gläserne Riese*, Essen：RWE, 1998；Manfred Pohl, *VIAG-Aktiengesellschaft 1923—1998*, München：Piper, 1998, pp.109—222；Manfred Pohl, *Das Bayernwerk：1921 bis 1996*, München：Piper, 1996, pp.215—262。

年代,民营主导构造持续五十多年,类似德国向公营的逆转也并未发生。但是 1939 年到 1951 年的十余年间,日本实施了"电力国家管理",实现了民营向国营的大逆转。这段时间在至今为止的日本电力史上也是例外。1951 年,松永安左卫门的电力改造方案获得联合国最高司令官总司令部首肯并得以立法通过。该方案把日本按照地理区域分为 9 个垂直整合型区域系统电力企业,这些企业都是民营。至此日本又恢复民营主导构造,持续至今。作为例外时期的"电力国家管理",其起因和经过值得探究。

1932 年《改正电气事业法》的推行并没有解决"降低电价运动"中体现出来的城乡电价不平等、农村电气化滞后、电灯电价偏高等问题。递信省虽然导入电价许可制,却把实施日期延后到 1937 年 12 月,为了避免电网碎片化,又原则上禁止了各地公营化运动。在大众看来,递信省维护民营电力资本、打压地方民意。随着全球大萧条对日本的波及和九一八事变后对华军事侵略的开始,法西斯主义兴风作浪。随着政治格局变动、内阁人员交替、兵变,对民营资本持怀疑态度的革新官僚开始掌握行政中枢。"电力国家管理"本身未必是国家主义、法西斯主义的直接产物,但是其登场条件与之紧密相关。这和德国《能源经济法》有类似之处。

1935 年 10 月,担任过递信省电气局长的中野四郎发表了《电气事业统制试案》。中野是前海军军人、中岛飞机厂创始人、政治家中岛知久平(1884—1949)所主宰的智库团体国政研究会成员,该案是深思熟虑的结果,绝非心血来潮、哗众取宠。中野从电力的技术经济特性出发,批判了当前日本企业形态杂多、发电计划无序、送电设备重复、供给区域重复、供电价格和供电条件不平等等乱象,主张发送电业务国营,配电业务民营。[①]次年 1 月,国政研究会的奥村喜和男(1900—1969)以《电气事业统制试案》为基础,起草了《电气事业统制要纲》,第一条就是"为了电气事业的合理发展、供电价

[①]　田村谦治郎:《戦時経済と電力国策》,東亜政経社 1941 年版,第 351—366 页。

格和供电条件的公正，希望按照本要纲实现电气事业管理"。可见国政研究会的电力国家管理提案和 20 年代以来的"降低电价运动"之间的延续性。

此时正值 1934 年日本东北地区发生史无前例的冷害，农作物大规模歉收。农村地区对于旧体制的不满日益加强。1936 年 2 月 26 日，发生了军国主义分子袭击首相官邸的二二六事件。此后国家主义、法西斯主义分子完全掌握政权。10 月，日本政府出资设立控股公司东北振兴和电力企业东北振兴电力，计划以国家直接投资开发东北地区水力发电资源、带动肥料产业、水产、矿产，以振兴农村工业。这是自从电力技术导入日本开始以来日本中央政府第一次直接投资电力工业。而自从"明治政府的大规模民营化"以来，日本政府设立的国有企业如"南满洲铁道"、东洋拓殖主要业务范围在海外而不在本国。在国内设立大型国有企业，是日本政府方针的一大转折。东北振兴电力成立后把日本东北地区发电能力扩充了 70％，被认为是全国范围的国营电力企业日本发送电公司的试点。

二二六事件后成立的广田弘毅内阁大幅更替中央官员，其中，新闻记者出身的赖母桂吉（1867—1940）担任递信大臣。赖母是电力国家管理的狂热支持者，1936 年 3 月就任伊始就在记者会上明言以电力国营为任期内目标。在奥村喜和男推荐下，曾任名古屋市电气局长、在公营化运动中力主收购东邦电力名古屋市区电网的大和田悌二担任递信省电气局长。5 月，递信省电气局发表了《电力国家管理概说》和《现行电气行政的弱点》两份意见书。7 月，赖母草拟了《电力国策要纲》，以此为基础的《电力国家管理要纲》在 10 月正式成为广田内阁施政方针之一。《电力国家管理要纲》明确："电力不能全部委托给私营企业。"①

1937 年 6 月，近卫文麿内阁上台。近卫也赞同电力国家管理，指示新任递信大臣永井柳太郎（1881—1944）在赖母案基础上研究"摩擦较少"的实施

① 松岛春海：《産業統制の強化と戦時経済：「電力国家管理」への道程》，《社会経済史学》1975 年 41 巻 6 号，第 612—635 页。

方案。当时不只是民营企业,递信省内部也对国家管理有反对意见。7月,日本法西斯主义悍然开始全面侵华战争。永井柳太郎在斟酌各种意见后,于1937年12月发表了新的《电力国策要纲》。永井认为电力属于和真正的自由竞争无法共存的特殊产业,必须将之放在国家管理之下,才能确保其最大效率并保障社会正义。[①]1938年1月,《电力管理法》草案递交国会。3月,国会正式通过《电力管理法》。此时日本已经全面开始对华侵略战争,以国家管理电力支撑对外战争的军事意义不言而喻。但是另一方面,在立法过程中,《电力管理法》第一条中加入了"丰富低廉与电力的顺利普及"作为国家管理的重要目标之一,可见其与20年代以来"降低电价运动"、农村电气化之间的延续性。

1937年12月,按照仍旧有效的《改正电气事业法》,递信省第一次调整了全国电价。递信省按照不允许涨价、平衡都市农村价格、统一全国供电条件的原则,使得农村地区电价大幅度降低。不过,随着次年《电力管理法》的通过,这也成为近代日本中央政府唯一一次也是最后一次以行政手段对于电价的直接干预。1939年4月,经过一年准备,国营企业日本发送电公司开始营业,电力国家管理正式展开。

二、国家管理的展开

从1939年到1942年间,电力国家管理分三个步骤,逐步落实。首先,日本政府设立日本发送电公司。在日本的发送电设施中,凡是装机容量超过10 000千瓦的火力发电厂,在建的装机容量超过5 000千瓦的水力发电厂,以及所有高压送电系统都被强制收归国有。收归国有的方式是通过股权交换,民营企业以自己股权和日本发送电的股权相交换,原有的股东因此成为日本发送电股东,依旧享有获得股息的权利且股息得到国家保证、旱涝

---

① 永井柳太郎:《私の信念と体験》,冈仓书房1938年版,第273页。

保收,而电力系统的控制权却转移到国家手中,此后由国家指派管理人员。当时这个做法被认为有强取豪夺之嫌,以至于国会对于具体操作的审议时长打破了 1890 年国会开设以来的历史记录。通过股权交换,日本发送电控制了全国装机容量的 40%,60 千伏线路的 60% 以及所有的 110 千伏线路。从保留股权构造、维持发放股息等方面看来,日本发送电是建立在资本主义企业模式上的混合所有制国营企业。

电力国家管理的第二个步骤开展于 1941 年,主要目的在进一步强化两年前所确立的国家管理。1939 年,日本发送电营业伊始就遇到异常干旱气候,导致日本发送电系统的发电能力不足,而一些尚未被纳入国营、尚有自主权的电力企业却迟迟不愿服从日本发送电的融通调度。[①]这次经历使得东条英机内阁认识到日本发送电亟需进一步强化其管理权。1940 年,日军占领法属越南,侵华战争扩大为太平洋战争;1941 年 12 月,日军袭击珍珠港,对英美宣战。1941 年,日本国会通过法案,授权日本发送电进一步整合所有发电能力在 5 000 千瓦以上的水力发电站。到 1942 年年中,日本发送电控制了日本 80% 的装机容量。

电力国家管理的第三步是国家直接管控配电业务。到 1942 年为止,日本的主要发送电设施已经由日本发送电控制。民营企业此时将业务范围局限于配电以及小规模发电。1941 年,东条英机内阁向国会提出意在合并日本各地的配电企业为几家大型区域配电公司的法案。对此,国会反对意见占多数,法案迟迟不能通过。东条内阁干脆绕过国会,援引 1938 年实施的《总动员法》,直接以"配电统制令"的形式下达了合并配电企业的战时行政命令。1942 年 4 月起,日本全国的 400 多家规模不等的配电企业被按照地理区域合并为北海道、东北、关东、北陆、中部、关西、四国、中国、九州 9 家大型配电企业。

---

① 栗原東洋:《電力》,現代日本産業発達史研究会 1964 年版,第 310 页。

至此，日本电力国家管理体制宣告完成。东京电灯、东邦电力、日本电力、大同电力、宇治川电气等大企业，高知、山口、富山、青森四大公营电气事业，以及小型电力企业均退出历史舞台，或融入日本发送电，或并入9大配电企业。这里的小型电力企业包括了东京、大阪、京都等地的都市公营企业以及町村级别的小电力系统。换言之，电力国家管理不仅把民营置换为国营，把地方各级政府的公营事业也一并置换为国营，不仅是电力领域国家对于私人资本的支配，也是国家对于地方自主权的剥夺。日本的电力国家管理必须放在战时军事战略目的、国家对于自由竞争市场观念的修正、集权式政治结构、电力的技术经济特性四重逻辑下加以理解。

本书在叙述德国《能源经济法》体制时，曾比较二战之前与开战后约十年间德国大型电力企业排名的变化。比较的结果是德国的大型电力企业格局并没有实质性变化。如果比较日本大致同时期的排名变化，却可以发现巨大构造变迁。随着日本发送电的成立和国家管理的强化，日本全国大部分发电能力以及所有高压系统都并入日本发送电。它理所当然也就成为资本规模最大的电力企业。而剩下的电力系统则无论大小都被并入九大配电企业。在这个构造变动下，30年代为止主导日本电力工业的民营企业以及在一些地方发挥巨大作用的公营企业都消失了。1943年的日本十大电力企业排名只剩下十家国营电力企业。

日本政府对于全国电力系统的统合和管理，既排除了民营电力企业出于资本逻辑而地域垄断、采用歧视性定价、制造供电条件不公平差异的可能性，也消除了公营企业局限于行政范围各自为政把电力系统碎片化的弊端。国家可以更有效地调控全国范围的发送电资源配置，实现规模经济和资源高效利用。

但是日本发送电的设立背景立足于战争，自然受到战局影响，不能发挥其所规划的目标。到1945年二战结束为止，日本发送电增设了长达280公里的100千伏以上高压送电线路。比起此前民营电力企业的成就可谓微不足道。早在 1913 年,猪苗代水电公司就建设了长达 225 公里 115 千伏线路(当时日本电压标准尚未标准化)。而日本电力在 1925 年成立之时,其前身企业在五六年内所建设的 154 千伏线路就长达 415 公里。日本发送电所落实的最可以称道的成就是对于 20 年代以来自由竞争政策所导致的重复投资、不合理竞争的纠正。日本发送电拆除了本州岛中部围绕东京互相重叠的高压送电线(见第五章),并且积极地推进交流电频率的统一。到日本投降为止,日本发送电和地区配电企业已经把北海道和本州岛北部的频率统一为 50 Hz,四国岛和九州岛的频率统一也有所进展。这些给二战后日本逐渐把各地四分五裂的系统统一到东西两大系统打下了基础。

第四节　本章小结

对于二战中的德国与日本两大轴心国来说,战时国家对于电力工业管理的加强是共同现象。无论日本的国家主义、法西斯主义还是德国的纳粹主义都是建立在资本主义制度基础上的意识形态。两国对于电力管理的强化也是建立在资本主义企业制度前提之上的强化。两国值得注意的区别有二。

区别之一在于管理所采取的方式。德国在既有的企业间协作构造上设立中央管理机构,但是在具体运营上政府与企业紧密合作。事实上由于公营企业的主导,德国政府与业界的界限在电力工业中本来就不明显。而日本所采取的是对于电力企业间构造,或者说对于产业组织本身的大调整。在二战中,日本政府打破了从 19 世纪末电力技术导入日本以来的民营主导构造,把民营转变为国营,短短数年就实现了全国发送电系统的整合与国家垄断,也实现了配电系统在区域分割基础上的国家垄断。不过,因其置换股权的方式,日本发送电以及九大配电企业在形式上是混合持股企业,为国家和私人资本的共同投资。这也第一次打破了日本电力系统里政府与业界的界限。电力国家管理是建立在明治维新以来发展了近八十年的资本主义制度基础上对于政商关系的调整。

区别之二在于政治结构对于国家管理所发挥的影响。德国的电力监管构造类似积木,从都市、州、国家层层叠加,互不否定。电力企业的所有制结构也与此类似。这是分权式政治结构在电力技术的政治外观、经济外观上的折射。纳粹上台后对于国家管理的强化,也基本可以从积木构造来理解。日本则因明治维新后确立的集权构造,中央政府往往有意无意地削减甚至否定地方政府对于电力系统的监管和所有权。二战期间日本电力国家管理,在1942年配电统合过程中把各地公营、市营电力事业一笔抹杀,并入国营企业。这是建立在集权式政治结构基础上的行为。1951年,日本政府在GHQ授权下把全国电力系统改造为9个垂直整合的区域系统。在此前后,不少地方政府试图恢复战争期间被强行合并的公营事业,但是大都归于失败。[1]电力国家管理很大程度上结束了日本的公营企业。而德国无论在二战中还是二战后,地方公营电力企业依旧占有很大比重。[2]

---

[1]　橘川武郎:《日本電力業発展のダイナミズム》,名古屋大学出版会2004年版,第187—188,201—203页。

[2]　关于二战后德国公营电力企业,参见 Helmut Gröner, *Die Ordnung der deutschen Elektrizitätswirtschaft*, Baden-Baden: Nomos Verlagsgesellschaft, 1975。

结 论

为什么电力系统在不同的时期、不同的区域,乃至不同的国家有不同的特征?为什么基于共同技术基盘的电力技术,在德国和日本表现出"技术风格"差异?本书借鉴"大技术系统"框架,以政商关系为主线,描述了电力技术在德国日本两国的经济外观与政治外观,分析了其异同,探究了比较史视角下两国各自的"风格"之由来。为了分析的便利,全书六章各有侧重。但是"大技术系统"中各个构成部分紧密相连,政治中有经济,经济中政治,有形的电力系统中有无形的监管与所有制构造,无形的监管与所有制构造支撑着可见可感的发电所、高压电塔、变电站、电线杆、配电线。因此作细部考察的同时不可忽视整体思考。下面就从系统全局视角,对全书内容作一番总结。

第一章论证了德日两国电力工业的可比性并梳理了电力史已有的研究成果。德日两国电气化均开始于 19 世纪 80 年代,半个世纪后电力普及率在世界上均位居前列,优于英美等老牌工业国。在电力的物质外观上,两国在世界上都是电气工程技术的领跑者,构建了大规模高压送电网。在电力的经济外观上,两国电力企业都达到了较高的资本集中度,并在国际金融市场上融资。

不过,在电力的政治外观上两国有巨大的不同。从所有制结构看,德国电力工业在起步阶段以民营企业为主,但是随着时间推移发生了向公营企业为主的构造逆转。这个逆转在日本并未发生,日本到 30 年代初为主,始终维持民营主导结构。而从监管结构看,日本在 19 世纪末就开始由中央政府监管电力工业,德国却要三十多年之后才开始中央政府监管。这些电力的物质、经济外观上的相同之处,以及政治外观上的区别,使人发生疑问,催生进一步探究的意欲。这也是本书的直接动机。

第一章还简单地梳理了电力技术史的研究成果。在英语、德语、日语、汉语学界,学术传统、方法路径各有特色,难分伯仲。本书作为比较技术史作品,其概念、框架主要借鉴自美国技术史学者托马斯·休斯。休斯在代表作《电网》中比较近代美、英、德三国,视野宏大,是本书的楷模。此外,第一章中也对先行研究中一些不足提出看法。

第二章和第三章分别从企业成长路径和公司金融两个角度探讨了电力的经济外观。第二章对于电力企业的类型按照其物质系统规模作了都市系统、区域系统的划分,按照其发送配电义务的整合程度作了垂直整合型、非垂直整合型的划分。电力企业在上述类型之间的自身定位、战略选择对于企业成长路径的影响是第二章的焦点。

按照企业的自我战略定位,把德日两国电力企业划分为三类。

第一类从都市系统起步,并维持以都市为中心的供电系统,不作区域扩张。这类的典型是柏林、汉堡、东京、大阪四个大都市的公营电气事业。但是区别在于日本两大都市的市营电气事业在 20 年代以后逐渐成为配电企业、对外依存,而德国两大都市则维持在发送电领域的自主性。这里可能有两国政治结构、监管模式方面的因素。

第二类起步于都市系统,但是逐渐成长为区域系统且始终维持发送配电垂直整合。这类企业在德国的典型为 RWE 和 VEW,在日本的典型为东京电灯与东邦电力。在比较史分析中发现,RWE 系地方政府和民间资本混合持股,VEW 则是地方政府持股,两者都是广义上的公营企业。这个都市政府互相协作、共同控股的管理模式并未见于日本。而这类企业的德日比较也说明,所有制结构上的公营还是民营并不是电力企业能否实现从都市系统向区域系统的扩张的关键。公营企业和民营企业都可以制定符合电力技术经济特性的发展战略并实现成长。

第三类企业起步于区域系统，并诞生伊始就是专营发送电的非垂直整合型企业。这类企业在德国的典型为 EAG、PREAG、ASW，在日本的典型为宇治川电气、日本电力、大同电力。区别之一在于德国三家企业在所有制结构上是国营或者州政府公营。日本虽有县营电气事业，但未能达到如民营之巨大规模。两国比较固然再次说明公营还是民营不是电力企业能否制定合理战略、实现系统成长的关键，也暗示日本似乎有某些经济以外的因素限制了公营电力企业的诞生和扩大。结合第四章可知，日本的公营企业因为"许可证"模式的滞后、集权式政治结构，往往受到中央政府有意无意的限制，这是日本的公营电力企业难以取得和德国公营电力企业一样的发展的关键所在。

区别之二在于德国的发送电企业自身虽然是非垂直整合型结构，但是往往同时身处以国家政府或者州政府为顶点的控股公司企业集团，其所供电的主要客户囊括在这个控股公司构造中。日本的发送电企业则有追求垂直整合的趋势，并未发展出控股公司构造。这暗示着两国电力市场环境中有某些因素导致这些区别。结合第三章、第四章、第五章可知，德国电力工业中的控股公司构造一方面源自电气化起始阶段电机制造商的"创业生意"模式以及电力金融机构的融资模式，另一方面也是德国分权式政治构造下各级政府之间相互协作的结果。日本则因为递信省自 20 世纪初以来有选择地推行电灯或电动力市场的自由竞争方针，刺激了企业之间相互竞争，使得电力企业之间难以建立稳定的供给关系，故而发送电企业有为确保客户而追求垂直整合的表现。

对于德日两国电力工业来说，政治和经济都密不可分。在德国，既然公营企业逐渐确立主导地位，电力企业的战略与成长就不可能再是单纯的技术经济问题。在日本，虽然看起来是民营企业主导，但是民营主导格局的形成、企业之间的关系，处处都有中央政府的市场竞争政策、对于公营企业的方针等因素的影响。德日两国的大型电力企业固然都在追求规模经济、水火并用、高压送电的技术经济效益，但是企业行为的背后无处不可以看到政治。立足"大技术系统"框架，本书把电力工业中政治经济之间的紧密相关、密不可分的关系理解为系统中的政治因素对于经济因素的塑造。

第三章的焦点转向公司金融，继续探讨电力技术的经济外观。除去外债，可把德国的电力金融模式分成电机制造商"创业生意"模式、电力金融机构模式、地方融资平台模式、国家和州政府投资模式四种。这些模式背后也都有德国政治的烙印。电力工业诞生当初，欧美已经发展出监管公共基础设施的经验，对于电力沿用了"许可证"模式。电力起步于都市系统，而德国都市政府既然设定了未来某时点的收购权，电力企业就以公营化为前提。这是"创业生意"和电力金融机构模式共通的产生条件。地方融资平台模式中体现出的对于电力企业公开上市的排斥性、保守性，则反映了当时德国政府关于电力的市场观念。国家和州政府投资模式，则是以政府为顶点的控股公司构造的产物。

日本的电力金融除去外债，可分为自有资金型、外部资金型、电力金融机构三类。日本作为后发工业国，在金融制度上结合国情、发展阶段，开发出适合自己的融资手法如"股本分期支付""股东定向增资"。如果没有这些独特的手法，即使有一千个威廉·艾尔顿，即使日本的电气工程教育再先进，也不能实现电力工业的顺利发展。德国企业如 RWE、VEW 颇多直到成为屈指可数的大型企业后才上市，日本的电力企业却多从一开始就上市利用资本市场，也是值得注意的区别。

第四章承上启下，是本书的重点。其中所讨论的法律背景、政治结构、市场观念三大主题也作为组成"大技术系统"的政治部分的小系统互相关联、密不可分。如果不讲清楚监管内容的起源、各级政府之间监管构造的由来，就无法理解所有制构造，无法理解政府为什么要直接参入电力公营。而讨论对电力的监管，就必须从电力技术的物质前提，也就是电力系统对于道路的占用出发。而为什么道路的占用会产生监管，就要先讨论法律背景和监管传统。这些法律背景、监管传统背后隐藏着各国的政治结构、市场观念。第四章的三大主题归根结底属于一个整体。

从监管角度看，因为电力技术的物质体系必须占用道路，所以电力企业必须获得道路管理者或所有者的许可方可建设供电系统。包括德国在内的欧美各国，对于先行于电力的上下水道、瓦斯等同样要使用公共道路的产业，早已积累起一套成熟的"许可证"监管模式。电力企业被授予道路使用权，而作为交换，政府拥有电价、供电条件、收购权、收益权等方面的权利。为了避免反复开挖路面妨碍公众、避免重复投资，政府也授予电力企业在一定区域内的垄断权。这里的垄断和政府的电价许可、收益权、收购权等监管密不可分，是在基于电力系统的物质前提下的公益性监管。这是德国电力监管的起源，也是日后公营化的根据。

日本相对于德国是后发工业国，无论在技术上还是在市政管理上都有一个向西方先进国家学习借鉴、导入消化的过程。日本固然由于明治政府对于工科的重视，及早地导入了电力技术，且在电气工程学上并未与欧美脱节，但是在欧美和电力形影相随的监管制度并没有同时被导入日本。日本的电力工业开始于监管真空状态，此后来自递信省的监管和来自地方政府的监管先后在电力工业之上叠加。递信省的监管先是集中于用电安全，后来集中于鼓励竞争的产业政策，直到30年代才出现电价许可、区域垄断等德国半个世纪之前就定型的监管内容。随着市政制度的发展，都市监管也在世纪之交以"补偿契约"形式产生。但是"补偿契约"既不是"许可证"的翻版，也不是监管模式，而是在道路管理权主体不明的法律背景下，在集权式的政治结构下产生的一种都市政府与民营电力企业的合意。不少都市政府不仅没有规定垄断权、电价许可权，反而积极地通过市营电气事业参入电力市场，与民营企业展开竞争。这就牵涉政治结构和市场观念。

本书把德国的政治结构以及由此产生的电力监管构造、电力企业所有制构造比作积木。随着电力系统从都市系统向区域系统,进而从区域系统向全国性跨区域系统的扩张,州政府和国家政府作为新的监管主体形影相随。但是州政府的监管不排除都市政府的监管,国家的监管也不抹杀州政府的监管。监管主体层层叠加,互不否定。电力技术商用化成功之后,都市政府根据"许可证"收购电力企业。而随着区域系统的扩张、水力发电资源的开发、规模经济的成形,国家政府、州政府也开始通过公营企业直接参入电力工业。电力企业的所有制构造也呈现出重层积木状。各级政府之间的相对自主性也给各级公营企业之间的控股公司构造提供了前提。德国能够实现从民营主导向公营主导的构造逆转,分权式的政治结构是重要条件。

相比之下,日本的集权式政治结构是公营企业产生与发展的限制因素。早在"报偿契约"导入当初,其法律效力就因为道路管理权不明细而受到质疑。随着《道路法》把道理管理权收归中央,"报偿契约"的法律效力进一步动摇,使得此后地方政府在试图按照"报偿契约"收购电力企业时阻力重重。《道路法》并非中央政府有意针对地方政府的行为。其对于地方政府监管效力的弱化,是日本集权式的政治结构之产物。而中央政府的监管既然法理效力在地方之上,电力企业设立许可权又在中央之手,地方能否收购民营企业、公营企业能否设立,最后决定权在递信省,而不在地方民意。这集中地体现在 30 年代曾经一度出现的公营化运动的失败。纵观近代日本电力工业,并非地方政府没有意欲、没有能力设立并出色地运营公营企业,而是这种意欲和能力受到政治结构的限制。这里就牵涉到为何日本中央政府倾向于限制地方公营、鼓励民营,而德国的各级政府却积极地参入公营的市场理念问题。

各级政府直接参入电力工业,各有各的理由,但是大致可以归纳为补充财政收入、维护公益、开发自然资源、供电公平、限制民间资本等方面。在这些方面德国日本有其类似性。但是值得注意的区别在于对待民间资本的理念与方式。德国各级政府倾向于收购民营电力企业，以公营来代替市场监管。日本的都市政府如京都市、东京市则自我定位为市场主体，和民营电力企业直接展开市场竞争，在同一区域内重复投资，大打价格战，促进电力普及。

这背后固然是"报偿契约"下都市政府监管权的不备，也是中央政府鼓励市场竞争的政策的结果。递信省根据电灯、电动力普及程度定期调整方针。不论公营企业还是民营企业都可以作为市场主体获得营业许可，公营企业和民营企业之间的竞争得到有意识的鼓励。一些地方政府受到递信省政策的影响，对于竞争深信不疑。另一方面，集权式的政治结构下，中央政府的行为无意识地限制地方公营企业，在结果上有利于民营电力企业的发展扩张。从日本在短期内取得位居世界前列的电灯、电动力普及程度看来，递信省的自由竞争政策不可谓不成功。表面上看来是包括地方公营事业在内的电力企业间激烈的市场竞争，其背后其实是中央政府的政策在刺激、促进着这些竞争。这也是电力的经济外观与法律背景、政治结构、市场观念密不可分的又一个例证。

不过，中央政府的自由竞争在推动日本电气普及的同时，也导致了系统重复建设、盈利能力低下等问题。按照哲学上的辩证法，长处在一定条件下会转化为其对立面，反而成为短处。电力自由竞争的大环境阻碍了全国性跨区域电网的建设、也妨碍了交流电频率标准的同一。

此外，递信省把20年代的自由竞争政策限定于电动力领域，导致了大电力资本挤破头抢占东京为主的区域，却忽视了农村和偏远地区。电灯与电动力之间的电价不公平、对于偏远地区供电条件的不公平背后固然是资本逐利的经济"合理性"，却也加大了大众对于民营资本的不满，催生了"降低电价运动"和"公营化运动"。而30年代初的递信省为了纠正此前自由竞争政策下无序的系统建设，警惕各地公营企业各自为政所可能导致的电力系统碎片化，否定地方公营化，没有及时解决大众所理解的电力不公平问题。30 年代之后，大萧条、农村不景气、对外侵略所导致的诡谲险恶风起云涌的政治局势，终于把日本推向"电力国家管理"，出现了第二次世界大战期间从民营向国营的大逆转。

第五章综合性地探讨政治因素与经济因素对于跨区域电网构建的影响，讨论的是"大技术系统"中的政治经济两大无形部分如何塑造表现为电网的有形部分。在第一次世界大战期间，德国工程师学界开始提出跨区域电网计划。在战后，RWE 的阿图尔·克普兴构思了立足实际的新方案。日本在电网谋划方面并无落后。东邦电力的松永安左卫门几乎和克普兴同时提出了立足日本国情的全国性电网计划。此后两人都努力于计划之落实，他们的前瞻和实干体现了两国电力业界的企业家精神。但是两人所处的政治经济环境影响了两人各自的实践思路，使得结果大有不同。

克普兴利用了德国分权式政治结构下国家政府与州政府之间的冲突与张力，通过企业间协作的方式，和其他公营企业共同建设了德国电力史上第一条贯通南北、连结褐煤发电地区与阿尔卑斯山水力发电地区的"南方线"，给此后德国全国性跨区域电网建设打下了基础，树立了楷模。

松永安左卫门则必须面对政界与业界都崇尚竞争的市场观念和市场环境，不得不采用向东京建设线路挑起"电力战"，打价格竞争的方式来试验他全新的跨区域电力系统设计。事实证明，市场竞争能短期内降低电价，但是不能实现长期内整合的、统一的跨区域电网。但是松永安左卫门吸取教训，重新发展出区域垄断、垂直整合型电网的思路。该思路在第二次世界大战后获得联合国最高司令官总司令部的青睐，成为日本 1951 年之后维持近半个世纪的电力工业构造。尽管如此，日本错失了 20 年代统一交流电频率的良机，至今依旧是世界上少数没有整合的、统一的全国性电网的国家之一。

克普兴和松永安左卫门的案例说明政治经济因素对于技术的物质表现有着巨大的塑造作用。即使电力技术本身在发展到一定程度后有从都市系统发展为区域系统，从区域系统扩张为跨区域系统的必然趋势，但这种发展趋势本身在各国的具体表现受到各国企业间关系、市场环境、政治结构、市场观念的塑造。克普兴和松永安左卫门的电网计划都是基于相同的技术经济原则，但是这些技术经济原则能不能实现、如何实现，则是两国政治经济因素共同影响的结果。换句话说，方案与方案的实际表现是两回事，有某个能力与在何种程度上实现某个能力也是两回事。

日本的经验也说明，递信省自20世纪初以来采用的鼓励竞争的政策能够推动互相独立的电力系统争抢客户，促进电力的普及，但是该政策并不能促进全国性跨区域电网建设，反而适得其反，阻碍了电网的互联与整合。诚如哲学上的辩证法所言，优点在一定条件下会逆转为缺点，崇尚竞争的市场观念下递信省的政策使得日本及早地成为世界上电气普及率最高的国家之一，却也给日本全国性电网整合造成了至今无法弥补的困难。

第六章比较了第二次世界大战对于德日两国电力工业的影响。纳粹政府通过《能源经济法》立法加强了国家对于电力工业的管理，但是其管理是建立在既有的政治结构与企业间关系的基础上的。二战期间，德国电力工业有了新的调控机构、拓展了跨国电力互联，但是政商关系并无本质上的变动，延续了20年代以来的企业间自主协作与在电力的技术经济特性基础上的系统扩张。

日本的"电力国家管理"在产业组织上实现了从维持了半个世纪的民营主导向国营的巨大转变。这个转变也是建立在既有的政治结构基础上、在既有的资本主义制度基础上的。正是在集权式构造下，日本政府把大部分电力企业无论公营还是民营都整合为日本发送电以及九大配电企业。日本发送电和九大配电企业也都保留了资本主义企业制度，只不过把管理权交由国家。可见，德日两国二战期间国家对于电力工业的管理都是建立在既有政治经济条件的基础上的。

参考文献

一、档案资料

Wirtschaftsarchiv Baden-Württemberg，B2098。

United States Strategic Bombing Survey(USSBS)，Report No. 22-c(12)。

British Intelligence Objectives Sub-Committee(BIOS)：*The German Wartime Electricity Supply*，1945.

《京都市会議事録》1893—1917 年版。

《後藤新平文書》R59 22—62。

《電気委員会議事録》1934 年版。

二、政府统计资料

逓信省電気局：《電気事業要覧》各年版。

京都府立総合資料館：《京都府統計史料集》第二卷。

帝国議会：《帝国議会議事録》第二六回(1910 年版)。

三、企业年报

Badische Landes-Elektrizitäts-Versorgungs AG 1921—1933.

Rheinisch-Westfälisches Elektrizitätswerk AG 1898—1933.

Vereinigte Industrieunternehmungen AG 1923—1933.

Elektrowerke AG 1918—1933.

Preussischen Elektrizitäts AG 1927—1933.

AG für Deutsche Elektrizitätswirtschaft 1929—1933.

Handbuch der deutschen Aktien-Gesellschaften 1899，1914，1932.

野村商店調査部《株式年鑑》1908—1931。

四、工程技术杂志

Elektrotechnischer Verein，*Elektrotechnische Zeitschrift*（缩写 ETZ），1914—1933.

Elektrizitätswirtschaft，1941.

Archiv für Warmewirtschaft，1935.

電気学会,《電気学会雑誌》,1891—1940。

五、学术论著

1. 中文文献

陈碧舟:《美商上海电力公司经营策略研究(1929—1941)》,上海社会科学院博士学位论文,2018 年。

陈悦:《民国时期大型官营都市工厂的技术发展——以南京首都电厂为例》,《山西大同大学学报(自然科学版)》2019 年 35 卷 3 号,第 98—103 页。

范晓娟,聂馥玲:《南京民族电力工业的肇始:金陵电灯官厂的筹建》,《自然科学史研究》2022 年 41 卷 4 号,第 429—443 页。

黄晞:《中国近现代电力技术发展史》,山东教育出版社 2006 年版。

雷银照:《我国供电频率 50 Hz 的起源》,《电工技术学报》2010 年第 25 卷第 3 期。

梁善明:《民国广西电力工业之演化研究(1915—1949)》,陕西师范大学博士学位论文,2021 年。

[德]沃尔夫冈·科尼希,Jess Nierenberg,王安轶:《德国的技术史研究》,《自然辩证法通讯》2022 年 44 卷 4 号,第 44—55 页。

杨海红、邱惠丽、李正风:《托马斯·休斯"技术—社会系统"思想探微》,《自然辩证法研究》2020 年 36 卷 8 号,第 26—30 页。

杨琰:《工部局与近代上海电力照明产业研究,1882—1929 年》,复旦大学博士学位论文,2013 年。

尹文娟:《托马斯·休斯系统方法新探》,《科学技术哲学研究》2012 年 29 卷 3 号,第 72—76 页。

姚大志:《行走在边缘的法国思想家——与〈技术与时间〉有关的几位学者》,《中国图书评论》2013 年 1 号,第 22—28 页。

[德]约阿希姆·拉德考著,廖峻、饶以苹、陈莹超、方在庆译:《德国技术史:从 18 世纪至今》,中国科学技术出版社 2022 年版。

郑雨:《休斯的技术系统观评析》,《自然辩证法研究》2008 年 24 卷 9 号,第 28—32 页。

中国电力企业联合会:《中国电力工业史:综合卷》,中国电力出版社 2021 年版。

2. 日文文献

伊藤之雄:《近代京都の改造:都市経営の起源 1850—1918 年》,ミネルヴァ書房 2006 年版。

宇治市歴史資料館:《宇治電:水力の時代へ》,宇治市歴史資料館 2013 年版。

宇治川電気株式会社:《事業案内》,宇治川電気 1931 年版。

永井柳太郎:《私の信念と体験》,岡倉書房 1938 年版。

横山明彦:《東日本 50 ヘルツ,西日本 60 ヘルツはなぜ統一できないのか》,《エネルギーレビュー》2011 年 31 巻 7 号,第 11—14 頁。

横浜正金銀行調査課:《米国に於ける外債市場と日本公社債に就て》,横濱正金銀行調査課 1928 年版。

加藤健太:《東京電灯の企業合併と広域電気供給網の形成》,《経営史学》2006 年 41 巻 1 号,第 3—27 頁。

花木完爾:《昭和初期大阪における電気事業の展開》,大阪市立大学博士論文,2017 年。

関西電力:《関西地方電気事業百年史》,関西地方電気事業百年史編纂委員会 1987 年版。

関野満夫:《ドイツ都市経営の財政史》,中央大学出版部 1997 年版。

丸山真男:《超国家主義の論理と心理》,岩波書店 2015 年版。

岩本由輝:《仙台・宮城県における公営電気事業と太田千之助》,《東北学院大学経済学論叢》2011 年 176 巻,第 1—30 頁。

橘川武郎:《通商産業政策史:資源エネルギー政策》,経済産業調査会 2011 年版。

橘川武郎:《日本の電力業を形作った三人の福沢諭吉門下生:福沢桃介・松長安左エ門・小林一三》,《近代日本研究》2020 年 37 巻,第 1—33 頁。

橘川武郎:《日本電力業の発展と松永安左エ門》,名古屋大学出版会 1995 年版。

橘川武郎:《日本電力業発展のダイナミズム》,名古屋大学出版会 2004 年版。

京都市参事会:《伯林市行政ノ既往及現在》,東枝律書房 1901 年版。

京都市市政史編さん委員会編:《市政の形成》,京都市 2009 年版。

京都市電気局:《京都市営電気事業沿革誌》,京都市 1933 年版。

京都市電気局庶務課:《琵琶湖疏水及水力使用事業》,京都市電気局 1940年版。

京都電灯:《京都電灯株式會社五十年史》,京都電灯 1939 年版。

橋本寿朗、大杉由香:《近代日本経済史》,岩波書店 2000 年版。

栗原東洋:《電力》,現代日本産業発達史研究会 1964 年版。

経営史学会:《日本経営史の基礎知識》,有斐閣 2004 年版。

坂本倬志:《イギリス電力産業の生成発展と電気事業法の変遷》,長崎大学東南アジア研究所 1983 年版。

三和良一:《概説日本経済史》,東京大学出版会 2002 年版。

山口縣総務部電氣局:《山口縣営電氣事業十周年誌》,山口縣 1935 年版。

山田廣則:《私営公益事業と都市経営の歴史》,大阪大学出版会 2013 年版。

志村嘉一:《日本公社債市場史》,東京大学出版会 1980 年版。

志村嘉一:《日本資本市場分析》,東京大学出版会 1969 年版。

渋沢元治:《電力統一について》,《電気学会雑誌》1921 年 6 号,第 367—382 頁。

渋沢元治:《電力問題講話》,オーム社 1932 年版。

小桜義明:《高知県における工業誘致政策の形成と県営電気事業》,《経済論叢》1973 年 112 巻,第 105—133 頁。

小桜義明:《日本資本主義確立期における電力国家政策の形成と都市電気業統制》,《経済論叢》1973 年 111 巻,第 61—83 頁。

小石川裕介:《報償契約の性質と効力─戦前における法学者の議論を中心として》,《都市問題》2015 年 9 月号,第 89—98 頁。

小風秀雅:《日露戦後における電力政策の展開:第二次桂内閣と電気事業法》,《史学雑誌》1980 年 89 巻 4 号,第 486—504 頁。

松永安左エ門:《私の履歴書》,日本経済新聞社 1970 年版。

松島春海:《産業統制の強化と戦時経済:「電力国家管理」への道程》,《社会経済史学》1975 年 41 巻 6 号,第 612—635 頁。

松島春海:《日本電気産業の生産力構造とその展開》,《新潟大学商学論叢》1962 年 1 巻,第 127—169 頁。

森宜人:《ドイツ近代都市経済史》,日本経済評論社 2009 年版。

村上弘:《日本の地方自治と都市政策:ドイツ・スイスとの比較》,法律文化社2003 年版。

大阪市電気局:《大阪電気局事業史》,大阪市 1942 年版。

大同電力:《大同電力株式会社沿革史》,大同電力 1942 年版。

池田宏:《報償契約に就て》,東京市政調査会 1933 年版。

竹中亨:《ジーメンスと明治日本》,東海大学出版会 1996 年版。

中瀬哲史:《日本電気事業経営史》,日本経済評論社 2005 年版。

中部地方電気事業史編纂委員会:《中部地方電気事業史》,中部電力 1995 年版。

朝岡大輔:《企業成長と制度進化:戦前電力産業の形成》,NTT 2012 年版。

通商産業省:《商工政策史第二十四巻　電気・ガス事業》,商工政策史刊行会 1979 年版。

鶴見祐輔:《正伝後藤新平》,藤原書店 2005 年版。

逓信省:《逓信事業史》,逓信協会 1941 年版。

田健治郎:《田健治郎日記》,芙蓉書房出版 2008 年版。

田村謙治郎:《戦時経済と電力國策》,東亜政經社 1941 年版。

田野慶子:《ドイツ資本主義とエネルギー産業:工業化過程における石炭業・電力業》,東京大学出版会 2003 年版。

電気学会:《電気学会技術報告第 1100 号》,電気学会 2007 年版。

電気学会:《電気学会五十年史》,電気学会 1938 年版。

電気学会:《本邦に於ける輓近の電気工学》,電気学会 1939 年版。

電気協会:《独逸電気経済の国民的編成》,電気学会 1939 年版。

渡哲郎:《戦前期のわが国電力独占体》,晃洋書房 1996 年版。

東京市政調査会:《京都市の新瓦斯報償契約に就て》,東京市政調査会 1939 年版。

東京市政調査会:《公益企業法案参照用現行公益企業法規類集》,東京市政調査会 1931 年版。

東京市政調査会:《電氣事業報償契約》,東京市政調査会 1928 年版。

東京市電気局:《創業二十年史》,東京市 1931 年版。

東京市電気局:《電気事業三十年史》,東京市 1941 年版。

東京市電気局:《東京市電気局十年略史》,東京市 1921 年版。

東京電燈:《東京電燈株式會社開業五十年史》,東京電燈 1936 年版。

東京電力:《関東の電気事業と東京電力》,東京電力 2002 年版。

東邦電力:《東邦電力技術史》,東邦電力株式会社 1942 年版。

東邦電力史編纂会:《東邦電力史》,東邦電力史刊行会 1962 年版。

東邦電力調査部:《周波数統一について》,東邦電力株式会社 1923 年版。

東邦電力調査部:《米国の超電力連系に関する組織》,東邦電力株式会社 1923 年版。

藤岡市助:《東京市内電灯拡張工事》,《電気学会雑誌》1895 年 95 号。

藤原純一郎:《十九世紀米国における電気規制の展開》,慶応義塾大学法学研究会 1989 年版。

南亮進:《鉄道と電力(長期経済統計 12)》,東洋経済新報社 1965 年版。

日本電力:《日本電力株式会社十年史》,日本電力 1929 年版。

農事電化協会編:《本邦に於ける農事電化発達史》,農事電化協会 1940 年版。

農林省農務局:《本邦農村電化ニ關スル調査概要》,農林省農務局 1933 年版。

梅本哲世:《戦前日本資本主義と電力》,八朔社 2000 年版。

萩原古壽:《大阪電燈株式会社沿革史》,萩原古壽 1923 年版。

白木澤涼子:《昭和初期の電気料金値下げ運動》,《歴史学研究》1994 年 660 卷,第 16—34 頁。

白木澤涼子:《戦前期における地方自治体と電気事業》,《日本歴史》2010 年 732 卷,第 74—90 頁。

富山県:《富山県営水力電気事業概要》,富山縣電氣局 1937 年版。

平澤要:《電氣事業經濟講話》,電氣新報社 1927 年版。

北浦貴士:《企業統治と会計行動:電力会社における利害調整メカニズムの歴史的展開》,東京大学出版会 2014 年版。

北河賢三:《農村社会運動の展開》,西田美昭編《昭和恐慌下の農村社会運動》,御茶の水書房 1978 年版,第 375—464 頁。

門井龍太郎:《電気の周波数と電圧(日本・世界)》,《電気学会雑誌》1991 年 111 卷 12 号,第 1011—1014 頁。

矢木明夫:《生活経済史》,評論社 1978 年版。

林安繁:《宇治電の回顧》,宇治電ビルディング1942 年版。

鈴木浩:《電力系統と電力系統技術発展の系統化調査》,国立科学博物館産業技術史資料情報センター《国立科学博物館技術の系統化調査報告》第 29 集,国立科学博物館,第 198—273 頁。

3. 英文与德文文献

Camillo J. Asriel, *Das R. W. E.: Rheinisch-Westfälisches Elektrizitätswerk*

A. G. Essen a. d. Ruhr：*ein Beitrag zur Erforschung der modernen Elektrizitätswirtschaft*，Zürich：Girsberger，1932.

Badenwerk，*Badenwerk AG 1921—1951*，Karlsruhe：Braun，1951.

Gretchen Bakke，*The Grid*：*The Fraying Wires between Americans and Our Energy Future*，New York：Bloomsbury，2017.

Bayernwerk，*30 Jahre Bayernwerk AG*，München：Bayernwerk AG，1951.

Beate Binder，*Elektrifizierung Als Vision*：*Zur Symbolgeschichte einer Technik im Alltag*，Tübingen：Tübinger Vereinigung für Volkskunde，1999.

Georg Boll，*Entstehung und Entwicklung des Verbundbetriebs*，Frankfurt am Main：Verl.- und Wirtschaftsges. der Elektrizitätswerke，1969.

Gert Bruche，*Elektrizitätsversorgung und Staatsfunktion*：*das Regulierungssystem der öffentlichen Elektrizitätsversorgung in der Bundesrepublik Deutschland*，Frankfurt am Main：Campus-Verlag，1977.

Kurt Bussmann，*Rechtsstellung der gemischtwirtschaftlichen Unternehmungen unter besonderer Berücksichtigung der Groß-Hamburger Elektrizitätswirtschaft*，Berlin：J. Bensheimer Verl.，1922.

Simon J. Bytheway，*Investing Japan*：*Foreign Capital*，*Monetary Standards*，*and Economic Development*，*1859—2011*，Cambridge，Massachusetts：Harvard University Asia Center，2014.

Alfred D. Chandler，*Scale and Scope*：*the Dynamics of Industrial Capitalism*，Cambridge，Mass.：Harvard University Press，1990.

Alfred D. Chandler，*Strategy and Structure*：*Chapters in the History of the Industrial Enterprise*，Cambridge，Mass.：Harvard University Press，1962.

Alfred D. Chandler，" Commercializing High-Tech Industries," *Business History Review* 79，Autumn，2005，pp.595—604.

Julie A. Cohn，*The Grid*：*Biography of an American Technology*，Cambridge，MA：The MIT Press，2017.

Jonathan Coopersmith，*The Electrification of Russia*，*1880—1926*，Ithaca：Cornell University Press，1992.

Thilo Dahne，*Die Elektrizitätswirtschaft in Sachsen*，Dresden：Akademische Buchhandlung Focken & Oltmanns，1934.

Thorsten Dame，*Elektropolis Berlin*：*Die Energie der Großstadt*，Berlin：

Mann，2011.

Das Spezial-Archiv der deutschen Wirtschaft，*Die Elektrizitätswirtschaft im Deutschen Reich*，Berlin：R. & H. Hoppenstedt，1933.

Carl N. Degler，"In Pursuit of an American History," *The American Historical Review*，Volume 92，Issue 1，1987，pp.1—12.

Gerhard Dehne，*Deutschlands Großkraftversorgung*，Berlin：Springer，1928.

Deutscher Wasserwirtschafts- und Wasserkraftverband，*Die Wasserkraftwirtschaft Deutschlands*，Berlin：Deutscher Wasserwirtschafts- und Wasserkraftverband，1930.

Karl Ditt，*Zweite Industrialisierung und Konsum：Energieversorgung，Haushaltstechnik und Massenkultur am Beispiel nordenglischer und westfälischer Städte 1880—1939*，Paderborn：Schöningh，2011.

Coleen A. Dunlavy，*Politics and Industralization：Early Railroads in the United States and Prussia*，Princeton：Princeton University Press，1994.

Kirsten W. Endres，"City of Lights，City of Pylons：Infrastructures of Illumination in Colonial Hanoi，1880s—1920s." *Modern Asian Studies 57*，No.6，2023，pp.1772—1797.

Peter Fairley，"Why Japan's Fragmented Grid Can't Cope：Bridging Japan's east-west frequency divide to stoke power flows will require real engineering hustle," *IEEE Spectrum*，2011，https：//spectrum. ieee. org/why-japans-fragmented-grid-cant-cope.

Alexander Faridi，"Der regulierende Eingriff des Energiewirtschaftsgesetzes in den Wettbewerb zwischen öffentlicher und industrieller Stromerzeugung in den 30er Jahren"，*Zeitschrift für Unternehmensgeschichte* 49，2004，pp.173—197.

Friedrich Fasolt，*Die sieben grösten deutschen Elektrizitätsgesellschaften：ihre Entwicklung und Unternehmertätigkeit*，Dresden：O. V. Böhmert，1904.

Wolfram Fischer，*Die Geschichte der Stromversorgung*，Frankfurt am Main：Verl.- und Wirtschaftsges. der Elektrizitätswerke，1992.

Lothar Frank，*Darstellung und wirtschaftspolitische Kritik des organisatorischen Aufbaues der deutschen Elektrizitätswirtschaft*，Berlin：Hoffmann，1933.

Felix Frey，*Arktischer Heizraum：Das Energiesystem Kola zwischen regionaler Autarkie und gesamtstaatlicher Verflechtung 1928—1974*，Köln：Böhlau Verlag，2019.

Minoru Fukuda, "Super-power in Japan," *General Electric Review* XXVII, No.8, 1925, pp.542—549.

Nobert Gilson, *Konzepte von Elektrizitatsversorgung und Elektrizitatswirtschaft: Die Entstehung eines neuen Fachgebietes der Technikwissenschaften zwischen 1880 und 1945*, Stuttgart: GNF Verlag, 1994.

Helmut Gröner, *Die Ordnung der deutschen Elektrizitätswirtschaft*, Baden-Baden: Nomos Verlagsgesellschaft, 1975.

David Gugerli, *Redeströme: Zur Elektrifizierung der Schweiz 1880—1914*, Zurich: Chrome, 1996.

Hamburgische Electricitäts-Werke, *Hamburgische Electricitäts Werke 1894—1954*, Hamburg: Wandsbeck, 1954.

Leslie Hannah, *Electricity before Nationalisation: A Study of the Development of the Electricity Supply Industry in Britain to 1948*, London: Palgrave, 1979.

Richard Hamburger, *Elektrowerke AG*, Berlin: Elektrowerke AG, 1928.

William Hausman, Peter Hertner and Mira Wilkins: *Global Electrification: Multinational Enterprise and International Finance in the History of Light and Power, 1878—2007*, New York: Cambridge University Press, 2008.

Hans D. Hellige, "Entstehungsbedingungen und energietechnische Langzeitwirkungen des Energiewirtschaftsgesetzes von 1935", *Technikgeschichte* 53, 1986, pp.123—155.

Thomas Herzig, "Das Murgtal als Keimzelle der badishen Landeselektrizitatsversorgung," in Rainer Hennl and Konrad Kimm eds. *Industrialisierung im Norschwarzwald*, Ostfildern: Thorbecke, 2015, pp.123—152.

Sigfrid Heesemann, *Die Charakteristik der Reichssammelschiene*, PhD Dissertation TU Berlin, 1959.

Adolf Hobrecker, *Die kapitalmässige Verflechtung der öffentlichen Elektrizitätswirtschaft in der Provinz Westfalen*, Münster: Wirtschafts- und Sozialwissenschaftlicher Verlag, 1935.

Karl Hook, *Der Rechtscharakter der Kommunalen Wasser-, Gas- und Elektrizitätswerke und die Rechtsstellung der Werke gegenüber ihren Abnehmern*, PhD Dissertation Heidelberg University, 1922.

Theo Horstmann, *Strom für Europa: 75 Jahre RWE-Hauptschaltleitung Brauweiler 1928—2003*, Essen: Klartext, 2003.

Theo Horstmann, *Elektrifizierung in Westfalen: Fotodokumente aus dem Archiv der VEW*, Hagen: Linnepe, 1990.

Thomas P. Hughes, *Networks of Power: Electrification in Western Society, 1880—1930*, Baltimore: Johns Hopkins University Press, 1983.

Thomas P. Hughes, "The Evolution of Large Technological Systems," in Wiebe E. Bijker ed., *The Social Construction of Technological Systems: New Directions in the Sociology and History of Technology*, Cambridge: Cambridge University Press, 2012, pp.45—73.

Thomas P. Hughes, "The Seamless Web: Technology, Science, Etcetera, Etcetera", *Social Studies of Science*, vol.16, No.2, 1986, pp.281—292.

Thomas P. Hughes, "From Firm to Networked Systems", *Business History Review* 79, 2005, pp.587—593.

Thomas P. Hughes, "Managerial Capitalism beyond the Firm", *Business History Review* 64, 1990, pp.689—703.

Sunila S. Kale, *Electrifying India: Regional Political Economies of Development*, Stanford: Stanford University Press, 2014.

Stephanie van de Kerkhof, *Von der Friedens- zur Kriegswirtschaft: Unternehmensstrategien der deutschen Eisen-und stahlindustrie vom Kaiserreich bis zum Ende des Ersten Weltkrieges*, Essen: Klartext, 2006.

Jan Otto Kehrberg, *Die Entwicklung des Elektrizitatsrechts in Deutschland: Der Weg zum Energiewirtschaftsgesetz von 1935*, Frankfurt am Main: Peter Lang, 1997.

Johannes Kingma, *Kapitalbedarf und Kapitalbeschaffung in der deutschen Elektrizitätswirtschaft seit dem Kriege*, Borna-Leipzig: Robert Noske, 1936.

Wolfgang König, *Technikgeschichte: Eine Einführung in ihre Konzepte und Forschungsergebnisse*, Stuttgart: Franz Steiner Verlag, 2009.

Carl Krecke, *Die Energiewirtschaft der Welt: Ergebnisse der III. Weltkraftkonferenz Washington 1936 in Deutscher Betrachtung*, Berlin: VDI-Verlag, 1937.

Patrick Kupper, *Atomenergie und gespaltene Gesellschaft*, Zurich: Chrome, 2003.

Robert René Kuczynski, *Wall Street und die deutschen Anleihen: Bankier-profite und Publikumsverluste*, Leipzig: Buske, 1933.

Vincent Lagendijk, *Electrifying Europe: The Power of Europe in the Construction of Electricity Networks*, Amsterdam: Amsterdam University Press, 2008.

Jennifer L. Lieberman, *Power Lines: Electricity in American Life and Letters, 1882—1952*, Cambridge, Massachusetts: MIT Press, 2017.

Robert Liefmann, *Beteiligungs- und Finanzierungsgesellschaften*, Jena: Fischer, 1931.

Robert Liefmann, *Cartels, Concerns and Trusts*, London and New York: E. P. Dutton & Company, 1932.

John-Wesley Löwen, *Die Dezentrale Stromwirtschaft: Industrie, Kommunen und Staat in der Westdeutschen Elektrizitätswirtscchaft 1927—1959*, Berlin: De Gruyter, 2015.

George C. Lodge, Ezra F. Vogel, *Ideology and National Competitiveness: an Analysis of Nine Countries*, Cambridge: Cambridge University Press, 1987.

Karl H. Ludwig, "Energiepolitische und energietechnische Konzeptionen in Deutschland zwischen den beiden Weltkriegen," in *Energie in Kontext und Kommunikation*, Essen: u.a., 1978, pp.35—49.

Helmut Maier, *Elektrizitätswirtschaft zwischen Umwelt, Technik und Politik: Aspekte aus 100 Jahren RWE-Geschichte 1898—1998*, Freiberg: TU Bergakad, 1999.

Helmut Maier, "Arthur Koepchen," in Wolfhard Weber ed., *Ingenieure im Ruhrgebiet*, Münster: Aschendorff, 1999, pp.184—223.

Conrad Matschoss, *50 Jahre Berliner Elektrizitäts Werke, 1884—1934*, Berlin: VDI, 1934.

Thomas McCraw, *TVA and the Power Fight, 1933—1939*, New York: Lippincott, 1971.

Thoma McCraw, *Creating Modern Capitalism: How Entrepreneurs, Companies, and Countries Triumphed in Three Industrial Revolutions*, Cambridge, Mass.: Harvard University Press, 1997.

Robert Millward, *Private and Public Enterprise in Europe: Energy, Telecommunications and Transport, 1830—1990*, Cambridge: Cambridge University

Press, 2005.

Robert Millward, "Buisness and the State." In Geoffrey Jones and Jonathan Zeitlin eds. *Oxford Handbook of Business History*, Oxford: Oxford University Press, 2008.

Robert Millward, "Business and government in electricity network integration in Western Europe, c.1900—1950," *Business History*, vol.48, No.4, 2006, pp.479—500.

Oskar von Miller, *Gutachten über die Reichselektrizitätsversorgung*, Berlin: VDI, 1930.

Takahito Mori, *Elektrifizierung als Urbanisierungsprozess: Frankfurt am Main 1886—1933*, Darmstadt: Hessisches Wirtschaftsarchiv, 2014.

Randall Morck, Masao Nakamura, "Business Groups and the Big Push: Meiji Japan's Mass Privatization and Subsequent Growth," *Enterprise and Society*, Volume 8, Issue 03, 2007, pp.543—601.

Timo Myllyntaus, *Electrifying Finland: The Transfer of a New Technology into a Late Industrialising Economy*, Hampshire: MacMillan, 1991.

John L. Neufeld, *Selling Power: Economics, Policy, and Electric Utilities Before 1940*, Chicago: Chicago University Press, 2016.

Douglas North, *Understanding the Process of Economic Change*, Princeton: Princeton University Press, 2005.

David E. Nye, *Electrifying America: Social Meanings of a New Technology, 1880—1940*, Cambridge: Cambridge University Press, 1992.

Stefan Oeter, *Integration und Subsidiarität im deutschen Bundesstaatsrecht*, Tübingen: Mohr Siebeck, 1998.

Hans Pohl, *Vom Stadtwerk zum Elektrizitätsgrossunternehmen: Gründung, Aufbau und Ausbau der Rheinisch-Westfälischen Elektrizitätswerk AG*, Stuttgart: Steiner, 1992.

Manfred Pohl, *VIAG-Aktiengesellschaft 1923—1998*, München: Piper, 1998.

Manfred Pohl, *Das Bayernwerk: 1921 bis 1996*, München: Piper, 1996.

Preussenelektra, *Preussische Elektrizitäts-Aktiengesellschaft: Entwicklung und Ziele*, Hamburg: Preussenelektra, 1954.

Daniela Russ, "Speaking for the 'World Power Economy': Electricity, Energo-

Materialist Economics, and the World Energy Council(1924—1978)", *Journal of Global History* 15, No.2, 2020, pp.311—329.

Daniela Russ, "Deciphering economic futures: Electricity, calculation, and the power economy, 1880—1930", *Centaurus*, 63(4), 2021, pp.631—650.

Motoji Shibusawa, "Technical observations of the laws and regulations governing the Japanese electrical undertakings," In World Power Conference ed. *The Transactions of The Tokyo Sectional Meeting*, Tokyo: Koseikai, 1929, pp.1151—1169.

Heinrich Scholler, *Großraum-Verbundwirtschaft: Ein Beitrag zur europäischen Energieplanung. Zum 50jährigen Jubiläum des Rheinisch-Westfälischen Elektrizitätswerkes Aktiengesellschaft*, Essen: RWE, 1948.

Harm Schröter, "Business History in German-Speaking States at the End of the Century: Achievements and Gaps", In *Business History around the World*, Franco Amartori and Geoffrey Jones, eds., Cambridge: Cambridge University Press, 2003.

Rainer Schubach, *Die Entwicklung der öffentlichen Elektrizitätsversorgung in Hamburg*, Hamburg: Verein fur Hamburgische Geschichte, 1982.

Dieter Schweer, Wolf Thieme, *RWE: der gläserne Riese*, Essen: RWE, 1998.

Alfred Spraul, *Ein Beitrag zur Entwicklung der öffentlichen Elektrizitätsversorgung in Baden*, PhD Dissertation Heidelberg University, 1933.

Stadt Mannheim, *50 Jahre Städtische Stromversorgung Mannheim*, Mannheim: Mannheimer Grossdr., 1956.

Bernhard Stier, *Staat und Strom: die politische Steuerung des Elektrizitätssystems in Deutschland 1890—1950*, Mannheim: Verlag Regionalkultur, 1999.

Bernhard Stier, "Elektrizitätswirtschaft zwischen politischem Auftrag und unternehmerischem Eigeninteresse: Die „Badische Landeselektrizitätsversorgung" in der Weimarer Republik", *Zeitschrift für öffentliche und gemeinwirtschaftliche Unternehmen* 19, No.2, 1996, pp.182—200.

Bernhard Stier, "Die neue Elektrizitätsgeschichte zwischen kulturhistorischer Erweiterung und kommunikationspolitischer Instrumentalisierung." *Vierteljahrschrift für Sozial- und Wirtschaftsgeschichte* 87, No.4, 2000, pp.477—487.

Bernhard Stier, "Zwischen kodifikatorischer Innovation und materieller

Kontinuität： Das Energiewirtschaftsgesetz von 1935 und die Lenkung der Elektrizitätswirtschaft im Nationalsozialismus," in Johannes Bähr and Ralf Banken eds. *Wirtschaftssteuerung durch Recht im Nationalsozialismus*, Frankfurt am Main： Klostermann, 2006, pp.281—305.

Bernhard Stier, "Nationalsozialistische Sonderinstanzen in der Energiewirtschaft： Der Generalinspektor für Wasser und Energie 1941—1945", in Rüdiger Hachtmann and Winfried Süß eds., *Hitlers Kommissare*, Konstanz： Wallstein Verlag, 2006.

Ying Jia Tan, *Recharging China in War and Revolution, 1882—1955*, Ithaca： Cornell University Press, 2021.

Bunichiro Tanaka, "Propeller turbines in Japan," In World Power Conference ed. *The Transactions of The Tokyo Sectional Meeting*, Tokyo： Koseikai, 1929, pp.424—445.

Edmund Todd, *Technology and Interest Group Politics： Electrification of the Ruhr, 1886—1930*, Ithaca： Cornell University Press, 1984.

Pier Angelo Toninelli, *The Rise and Fall of State-owned Enterprise in the Western World*, Cambridge： Cambridge University Press, 2000.

Tetsuya Torayashiki, Hiroaki Maruya. "Study on Risk Reduction of Electric Power Supply Restriction by Reinforcement of Interconnection Lines Between Areas for the Nankai Trough Earthquake," *Journal of Disaster Research* 11(3), 2016, pp.566—576.

Hoshimi Uchida, "The Transfer of Electrical Technologies from the United States and Europe to Japan, 1869—1914." In David Jeremy, *International Technology Transfer： Europe, Japan and the USA, 1700—1914*, London： Elgar, 1991, pp.219—241.

UCPTE(Union für die Koordinierung der Erzeugung und des Transportes elektrischer Energie), *25 Jahre UCPTE*, Arnhem： UCPTE, 1976.

Unterausschuß III Ausschuss zur Untersuchung der Erzeugungs- und Absatzbedingungen der deutschen Wirtschaft, *Die deutsche Elektrizitätswirtschaft*, Berlin： Mittler, 1930.

VEBA, *Vereinigte Elektrizitatsund Bergwerks Aktiengesellschaft： 1929—1954*, Hamburg： VEBA, 1954.

Vereignite Elektrizitätswerke Westfalen AG, *25 Jahre VEW： 1925—1950*,

Dortmund: VEW, 1950.

Vereignite Elektrizitätswerke Westfalen GmbH, *Die Vereignite Elektrizitätswerk Westfalen GmbH und ihre Entwicklungsgeschichte*, Dortmund: VEW, 1926.

Heinrich Wagner, *Geographie der Elektrizitätswirtschft in Baden*, Ludwigshafen: Köln Verlag, 1928.

Daniel Wilhelm, *Die Kommunikation infrastruktureller Großprojekte: die Elektrifizierung Oberschwabens durch die OEW in der ersten Hälfte des 20. Jahrhunderts*, Stuttgart: Franz Steiner Verlag, 2014.

Hans Witte, *Die Konzentration in der deutschen Elektrizitätswirtschaft*, Berlin: Springer, 1932.

Wolfgang Zängl, *Deutschlands Strom: die Politik der Elektrifizierung von 1866 bis heute*, Frankfurt am Main: Campus, 1989.

Richard Zipfel, *Die preußischen Staatl. Elektrizitätswerke im Weser-Maingebiet*, PhD Dissertation Heidelberg University, 1930.

表　录

图　录

图书在版编目(CIP)数据

技术与政商:德日两国电力史/李晨啸著.—上
海:上海人民出版社,2024
(上海社会科学院重要学术成果丛书.专著)
ISBN 978 - 7 - 208 - 18925 - 6

Ⅰ.①技… Ⅱ.①李… Ⅲ.①电力工业-工业史-德
国②电力工业-工业史-日本 Ⅳ.①F431.39
②F451.69

中国国家版本馆 CIP 数据核字(2024)第 098804 号

责任编辑 毛衍沁
封面设计 路 静

上海社会科学院重要学术成果丛书·专著

技术与政商:德日两国电力史

李晨啸 著

出　　版　上海人民出版社
　　　　　(201101　上海市闵行区号景路 159 弄 C 座)
发　　行　上海人民出版社发行中心
印　　刷　上海新华印刷有限公司
开　　本　720×1000　1/16
印　　张　15
插　　页　2
字　　数　194,000
版　　次　2024 年 9 月第 1 版
印　　次　2024 年 9 月第 1 次印刷
ISBN 978 - 7 - 208 - 18925 - 6/K · 3382
定　　价　75.00 元